KB272182

실크로드를 따라
유목민에게 나타난 천년의 교회 역사

중앙아시아 네스토리안 교회 중심

실크로드를 따라 유목민에게 나타난 천년의 교회 역사

중앙아시아 네스토리안 교회 중심

최하영 지음

한국학술정보㈜

서문

얼마 전 어느 회사 노트북 광고문 제목이 '디지털 유목민'임을 보면서 필자의 마음에 가깝게 느껴졌다. 현재 우리나라는 삼면이 바다로 둘러싸여 있고 대륙으로 진출할 수 있는 길은 아직도 북한에 막혀있다. 이러한 때에 대제국 고구려의 기상을 이어받은 기마민족이 얼마나 갑갑하였겠는가? 물론 해운과 항공으로 세계를 누빌 수는 있지만 어떤 목적과 경비가 없다면 그도 몇몇 특별한 사람의 점유물이 아니겠는가? 이러한 때에 인터넷 서핑(surfing, network)은 유목민(nomad) 특유의 열린 사고를 분출할 수 있는 길이 되어 IT(Information Technology) 제1국을 만든 것 같다.

따라서 '실크로드를 따라 유목민족에 나타난 천년의 교회 역사'를 쓰면서 15세기 이전까지는 아시아가 문명의 꽃을 피웠고 모든 종교적인 발원과 부흥이 일어났었다. 그 동안 18, 19세기 이후 유럽 문명사관에 예속되어 그들의 주장에 따라 아시아는 마치 미개인이며 비문명권으로 취급받아 왔다.

최근 중동 두바이의 프로젝트 개발 사역에 지도자의 열린 사고와 상상력, 리더십을 접하면서 우리도 다시 한번 유목민족 특유의 열린 기질을 개발·발전시켜 모든 분야에 접목하면 한반도가 세계의 허브(Hub)가 되지 않을까 생각한다. 그러기 위해서는 역사의식과 정체성 정립이 필요하다. 이런 원대한 비전(vision)을 실현하기 위해서는 유목민이 바라본 세계관을 다시 회복해야 할 것이다.

늘 우리는 기독교가 로마를 시작으로 유럽을 거쳐 미국으로 그 후 한국으로 들어 온 것으로 알고 '다시 예루살렘으로'(Back to Jerusalem) 구호를 외치고 있다. 그런데 필자의 본 연구를 통해 하나님께서는 모든 민족과 족속에게 동시에 복음의 혜택을 주셨으며 오히려 아시아에 더 큰 복음의 축복을 주셨음을 주장하고 싶다. 사실 필자도 이 연구 논문을 쓰기 전까지는 철저히 서구적인 세계관에서 벗어나지 못하였었다.

3세기 이후 아시아의 사산제국 때에 313년 콘스탄틴 대제가 기독교를 공인하기 이전 로마제국 때의 순교 이상으로 많은 그리스도인들이 순교의 제물이 되었다. 그리고 16세기 루터의 종교개혁과 칼빈의 개신교 정립 이미 천년 전에 아시아의 네스토리안 교회가 개혁적이며 선교적인 삶을 살았다고 한다면 믿겠는가? 네스토리안 교회는 유목민족들 가운데 들어가 복음을 전하면서 초기 몽골제국 때에 와서는 전 아시아를 복음의 영향권에 두었으며 그 시대를 '로마의 평화'(Pax Romana)가 아니라 '몽골의 평화'(Pax Mongolica) 시대로 불리어졌던 것이다.

오늘날 민족적으로 몽골 투르크 계열로, 언어적으로 우랄 알타이어계인 우리 민족이 어떤 세계관과 정체성을 갖고 임할지 이 책을 통해 알기를 원하며 이로 인해 더 많은 연구가 있어 유목민족 정신의 도전이 다시 불일 듯 일어나기를 원한다.

이를 위해 책으로 기꺼이 출판해 주신 한국학술정보(주) 사장님과 박주선 자매님께 진심으로 감사드리며 이 논문을 지도 심사해주신 교수님들께 다시 한 번 감사드리며 지금까지 선교하면서 학적으로도 응원해주신 반야월교회 이승희 목사님과 성도님들과 여러 협력교회와 후원자님께 감사드리며 함께 가까이서 동역해준 아내 김순희 선교사와 두 아들 근원이 근석이에게 감사한다.

2007. 9

강남 역삼동 GMS 게스트 하우스에서 최하영

contents

차례

제 1 장

서 론

제1절 연구 동기

중앙아시아 지도

본 연구의 동기는 크게 두 가지로 대별할 수 있다. 첫 번째 동기는 필자의 사적인 환경에 의한 것이다. 필자가 사역하는 우즈베키스탄 현지의 한 선교 단체가 중앙아시아 복음화를 위해서는 옛날 성공적으로

14

선교하였던 네스토리안 교회로 돌아가야 한다는 모토를 주장하였다. 이 주장은 충격과 같은 사건이었다. 왜냐하면 '네스토리안' 혹은 '네스토리우스'란 단어를 접할 때 가장 먼저 인식되는 것은 칼케돈 공의회에서 이단으로 정죄되었다는 사실 때문이다. 하지만 비록 '네스토리안'이 이단으로 정죄되었다고 하여도 네스토리안 교회에 대한 연구는 교회사적으로 분명한 의의를 갖고 있다고 할 수 있을 것이다. 왜냐하면, 현재 교회사는 서구 중심의 교회사이기 때문이다. 특히 초대교회 역사는 순전히 서구 중심의 교회사인 동시에 가톨릭 중심의 교회사라고 하여도 과언은 아닐 것이다. 그 결과 칼케돈 공의회 결정도 검증 없이 받아들이고 있다. 그러므로 '네스토리안'에 대한 서구적 해석이 아닌 다른 관점에서 연구하는 것은 분명 의의가 있다고 할 수 있을 것이다.

네스토리안파에 대하여 새로운 고찰을 시작하면서 그들의 사상은 기독교의 또 다른 역사임을 확인할 수 있었다. 특히 예수님께서는 마 28:19, 20절에서 '모든 족속'에게로 가라고 말씀하셨고, 이를 실천한 교회가 네스토리안 교회임을 알게 되었다. 이러한 동기에서 네스토리안 교회에 대하여 보다 더 구체적인·체계적인 새로운 연구의 필요성을 절감하게 되었다.

또 다른 연구의 동기는 학문적인 체계에 기인한다. 네스토리안의 기독론 논쟁에 대한 논의는 적지 않다. 하지만 중앙아시아를 중심으로 한 실제적인 네스토리안 교회 역사에 대한 연구는 현재까지 한국에서 전무한 상황이다. 사실 중앙아시아 역사 자체가 정립되어 있지 않다. 비록 일부 학자들에 의해 중앙아시아에 대한 연구가 간헐적으로 시도되었지만, 단편적인 연구로 인하여 오히려 역사를 왜곡하거나 잘못된 지식을 제공하고 있다. 그러므로 연구사를 통하여 중앙아

시아에서의 네스토리안 기독교가 얼마나 무시되고, 왜곡되고, 부당하
게 취급되었는지를 상세하게 규명해 보고자 한다.

제2절 연구사

최근 '네스토리안파'에 대한 연구 경향은 '네스토리안파'란 명칭부터
문제를 삼으면, 선교역사를 로마 가톨릭과 긴밀한 유대관계를 맺고 있
는 '시리아 동방 교회'로 흡수시켜 고찰하는 연구 경향이 있다.[1] 이러한
학자 중에 더람 대학의 신학교수(Department of Theology, University
of Durham)인 겔스톤(A. Gelston)이 바다켈(J. Vadakkel)과 나두다
담(S. Naduthadam)[2]과 함께 *네스토리우스의 서두(the Anaphora of
Nestorius)*가 헬라어에서 번역된 것이 아니라 시리아어로 작성된 것이
라고 주장한 후 동방시리아 교회(the East Syrian Church)가 그 언어
를 사용함으로써 동방의 헬라어 영향을 배제한 가운데 동방시리아 교
회만을 강조하였다.[3] 또한 마르 이브라힘(Mar Gregorios Yohanna

---

1) 네스토리안 교회(Nestorian Church)를 동방교회(Church of the East), 페
   르시아 교회(Persian Church), 동방 시리아 교회(East Syrian Church),
   갈데아 시리아 교회(Chaldean Syrian Church), 동방의 성 사도 가톨릭 시
   리아 교회(Holy Apostolic Catholic Assyrian Church of the East), 동방
   의 시리아 교회(Assyrian Church of the East)로 불려진다.

2) J. Vadakkel, "The East Syrian Anaphora of Theodore: reflections upon
   its sources and theology", *Ephemerides Liturgicae*, 103(1989), 441-455;
   S. Naduthadam, *L'Anaphore de Mar Nestorius*(Institut Catholique de
   Paris, Doctoral thesis, 1992, 미간행).

3) A. Gelston, "The Origin of the Anaphora of Nestorius Greek or

16

Ibrahim)은 시리아 정교회 전승이라는 소논문에서 동방교회가 시리아 정교회(Syrian Orthodox Church)와 페르시아 교회(Persian Church)로 나눠져 431년 에베소 공의회에서 시리아 정교회는 에베소 결정을 받아들였으나, 페르시아 교회는 이에 반대하여 독자 노선을 선택했다고 주장하였다.4) 이 '페르시아 교회'가 '네스토리안 교회'를 일컫는 용어로 왜곡되고 있음을 볼 수 있다. 마르 바와이 소로(Mar Bawai Soro)에 의하면 네스토리우스(Nestorius)는 이단이 아니라, 동시대의 교부들처럼 정통이라고 하면서도 네스토리우스파와는 구별된 동방교회(The Church of the East)만이 초기 교부들의 결정을 충실하게 따름으로써 정통 기독교의 면모를 지켜오고 있다고 주장하였다.5) 또한 그는 네스토리우스를 옹호하면서도 교회 명칭만은 '네스토리안 교회'라 하지 않고 '동방교회'라고 사용하고 있다. 이러한 부적절한 용어 선택으로 '네스토리안 교회'에 대한 인식을 왜곡시키고 있다고 하겠다. 또한 페리(K. Parry)는 동방교회가 로마 가톨릭처럼 십자가 성상을 숭배하기보다는 상징적이고 장식적인 것을 선호한다고 하면서, 이 나

Syriac?", *The Church of The East: Life and Thought*, ed. J. F. Coakley and K. Parry, *Bulletin of the John Rylands Library* vol.78, no.3(Manchester Metropolitan University, Autumn 1996), 74, 75, 86.

4) Mar Gregorios Yohanna Ibrahim, "Nestorius in Syrian Orthodox Tradiction: A Plea For Revision in The Light of Recent Research", *Syriac Dialogue*(Vienna, 1998), 56-67; 마르 이브라힘이 이 소논문을 발표할 때 현재 시리아 정교회 최고 수장은 마르 이와스(Mar Ignatius Zakka Iwas)이다. 57; 바르사우마에 의하면(Barsauma of Nisibis) 페르시아 교회는 네스토리우스의 교훈을 받아들였다고 하였다.

5) Mar Bawai Soro, "The Person and Teachings of Nestorius of Constantinople with a Special Reference to His Condemnation at the Council of Ephesus", *Syriac Dialogue*(Vienna, 1998), 89-90.

뭇잎 모양의 십자가를 소위 '네스토리안파' 혹은 '페르시아파' 십자가라고 부르는 것은 잘못이며, 오히려 동방시리아 기독교인들이 상징으로 사용하던 것이라고 주장하였다.6)

최근의 이런 명칭의 변용문제는 1994년 총대주교 마르 딘가(Mar Dinkha)와 교황 요한 바울 2세(John Paul Ⅱ)의 회동에서도 취급되었다. 이 회동에서 네스토리우스파에 대한 공식입장을 정리하기 위해 '공동 기독론 선언'(Common Chrisological Declaration)7) 문을 합의·작성하였다. 그 내용을 살펴보면, '동방교회'가 '네스토리안파'(Nestorians)란 명칭 자체를 거부하였다. 이러한 결정을 합의한 이유는 자신들이 이단으로 정죄한 네스토리우스로부터 특정 교단이 형성되었다는 시각을 완전히 불식시키기 위함이었다.

한편, 최근 동방교회 공의회에서는 의식서나 공공 출판물에서 네스토리우스와 기독론 논쟁을 일으켰던 시릴루스와 세베루스에 관한 모든 부정적인 언급을 제거하기로 결정하였다.8) 따라서 현재의 동방교회는 로마 가톨릭에 종속된 듯한 느낌마저 들 정도가 되었다.

---

6) K. Parry, "Images in The Church of the East: The Evidence from Central Asia and China"(Department of Religious and Theology, University of Manchester), 144, 145, 153.

7) "(총대주교)는 '공동 기독론 선언'에 가톨릭교회와 함께 사인하러 오면, 431년에 에베소 공의회에 의해 만들어진 분리가 해결될 것이다. 이것은 성령에 의해 동정녀 마리에게서 나신, 참 하나님이요 참 사람이신, 그리스도안에서 15세기 이상 우리의 신앙을 괴롭혔던 오해를 최종적으로 결말을 짓는 것이 될 것이다." Editorial, "Papal Address at the Public Audience", *L'Osservatore Romano*, Vatican, 16(November 1994):3.

8) Mar Bawai Soro, "The Person and Teachings of Nestorius of Constantinople with a Special Reference to His Condemnation at the Council of Ephesus", *Syriac Dialogue*, 90, 91.

18

특히 1996년 맨체스터 대학(Manchester Metropolitan University, Autumn 1996) *요한 라이랜드 도서관 공보서*(Bulletin of the John Rylands Library)의 연구물들이9) 네스토리안 교회 전통 자체뿐만 아니라 그 명칭까지도 거부하고 있다. 이들 연구물들은 오로지 동방 교회만을 부각시키려는 학문적 시도를 한 바 있다. 이 연구물들은 여러 명의 권위 있는 학자들이 중심이 되어 네스토리안 교회의 사역을 단순히 동방교회의 과업이라고 통합하여 주장함으로써 로마 가톨릭 사관에 전적으로 동조하는 결과를 낳았다. 또한 이들에 의해 네스토리안 교회는 역사적 관심에서 더욱더 멀어지게 되었다.

그러나 위와 같은 부정적인 연구에도 불구하고, 최근 중앙아시아 옛 실크로드를 따라 네스토리안 교회와 수도원 그리고 공동체에서 많은 유물과 유적이 발굴되어 네스토리안 교회에 대한 정당한 역사 서술이 진행되고 있다. 이 대표적인 학자로는 길만과 크림카이트(Ian. Gillman & Hans-Joachim Klimkeit)가 있다. 이들은 타슈켄트와 카슈가르에서 십자가 유물과 기독교 공동체의 고고학적 흔적을 발견·연구하여 1999년에 네스토리안 교회에 대한 진지한 책을 출판하였다.10) 또한 모펫(Samuel H. Moffett)은 중앙아시아 유목민에까지

---

9) Erica C. D. Hunter, "The Church of The East in Central Asia, Faculty of Oriental Studies, Univ. of Cambridge", *The Church of The East: Life and Thought*, ed. J. F. Coakley and K. Parry, Bulletin of the John Rylands Library vol.78, no.3(Autumn 1996, Manchester Metropolitan University); J. A. McGuckin, "Nestorius and political factions of fifth-century Byzantium: factors in his personal downfall", *The Church of The East: Life and Thought*, ed. J. F. Coakley and K. Parry, *Bulletin of the John Rylands Library* vol.78, no.3(Manchester Metropolitan University, Autumn 1996).

10) I. Gillman, & H.-J. Klimkeit, *Christians in Asia before 1500*(Ann

미쳐진 네스토리안 교회에 대하여 의미 있는 연구를 하였고, 이것이 1992년 단행본으로 출판되었다.[11] 모펫(Samuel H. Moffett)은 옛 실크로드를 따라 네스토리안 교회가 지속적으로 동쪽과 남쪽으로, 중국과 인도로 확대되었다고 주장한다. 한편 많은 유물들의 발굴을 통해 모펫의 주장을 증명한 펠리오트(P. Pelliot)가 1996년에 연구 결과물을 출판하였다.[12]

1992년에 심스 윌리암스(N. Sims-Willimas)는 네스토리안 선교사를 돕거나 직접 선교한 최고의 상인 이란계 소그인에 대하여 강조한 소논문을 발표하여 학계의 주목을 받았었다.[13] 중앙아시아 기독교 역사의 권위자인 라임굴롭(A. A. Раимкулов)은 이슬람권에서 이슬람에 대한 연구가 주종을 이루는 중에서도 꾸준히 기독교계 유물들을 발굴하여 학계에 발표하고 있다. 까르쉬(Карши) 시에 가까운 샤이할리(Шайхали)의 코슈테파(Коштепа)에서 네스토리안 수도원 유물들을 발굴하여 1997년과 2001년에 발표하였고,[14] 2000년에는 페르

Arbor: University of Michigan Press, 1999).

11) S. H. Moffett, *A History of Christianity in Asia*, vol.1: Beginnings to 1500(2nd ed.; Maryknoll, New York: Orbis, 1998), 207-209.

12) P. Pelliot, *Recherches sur les Chrétiens d'Asie Centrale et d'Extréme Orient*, 2 vols., ed. J. Dauviller and L. Hambis(Paris: Imprimerie Nationale, 1973, 1983), 1:8.

13) N. Sims-Willimas, "Sogdian and Turkish Christians in the Turfan and Tun-huang Manuscripts", *Turfan and Tun-huang Texts: Encounter of Civilizations on the Silk Route*, ed. A. Cadonna(Fiernze: Leo S. Olschki Editore, 1992), 43-61.

14) A. A. Раимкулов, "Своеобразный КультовыйКомплекс Южного Согда", *Õzbekiston Moddiy Madaniyati Tarixi, 28-Nashri*(Samarqand: "Сугдиён нашриёти, 1997), 110-116; A. A. Раимкулов, "Христианские Погревальные Цилиндры Из Коштепа Нахшабского", *Õzbekiston Moddiy*

가나(Ферганск) 계곡의 꾸와(Кува) 도시에 중세 때(10-11세기)에 살았던 집에서 가슴에 장식하는 십자가를 1997년에 발굴하여 2000년에 발표하였다.15) 그 외 러시아 계열의 학자들이 네스토리안 기독교에 대하여 활발하게 연구하고 있으며, 브레산(L. C. Bressan)과 다니(Ahmad Hasan Dani)를16) 포함한 연구가들이 동일한 관점에서 연구를 진행하고 있다.17)

Madaniyati Tarixi. 32-Nashri(Ташкент Издательство "ФАН" АН Респу блики Узбекистан, 2001), 147-149.

15) А. А. Раимкулов, Иванов Г. П. "Нательный Крест с Городища Кува", *Õzbekiston Moddiy Madaniyati Tarixi. 31-Nashri*(Samarqand : Типогра фия института археологии АН РУз, 2000). 160, 161.

16) 당신이 발견한 두 곳의 네스토리안 기독교 십자가에 대하여 전에 누군가가 출판한 적이 있는가라고 질문했을 때에, 다니 박사는 파키스탄 지역에서는 어느 누구도 과거에 바위에 새겨진 십자가에 대하여 출판되거나 언급된 적이 없다고 하였다. L. C. Bressan, *Rock-Carved Crosses from the 7th Century in Northern Areas of Pakistan*(Islamabad) ; Ahmad Hasan Dani는 1980년에 기록한 것에 의하면 "Chilas, Thalpan Plain에 …… 네스토리안 기독교 십자가가 새겨진 것이 있고, Gilgit에 바위에 네스토리안 기독교 십자가 있는 것을 발견하였다."(Ahmad Hasan Dani, *Journal of Central Asia*, vol.XVI, Nos 1 & 2 July and Dec. 1993; A. H. Dani, *Human Records on Karakorum Highway*, Islamabad, 1983, 58-59, 72). 나니는 7세기 네스토리안 수사의 배상시가 있다고 하였다. 그러나 반대자들은 훈족(Huns)과 쿠산족(Kushans)일 것이라고 하였다. 그러나 다니는 쿠산에는 십자가 상징이 없었고, 훈족 가운데 흔히 있었다고 한다.

17) Б. Абдулгазиева, *Крышка сосуда из Андижана*(Ташкент : Из истории к ультов Средней Азии, Христианство, 1995) ; Л. И. Альбаум, *Христиан скийхрам в Старом Термезе*(Ташкент : Из истории древних культов С редней Азии, 1994) ; Г. И. Богомолов, Ю. Ф. Буряков, Л. И. Жукова, А. А. Мусакаева, Г. В. Шишкина, "Христианство В Средней Азии", *И з Истории Древних Культов Средней Азии Христианство*(Ташкент : Та щ, полиграф. к-т Гос. ком. Р. Уз., 1994) ; Горячева, В. Д. Перегудова

이상에서 본 바와 같이 최근 세계 학계의 동향이 두 가지 흐름이 있다고 하겠다. 하나는 네스토리안 교회의 존재를 의도적으로 무시하거나 간과하려는 연구 경향이다. 다른 하나는 네스토리안 교회에 대한 구체적으로 역사적인 증거들을 통하여 네스토리안 교회에 대한 새로운 재평가를 위한 연구 경향이다. 후자의 연구 경향으로 살펴보면, 지금까지 밝혀진 자료들만 가지고도 네스토리안 기독교의 실체를 넘어 역사의 드넓은 무대를 활보하던 그들의 지대한 영향력을 알 수 있다. 또한 수 세기 동안 지켜온 그들의 강인한 신앙적 생명력도 고찰할 수 있다. 이런 후자의 관점에서, 중앙아시아 네스토리안 교회 역사는 새로운 관점에서 접근할 필요가 있고, 이 부분이 미개척 분야라는 점에서 올바른 역사관을 견지한 교회사가의 연구가 요구된다.

제3절 연구 목적과 방법

1. 연구 목적

본 연구의 목적은 왜곡되고[18] 무시된 네스토리안 선교 역사를 바

С. Я. *Памятники христианства на территории Кыргызстана*(Ташкент: Из истории древних культов Средней Азии. 1994); Логинов, С. Симпсон О. Дж. *Раскопки в Мерве на городище Эрк-кала в 1992-1993 гг.* (Мары: Тезисы докладов научнойконференции, 1994); Шишкина, Г. В. *Христианство в Средней Азии*(Ташкент: Из Истории Древних Культо в Средней Азии Христианство, 1994).

18) 대표적으로 왜곡된 것 말한다면 다음과 같다: 1719-1720년에 아세마누

르게 정립코자 하는 데 있다. 서방의 여러 학자들이 네스토리안파를 과소평가하여 동방교회의 여러 기독교 계열 중에서도 보잘것없는 일개 분파로 보는 경향에 반대하며, 네스토리안 교회에 대한 교회사적인 정당한 평가가 요구되는 부분이라 아니할 수 없다. 특별히 유목민족이 세계역사를 주도해 왔으면서도 가장 미개하고 야만적인 모습으로 매도하고 있는 19, 20세기 서구 세계관에 의해서 무시되고 저평가 되었다. 동시에 그 유목민족에게 가장 활발하게 선교사역을 펼쳤던 네스토리안 교회 역시 과소평가되고 있다.[19]

유목민족은 지난 2천 년 이상 인류 문명사에 큰 발자취를 남겼다. 예를 들어, 다리우스의 70만 대군을 무너뜨린 뒤 갑자기 북방으로 사라져간 스키타이(혹은 Saka), 게르만 민족을 밀어내면서 로마제국

스(Assemanus)가 편찬한 네 권의 *동방문헌*(Bibliotheca Orientalis)인데, 그중 제3권까지 총 1669페이지에 달하는 기록들 중에 네스토리안 교회에 유리한 곳은 모두 삭제하였다. 그리고 제3권 I부 총 611페이지에 기록되어 있는 네스토리안 총대주교 갈데아 약전(Patriarchae Chaldaeoun Sive Nestorianorum) 중에서도 네스토리안파에 대해서는 모두 삭제하였다. 제3권 II부가 15장 중에, 제8장은 네스토리안 교회가 이단을 배척하고 정통으로 귀순한 것을 기록하고 있고, 제9장에는 7세기 이전 중국 및 서역에 전파된 기독교는 네스토리안 교회가 아니고 정통파인 로마 가톨릭이라고 하면서, 승국의 로마 가톨릭이 3세기에 이미 전파되었다고 하였다. J. A. Assemani, *Bibliotheca iuris orentalis canonici et civilis*, ed. Josephus Simonius(Rome: Neudruck der Ausg, 1762-66: Aalen: Scientia Verlag, 1969): 그러나 로마 가톨릭이 중국에 들어간 것은 13세기 말(1294년) 북경에 도착한 프란체스코회의 몬테코르비 요한(John of Monte Corvino, 1247-1328)에서 시작된다. 이는 역으로 로마 가톨릭이 동방교회의 역사를 3세기까지 소급해 주고 있는 것이 된다. 이와 같이 로마 가톨릭은 후에 네스토리안 교회의 기록들을 폐기하거나 왜곡시켜 왔다.

19) Sugiyama Masaaki(杉山 正明), *유목민이 본 세계사*(Yubokumin Kara Mita Sekaishi), 이진복 역(서울: 학민사, 2000), 5, 6.

을 해체시켜 새로운 시대로 역사를 선회시켰던 훈족, 북경과 바그다드와 키예프를 함락시킨 몽골 등이다. 이러한 자명한 역사적 사실 앞에서도 유목민족은 정당하게 평가받지 못했다. 특히 서구의 편견과 서구 중심적인 역사 서술로 인하여, 자신의 기록이 없는 유목민의 역사는 저급 문명으로 평가되어 왔다. 이런 맥락에서 네스토리안 기독교도 유사한 취급을 받고 있다.

본 연구의 연구 목적은 위와 같은 서구 중심적인 편견과 역사 서술을 극복하고, 네스토리안에 대한 객관적 역사 서술을 통하여 교회사적 의의 및 영향력을 재평가하고자 한다.

2. 연구 방법

네스토리안파의 태동의 원인을 제공한 네스토리우스의 교리적 논쟁보다 역사적인 면에 무게를 두어 연구할 것이다. 연구 범위는 초기 중앙아시아, 즉 5세기 연간의 역사를 추적·유추함과 아울러 5세기 이후부터 15세기까지의 역사를 고찰하고자 한다. 또한 역사 서술에 있어서 가장 중요한 것이 사관의 문제일 것이다. 본 연구의 사관은 서구 중심적인 로마 가톨릭 관점을 벗어나고자 노력했으며, 객관적 입장에서 고찰하려고 하였다.

네스토리안파의 태동에 대하여 역사적인 측면과 중앙아시아를 통치했던 헤프탈, 투르키스탄, 위구르, 몽골, 티무르와 네스토리안파와의 관계에 대하여 중점적으로 논의하고자 한다. 이렇게 장기간의 연대를 설정한 것은 네스토리안 기독교와 관련한 중앙아시아의 기록이 전무한 상태이고, 설령 기록이 있더라도 잘못된 정보를 주기 때문에 역사를 바르게 정립하는 차원에서 비교적 장기간의 연대를 연구하게 되었다.

본 연구의 진행은 다음과 같다. 먼저, 다음 장(제2장)에서 네스토리안파의 태동과 초기 중앙아시아 기독교 역사에 대하여 고찰할 것이다. 네스토리안파의 태동 본거지가 에데사, 니시비스, 셀류키아 크테시폰이므로 이 지역을 통치했던 페르시아 사산왕조와 네스토리안파와의 관계를 중심으로 고찰하고자 한다. 또한 네스토리안파의 태동과 그 네스토리안파가 중앙아시아까지 영향력을 확장하였던 초기 단계에 대한 연구가 필수적이라 사료되어 중앙아시아 초기 기독교 역사에 대하여서도 유추·논증할 것이다. 본 연구를 통하여 네스토리우스의 교리적 논쟁보다 정치적으로 이단으로 정죄된 상황을 논증할 수 있을 것으로 본다. 그리고 네스토리우스가 이단으로 정죄된 후, 그의 추종자들이 어떻게 네스토리안 교회를 태동시켰는지에 대한 요인을 분석할 것이다. 그 다음 네스토리안 교회의 공의회가 결정한 사항들과 총대주교의 역할과 로마 가톨릭으로부터의 독립과정에 대하여 기술할 것이다. 뿐만 아니라 네스토리안 최초의 선교사 파송(헤프탈 백훈족에게), 옛 실크로드 따라 설립된 네스토리안 공동체가 설정되면서 복음이 확장되는 것에 대하여 논의할 것이다. 아울러 사산왕조 초스로에스 1세의 정복사업으로 네스토리안 수도원 공동체도 더 확장되어 중앙아시아의 옛 실크로드를 따라 유목민족에게까지 전파되는 네스토리안파에 대하여 고찰하고자 한다. 네스토리안파가 처음부터 선교적인 삶을 지향한 것은 초대 페르시아와 시리아 동방교회가 있었기 때문이다. 그러므로 초기 중앙아시아 기독교 역사를 고찰하는 것이야말로 중요한 과정이라고 할 수 있는 것이다.

제3장에서는 광대한 투르키스탄제국(돌궐)에서 네스토리안파가 얼마나 큰 부흥의 역사를 이루었는가에 대하여 고찰하고자 한다. 투르키스탄제국에서는 이미 헤프탈시대에 복음을 전한 두 명의 네스토리안파 선교사들에 의한 영향과, 소그드 상인들 중에 개종한 자들이 네스토리안 선교사를 도와 옛 실크로드를 따라 기독교 공동체를 확장해 나가는 것에 대하여 논술할 것이다. 그중 호라산의 족장과 그 주민들이 세례 받고 교회 조직을 이루었고, 중국의 장춘까지 전파되었다는 점에 대하여 논의하고자 한다. 그 다음 투르키스탄제국이 세워짐에 따라 주변 국가까지도 정치적·종교적 영향이 미쳐졌다는 점에 대하여도 논의하고자 한다. 헤프탈과 연연이 멸망하자 그 잔여 투르크 몽골계 족속들이 서진하여 유럽에 아바르족이 되었고, 이들이 남하하면서 비잔틴까지 영향을 주었다. 이 아바르족이 기독교 국가를 이루었는데, 아마 중앙아시아로부터 기독교 영향을 받았을 것으로 추정된다. 그리고 중국의 당 태종과 고종 때에 네스토리안 교회가 정부의 비호 아래에서 얼마나 부흥하였는지에 대하여 논의하겠다. 또한 페르시아 사산왕조 말기 때에도 궁정에서 초스로에스 1세의 부인과 아들, 고위직 관리들의 역할과 총대주교 바르아바 1세와 예수얍 2세의 종교적·외교적 역할에 대하여서도 상세히 살펴보고자 한다. 이후 페르시아 사산왕조가 멸망하면서 모하메드와 그 후계자들인 칼리프시대, 우마야드 세습 칼리프시대에 기독교의 부흥에 대하여도 언급하면서 이슬람과 네스토리안파와의 관계도 살펴보고자 한다.

이와 더불어 투르키스탄에서 네스토리안파 유적, 유물들에 관해서 언급하면서 이 시대에 기독교가 얼마나 부흥했었는지를 간접적으로 증명하고자 한다. 사산왕조 때에 수도원 운동의 모델을 실크로드를 따라 전개했다는 측면에서, 이 부분에 대한 규명작업을 집중적으로 할 것이다. 이 수도원은 교회와 학교, 기도원, 대상숙소, 교회기물 작업장, 도서관등으로 기독교 공동체 역할을 하였다. 그중에서도 네스토리안 특유의 십자가 유물 중심으로 고찰하고자 한다.

제4장에서는 위구르제국에서의 네스토리안파의 활동과 그 역량에 대하여서 고찰하고자 한다. 특히 위구르제국에서는 마니교와 불교, 이슬람의 전진과 부흥으로 네스토리안 기독교가 새로운 전략을 갖고 임해야 했던 상황에 대하여 논의하려고 한다. 그 다음 분열 위구르 제국 때에 투르크계가 아닌 유일한 이란계 사마니드 왕조가 중앙아시아를 통치하면서 투르크계 이슬람 세계를 이루기 시작하였는데, 이런 와중에서도 유목민족에게까지 나아가는 적극적인 네스토리안 교회의 전략에 대하여서도 고찰하고자 한다. 또한 그 시대에 당 제국 초기에 왕성하게 활동하던 네스토리안 기독교가 당 제국의 멸망과 함께 위축되지만, 그들이 흩어져 유목민들에게 가서 토착된 네스토리안파와 합하여 부흥의 역사를 이루는 것에 대하여 논의할 것이다. 또한 압바시드 왕조 때에 네스토리안 교회는 여러 모양으로 차별과 속박을 받았지만, 무슬림들은 그들의 지식과 경험을 원하여 네스토리안 기독교인들은 1000년경에 풍성한 삶을 누린 것과 그 와중에 발생한 문제점들을 지적하고자 한다. 이와 더불어 옛 실크로드를 따라 네스토리안 기독교와 그 유적 유물과 그들의 영향을 상당히 받은 소그드 상인에 대하여도 진술할 것이다.

제5장에서는 당시 세계의 절반 이상을 통치했던 몽골제국에서 네스토리안파의 부흥에 대하여 진술하고자 한다. 먼저 몽골제국의 대 칸들이 네스토리안 기독교에 대하여 취한 태도들을 몇 가지로 나누

어 연구하고자 한다. 이런 연구 과정을 통하여, 네스토리안 교회가 어느 정도 확장되고 영향력을 행사하였는지 고찰할 것이다. 그리고 대칸들의 왕후와 왕실과 고위직에 포진되어 있는 네스토리안 기독교인들의 활동에 대하여서도 논의하고자 한다. 그리고 네 칸국으로 나눠진 곳에서 각국들과 네스토리안파와의 관계에 대하여서도 논의하고자 한다. 또한 몽골제국의 칸국이 이슬람화되고, 로마 가톨릭의 몽골제국을 향한 선교와 아울러 로마 가톨릭교회의 정치적이며 조직적인 방해에 대하여 논의하고자 한다. 그럼에도 불구하고, 몽골제국하에서 네스토리안 교회가 크게 확장되어 지대한 영향력을 행사하게 된 상황들에 대하여도 고찰할 것이다. 아울러, 네스토리안 기독교가 몽골제국 후반기와 티무르제국 때에 위축된 요인과 그의 강인한 생명력에 대하여 사실코자 한다.

제6장 결론에서는 위와 진행된 연구를 내용을 요약함으로써, 비록 네스토리안 기독교가 상당히 위축되었지만, 그래도 오늘날까지 생명력을 갖고 있음에 대하여서도 고찰하고자 한다.

제2장

네스토리안파의 태동과
초기 중앙아시아 기독교 역사

제1절 서 론

본 장에서는 네스토리안파의 태동과 초기 중앙아시아 기독교 역사에 대하여 논의하고자 한다. 여기서 A.D. 451년 칼케돈 공의회에서 완전히 정죄된 콘스탄티노플 대주교 네스토리우스의 개혁과 그로 인한 정치적인 패배가 오히려 동방에 복음의 활성화를 가져오는 계기를 제공했음을 논증하고자 한다. 이러한 관점에서 네스토리우스의 순수한 개혁이 이단으로 정죄되는 불명예를 받았다 할지라도 하나님 나라 확장하는 데는 한 알의 밀알이 되었음을 네스토리우스의 추종자들을 통해 진술하고자 한다.[1] 네스토리우스의 추종자[2]들이 얼마

---

[1] 네스토리우스는 황제 테오도시우스 2세의 명령으로 435년에 오아시스로 추방되어 16년 후 죽기까지 생존하였다. 435년 7월 30일에 황제 테오도시우스 2세는 극령을 반포하여 에베소 공의회의 강령에 반기를 든 네스토리우스의 서적들을 불태우도록 하였고, 그를 추종하는 자들도 양성양체론(兩性兩體論)이라는 이단을 신봉하는 것으로 간주하여 기독교도라는 이름도 부르지 못하게 하였으며 심지어는 고대 한 이단집단인 시모니안(Simonians)이라 불러졌다. J. P. Mansi, *Sacrorum Conciliorum Nova et Amplissima Collectio*, V. 413.

[2] 칼케돈 교리가 채택된 이후 계속 논쟁이 일자, 국가 통일을 위해 교회의

나 선교 지향적으로 순수하게 주님의 지상명령에 순종하였는지를 본 논의를 통해 알 수 있게 될 것이다. 또한 서방의 여러 학자들이 네스토리안파를 과소평가하여 동방교회의 여러 기독교 계열 중에 한 분파로 취급하고 있는 사실도 논의하고자 한다. 아울러 초기 네스토리안파의 선교 역사를 새로운 관점에서 서술하고자 한다.3)

본 장에서는 네스토리안파의 태동과 그 네스토리안파가 중앙아시아까지 영향력을 확장하였던 초기 단계에 대한 연구가 필수적이라 생각된다. 과연 초대교회부터 중앙아시아에서도 복음이 들어갔는지에 대해서도 검토할 것이다. 그리고 주로 기록을 남긴 역사가들은 헬라의 영향을 받은 단성론 야곱파4)로서 네스토리안파에 대하여 편향된 기록을 전하고 있거니와 이에 대하여 객관적인 논의를 통하여 그 진위도 규명하고자 한다.

신학적 통일을 강제로 시도한 동로마제국 황제 지노(Emperor Zeno, 474-485, 478-491)는 482년 *협력신조*(The Henoticon)를 반포하여 양성론자(兩性論者)와 단성론자(單性論者)를 다 단죄하자, 네스토리우스 추종자들은 반발하였다. 이에 크게 노한 지노 황제는 489년에 네스토리안의 마지막 보류인 페르시아 학파를 닫도록 명령하였다. 김광수, *동방기독교사*(서울: 기독교문사, 1971), 63-64.

3) 모펫(S. H. Moffett)은 5세기 말까지 아시아 내로 기독교가 퍼진 증거는 없었다고 하였다. 그러나 바르다이산(Bardaisan)과 유세비우스(Eusebius), 민가나(A. Mingana), 브라운(L. E. Browne), 쿠레톤(W. Cureton) 등은 초기 중앙아시아에 복음 접촉 가능성에 대하여 기록하였다.

4) 단성론 역사가들은 6세기의 시몬(Simeon of Beit Arsham), 7세기 미가엘(Michael the Syrian), 13세기 바르 헤브라에우스(Bar Hebraeus)로 조직적으로 양성론 네스토리안 바르 사우마를 나쁜 사람으로 만들었다. L. E. Browne, *The Eclipse of Christianity in Asia from the time of Muhammand till the Fourteenth Century*(Cambridge: Cambridge Univ. Press, 1933), 118.

제2절 네스토리안파의 태동과 발전

1. 네스토리안파의 태동 과정

3-4세기 기독교계에서는 기독론 논쟁으로 안디옥 학파(Schola Antiochena)[5]와 알렉산드리아 학파(Schola Alexandria) 사이의 쟁론이 있었다. 안디옥 학파는 그리스도의 신인양성을 주장함에 있어서 과도하게 그리스도의 인성을 강조하게 되었다. 반면에, 알렉산드리아 학파는 그리스도의 신성을 강조하는 나머지 그 인성을 경시하여 소위 그리스도 단일성설을 낳기까지 하였다. 따라서 이 두 학파는 그리스도가 하나님이시며 사람이심을 부인하진 않았지만 그 차이는 그리스도의 신성과 인성의 강조 문제에 있었다고 할 수 있다. 이러한 신학적 쟁론에도 불구하고 데오도시우스 황제는 431년 공의회에서 시릴루스와 네스토리우스를 둘 다 정죄한 후 네스토리우스의 보호를 포기함으로써 네스토리우스를 이단으로 판결받도록 관망하였다. 그러면 왜 데오도시우스 황제는 네스토리우스의 이단 판결을 관망했는가? 그리고 왜 네스토리우스가 비잔틴(Byzantium)의 대주교로 그의 사역 기간(428-430)에 그렇게 빨리 많은 사람들과 소원해졌는가? 이 질문의 답은 단순하지만은 않다. 여기에는 복합적인 여러

---

5) 이 학파에 속하는 인물로는 사모사타의 바울루스(Paulus Samosata)와 안디옥 루치아누스(Lucianus), 안키라 마르첼루스(Marcellus Ancyra)를 거쳐 콘스탄티노플 주교 요하네스 크리소스토무스(St. Joannes Chrysostomus, -407)와 몹스에스티아의 주교 데오도루스(Theodorus Mopsuestia, 350-428), 네스토리우스(Nestorius), 데오도루스의 제자이며 키루스의 주교 데오도레투스(Theodoretus Cyrus, -457) 그리고 반단성론자들에게까지이다.

34

요인들이 내포되어 있었다. 여러 요인들 중에서 몇 가지만을 지적하
면 다음과 같다.

첫째 요인은 네스토리우스의 설교에서 단서를 찾을 수 있다. 네스
토리우스 반대파들은 그의 오만을 나타내는 구절을 적절하게 이용하
였다.

> 황제여, 나에게 당신의 나라에 이단들을 정화시켜 주소서, 그러면 나
> 는 당신에게 하늘나라를 돌려줄 것입니다. 나에게 반역자들로부터 승
> 리하게 하소서. 그러면 나는 당신에게 야만인 페르시아를 승리하도록
> 해 줄 것입니다.6)

위의 네스토리우스의 발언은 그의 오만을 보여주는 글로 보인다.
하지만 맥쿠킨(J. A. McGuckin)은 이 구절은 오해라고 주장한다.
그에 따르면, 네스토리우스는 수사적으로 말했고 이단들을 대적하여
복수하기보다는 직무상 정책적 의도라고 하였다. 이것은 그의 교만
보다 오히려 그의 순수하고 강직함을 보여준다는7) 것이다.

둘째 요인으로는 네스토리우스와 아리우스주의자들과의 싸움에서

---

6) Barhadbeshabba, *History*, ch. 20, 521. 재인용 J. A. McGuckin,
"Nestorius and political factions of fifth-century Byzantium: factors in
his personal downfall", *The Church of The East: Life and Thought*, ed.
J. F. Coakley and K. Parry, *Bulletin of the John Rylands Library*
vol.78, no.3(Manchester Metropolitan University, Autumn 1996), 11.

7) J. A. McGuckin, "Nestorius and political factions of fifth-century
Byzantium: factors in his personal downfall", *The Church of The East:
Life and Thought*, ed. J. F. Coakley and K. Parry, *Bulletin of the John
Rylands Library* vol.78, no.3(Manchester Metropolitan University,
Autumn 1996), 9-11.

찾을 수 있다. 네스토리우스는 이단으로 정죄된 아리우스주의자(Arian)[8]인 고딕(Gothic) 군대에게 기존 교회의 사용을 금하는 결정을 하였다.[9] 이로 인하여 고딕 군사령관은 네스토리우스에게 자신들의 교회를 넘기기보다는 그 교회에 불을 놓았고[10] 콘스탄티노플의 전 지역의 집들을 파괴하였다. 이에 네스토리우스가 '방화범' 주교라 불려졌지만,[11] 그는 아리안들의 음모를 좌절시켰고 그들의 영향력을 축소시켰다.[12] 이에 아리안인 고트족 군사령관들과 적대적 관계가 되었다.[13] 이런 모든 것이 그의 축성식(428년 4월 10일)이 있은 첫 주간에 일어났다.

셋째 요인은 네스토리우스의 정치적 미숙에 기인한다. 그는 극장

---

8) 아리우스(Arius, 250-336)파를 아리안이라고 한다. 아리우스는 알렉산드리아 주교로 예수의 신성을 부인하여 325년 니케아 공의회에서 이단으로 정죄되었다. 니케아 신조는 '그리스도는 본질적으로 성부와 하나이시다. 그리스도는 반신반인(半神半人)도, 우월한 피조물도 아니고 성부께서 하나님이심 같이 그리스도 역시 하나님이시다. 참 하나님으로부터 나신 참 하나님이시며, 창조되지 않으시고 성부와 본질적으로 하나이시다(homoousios)'. 콘스탄틴의 아들 콘스탄티누스(Constantius)도 아리우스주의(Arian)이였다. 투턴족(Teutonic, 일명 게르만족) 가운데 아리우스주의가 퍼졌고, 코트족의 사도인 울필라스(Ulfilas, 311-383)도 아리우스주의가 되어 유럽 야만족을 개종시켰다. 칼케톤 공의회 후 아리우스주의는 유럽의 주요 정치적 힘의 중심이 되었다. 서쪽(스페인과 고울Gaul)은 아리우스주의로, 동쪽(페르시아와 인디아, 동시리아)은 네스토리안파(Nestorian)로, 아프리카와 극동(에집트, 에디오피아, 시리아, 아르메니아)은 단성론(Monophysite)으로 남게 되었다.

9) J. A. McGuckin, "Nestorius and political factions of fifth-century Byzantium: factors in his personal downfall", 10.

10) Barhadbeshabba, *History*, ch. 20, 521.

11) Socrates, *Church history*, 7. 28-29.

12) Barhadbeshabba, *History*, ch. 20, 522.

13) Ibid., 529-30.

과 서커스와 운동장에서 나체 행위를 금지하는 칙령을 반포했었다. 이 칙령에 관하여 바르하드베삽바(Barhadbeshabba)는 좀 과장되게 기술하기를 "네스토리우스가 콘스탄티노플에서 세속적인 환대를 전부 금지하였다"[14]고 기록하고 있다. 또한 네스토리우스는 나체 쇼하는 춤꾼들을 도시 밖으로 추방하였다.[15] 당시 황제 데오도시우스(Theodosius)가 네스토리우스를 신임하고 있었기 때문에 누구도 항의를 하지 못하였다. 그러나 430년 성난 군중들은 삼 일간 콘스탄티노플의 중요 건물을 점령하여 네스토리우스 주교를 폐위시킬 것을 요구하는 데모를 하였다.[16]

네 번째, 네스토리우스는 수도원주의에 대한 강조로 인하여 정치적 대립을 가져오게 하였다. 그는 수도원주의에 근거하여 신앙생활을 규범화하고자 했다. 황제의 누이인 아우구스타 풀체리아(Augusta Pulcheria)는 도시의 약화된 수도적 삶을 증진시키기 위해 데오도시우스(Theodosius)를 공백 중인 콘스탄티노플의 대주교로 추천하였다.[17] 이에 데오도시우스는 마치 제자처럼 사랑하는 네스토리우스(Nestorius)를 제안하였다. 수도원 수도사들은 아우구스타 풀체리아(Augusta Pulcheria)뿐만 아니라 귀족들로부터 후원과 보호를 받았었고, 이러한 후원은 수도사들의 타락으로 이어졌다. 수도사들의 타락한 모습에 대해서는 바르하드베삽바(Barhadbeshabba)에서 쉽게 찾아볼 수 있다. 그는 선술집에서 여자들과 흥청망청 술을 마시는

---

14) Ibid., 522.

15) Ibid., 522-3.

16) *ACO*, 1.1.3(14).

17) J. A. McGuckin, "Nestorius and political factions of fifth-century Byzantium: factors in his personal downfall", 8.

수도사들의 타락한 모습을 기록하고 있다. 여하튼, 네스토리우스는 수도사들로 말미암아 야기되는 문제들을 줄이고자 하였고,[18] 수도사들에 대한 엄격한 제한은 불가피한 것이었다. 이러한 이유로 나중에 수도사들은 시릴루스 편이 되었고, 네스토리우스는 바실(Basil)과도 충돌하였다. 이에 네스토리우스는 그 도시 치안판사 플라비안(Flavian)으로 하여금 불순종하는 바실을 추방하도록 했지만, 풀체리아의 후원과 보호가 있어서 성 유페미아(St. Euphemia)에 투옥시켰다.[19]

다섯 번째로 비잔틴 여자 사역자들에게 목회적 제한을 가하면서 문제가 야기되었다. 바르하드베삽바(Barhadbeshabba)는 기록하길, 밤에 교회에 봉사하러 온 처녀들이 식사를 준비하는 동안 남자와 함께 혼성으로 있었다고 기록하였다. 이에 네스토리우스는 밤샘 봉사를 금지하였고 대신 교회에 주어진 자선은 할 수 있도록 지도하였다.[20] 하지만 당시 콘스탄티노플의 가장 고위직의 후원 처녀 모임은 풀체리아와 그녀의 두 왕실 자매인 아르카디아(Arcadia)와 마리나(Marina)였다. 이들 가운데 네스토리우스에게 가장 큰 적대자는 아구스타 풀체리아였다. 공격적인 풀체리아의 적대에 관한 네스토리우스는 자신의 감정을 헤라글리데스 책(Book of Heraclides)에 기록하고 있다.[21] 네스토리우스는 풀체리아가 헌물한 비싼 덮개를 교회의

---

18) Barhadbeshabba, *History*. ch. 20, 529.

19) John Rufus, *Plerophoria*, in PO, ch. 35, eds R. Graffin and F. Nau (1912), 80. 존 루푸스의 *Plerophoria* 는 반 네스토리안 이야기들을 수집하였다. 마치 바르하드삽바가 네스토리우스에게 좋게 여기는 것처럼 존 루푸스는 단성론(Monophysite) 역사가로서 심한 편견을 가지고 있었다.

20) Barhadbeshabba, *History*. ch. 20, 528.

21) F. Nau, trans. *Book of Heraclides*(Le Livre d'Heraclide de Damas), in PO, 1. 2(Paris: Letouzey, 1910), 89.

제단에서 제거하였다.[22]

431년 여름 네스토리우스는 알렉산드리아의 시릴루스(Cyril of Alexandria)와의 교리적 갈등이 있었고 공의회의 위기는 정점에 도달하였다. 거의 모든 사람이 네스토리우스에게 적대적이었다. 사실 시릴루스는 그의 교회뿐만 아니라 수도원의 수도사들과 귀족들로부터 많은 지지를 얻고 있었다. 결정적으로 네스토리우스의 보호자였던 황제는 네스토리우스를 그의 근거지인 유프레피오스(Euprepios) 수도원으로 돌려보냈다. 그 후 몇 번의 공의회가 있었지만 로마 가톨릭에 의해 네스토리우스는 이단으로 낙인찍히고 말았다. 네스토리우스는 이단으로 정죄되었지만 점진적으로 그의 추종자들이 생기기 시작했다. 이러한 네스토리우스의 추종자들은 '양성론' 추종자이기보다는 네스토리우스에게 영향을 준 '안디옥의 신학'과 그 신앙 모습이었다.

안디옥 학파는 시리아 문화의 영향으로 수도원적이며 선교적이었다. 반면 알렉산드리아 학파는 헬레니즘의 영향으로 사변적이고 교리적이고 조직적이었다.[23] 이와 같이 안디옥 학파의 분위기를 더 선호하는 수도사들과 사람들이 네스토리우스를 추종하였다. 이러한 이유로 인하여 네스토리우스가 이단으로 정죄되었다는 사실이 중요하게 인식되지 않았다. 다시 말해서, 당시에 네스토리우스의 이단 판정은 다소 정치적인 측면이 있었고 교회의 개혁과 수도자적·선교적인 신앙생활로 인하여 네스토리우스의 추종자들이 결집하게 된 것으로

---

22) J. A. McGuckin, "Nestorius and political factions of fifth-century Byzantium", 19-20.

23) I. Gillman & H.-J. Klimkeit, *Christians in Asia before 1500*(Ann Arbor: University of Michigan Press, 1999), 21-26.

보아야 할 것이다.

수도자적·선교적인 신앙생활을 지향한 네스토리우스 추종자들은 결국 원시 시리아 동방교회와 동참하면서 가장 선교적인 모습을 이루었다. 이들은 교리보다는 다양한 선교 방법들을 동원하여 낮은 문화수준에 머물러 있던 중앙아시아 유목민들에게 문자를 만들어 주었고, 관개수로를 통한 농경술을 전수하였으며, 옛 실크로드를 통한 대상숙소까지 건설하였다.24) 이들은 직업의 귀천을 가리지 않고 어디를 가든지 선교의 사명을 잘 감당한 세계 기독교 역사상 가장 선교적인 단체가 되었다.25)

그렇다면, 어떤 요인들이 네스토리안파를 이렇게 만들었을까? 다시 말해서 단순히 안디옥 학파의 선교적인 특성이라고 하기엔 안디옥 학파보다 더 열정적인 선교의 모습을 보이고 있다. 이러한 모습의 원인은 무엇일까? 이 질문은 다음의 몇 가지로 설명될 수 있을 것으로 판단된다.

첫째, 네스토리안파 동방교회가 세워지는 데는 조로아스터교가 국교인 사산왕조의 정치적 국가적 후원이 결정적이었다. 사산왕조 때에 동방 기독교는 조로아스터교의 사제들과 콘스탄틴의 동로마 기독교의 공인 등으로 심한 박해를 받아왔었다.26) 따라서 비잔틴 황제 지노의

---

24) S. H. Moffett, *A History of Christianity in Asia*, vol.1: Beginnings to 1500, 207-209.

25) J. Gordon Holdcroft, *Into All the World*, 108.

26) 290년 바라흐란 2세(Shah Varahran Ⅱ)의 핍박이 있었다. 로마제국의 콘스탄틴이 313년에 기독교를 국교로 공인하자 사산왕조 제9대 사푸르 2세(Sapur Ⅱ: 309-379)가 40년간(339-379) 핍박하였다. W. Cureton, *The Martyrdom of Habib the Deacon*, *Ancient Syriac Documents* (London: 1864; reprint, Amsterdam: Oriental Press, 1967), 72-85; J.

40

통치 때에 사산제국의 황제 페로즈(Peroz, Firuz, 457-484)가 모든 기
독교인들이 네스토리안 기독교를 인정한다면 페르시아 정권에 유익하
리라는 말을 듣고 국경 사령관[27]이며 니시비스 대주교(metropolitan,

Labourt, *Le Christianisme dans l'Empire Perse sous le dynastie
Sassanide, 224-632*(Paris: Lecoffre, 1904), 45; 339년 셀류키아 크테시폰
주교 시몬(Simon Bar-Sabba'e)이 태양에게 절하는 것을 거절하자, 344년
9월 14일 5명의 주교와 100여 명의 사제들과 함께 순교하였다. Sozomen,
Ecclesiastical History 2. 9-10; J. Labourt, *Le Christianisme,* 224-632,
46-68; 역사가 소죠멘(Sozomen)에 의하면, 344-367년 기간 수사
(Susiana)와 아디아베네에 잘 알려진 순교자 명단만 해도 16,000명이 된
다고 하였다. Sozomen, *Ecclesiastical History* 2. 14; 이는 서방 교회가
로마의 통치하에 당한 것에 못지않았다. John Stewart, *Nestorian Missionary
Enterprise: the Story of a Church on Fire*(Edinburg: T. & T. Clark,
1928), 25; 반면, 배교자 수가 서방보다 더 작은데, 이는 초대 아시아 기
독교인들의 놀랄 만한 굳건한 믿음과 용기 탓이다. 이즈드거드 1세가 죽
자 바라흐란 5세(Varahran V, Bahram V, 421-439)가 오직 조로아스터
교 성직자 편에 서서 기독교인들을 핍박하였는데 3, 4년의 핍박은 샤푸
르 2세의 대량 핍박에 못 미치나, 아주 잔인하였다. 손과 등과 얼굴 피부
의 가죽을 벗기고 정교한 아픔을 주기 위해 갈대로 몸을 찢고, 큰 구덩이
를 파게 하여 그곳에 쥐를 채워 온 몸이 묶인 기독교인을 던져 넣었다고
한다. Theodoret, *Historia Ecclesiastica, V.* 38; 439년 바라흐란 5세가 죽
고 이즈드거드 2세(Yazdegerd II, Yezdigird II, 439-457)가 5세기에 이
즈드거드 1세의 419-420년의 첫 핍박과 바라흐란 5세의 420-422년 두 번
째 핍박 후 세 번째로 기독교 신앙을 완전히 박멸하고자 아주 잔인하게
445-448년 페르시아와 454-456년 아르메니아에서 핍박하였다. 가장 무시
무시한 살육은 448년 바그다드에서 북방 230Km 떨어진 곳에 있는 카르
카(Karka, Kirkuk)에서 여러 날 동안 그 도시 대부분 기독교인들을 조직
적으로 학살하여 언덕을 이루었는데, 10명의 주교와 153,000명 신자들이
순교했다. John Stewart, *Nestorian Missionary Enterprise: the Story of
a Church on Fire,* 33-34; W. A. Wigram, *A History of the Assyrian
Church A.D. 100-640,* (London: SPCK, 1910), 138.
27) 이는 410년 이삭 종교회의 기록에 따른 것이다. J. B. Chabot, *Synodicon
Orientale ou Recueil de Synodes Nestoriens*(Paris: Klincksieck, 1902),
272. 532. 536.

archbishop)인 바르사우마(BarSauma)를 포섭하여 페르시아의 동방교회로 하여금 로마제국 교회로부터 완전히 분리하여 독립하도록 도왔다. 이러한 상황에서 안디옥 학파 주교들 가운데 알렉산드리아의 치릴루스와 안디옥의 요안네스에 불복한 주교들이 네스토리우스를 옹호하다가 파면되었고, 파면된 기독교인들은 동쪽으로 이주하여 동방교회(East Syrian Church)를 더 강화시켰다. 페로즈(Peroz, Firuz)는 서방교회로부터 이단으로 정죄된 네스토리안들을 향하여 관용을 베풀어 제국 내 비(非)조로아스터교도들(non-Zoroastrian) 안에서 안락한 거처를 갖도록 배려하여 주었다.[28] 이렇게 페로즈가 네스토리안파를 지지하자 단성론을 주장한 야곱파는 그 세력이 많이 약화되어 타그릿(Tagrit)같은 고립된 곳이나 모술(Mosul) 근처 마르 마타이(Mar Mattai) 수도원으로 피신하였다.[29]

두 번째, 네스토리안파 바르사우마의 개인적인 관계에서 찾을 수 있을 것이다. 페로즈 통치연간 바르사우마는 단성론을 주장하는 야곱파 총대주교(catholicos) 바보와이(Babowai, 450-484)와 대립하였다.[30] 이러한 대립에 대하여, 단성론 역사가들은 네스토리안파 바르사우마가 단성론자들을 대량 학살하는 데 군대를 이용했다고 한다.[31] 하지만 최근의 연구 성과를 살펴보면 단성론 역사가들의 기록은 네스토리안에

---

28) P. Sykes, *A History of Persia*, Vol. I, (London: Macmillan, 1921), 475-478.

29) J. Labourt, *Le Christianisme dans l'empire Perse sous le dynastie Sassanide*, 198.

30) Bar Hebraeus, *Chronography*, ed. and trans. E. A. W. Budge(Oxford: Oxford Univ. Press, 1932)을 참고하라.

31) J. S. Assemani ed., *Bibliotheca iuris orentalis canonici et civilis*(Aalen: Scientia Verlag, 1969), 1:346.

대한 악의적인 기록임을 논증하고 있다. 그 대표적인 학자로는 아세만니(J. S. Assemani)와 브라운(L. E. Browne)이다. 이들은 단성론 역사가들인 6세기의 시몬(Simeon of Beit Arsham)과 7세기의 미가엘(Michael the Syrian) 그리고 13세기의 바르 헤브라에우스(Bar Hebraeus)의 역사서인 *연대기*(Chronography)들이 조직적으로 네스토리안파의 바르사우마를 악한 사람으로 만들었다[32]고 주장하고 있다. 반면에 네스토리안 역사가 아미르 이븐 마테(Ámir ibn Matte)는 바르사우마에 대하여 호의적으로 기술하고 있다. 여기서 편향된 사료를 그대로 인용하는 것은 객관적인 네스토리안 교회 연구에 부적절할 것이다. 그러므로 양측의 주장을 다 확인한 이후에 판단하는 것이 역사가의 자세일 것으로 본다. 그래서 양측의 사료를 동시에 인용하기로 한다.

여하튼, 바르사우마와 바보와이의 대립은 바르사우마의 결혼에 있다. 바르사우마는 "만일(萬一) 절제(節制)할 수 없거든 혼인(婚姻)하라 정욕(情欲)이 불같이 타는 것보다 혼인(婚姻)하는 것이 나으니라"(고전 7:9)는 바울의 말을 인용하여 자신을 열렬히 변호하였다. 반면 서방 주교 편인 바보와이는 바르사우마의 잘못에 대하여 판단해 줄 것을 지노 황제께 보내어 페르시아 황제와 중재하도록 요청하였다. 여기서 단성론 역사가들에 의하면, 바보와이의 편지를 바르사우마가 중간에 가로채서 반대로 페르시아 왕에게 고발하여 반역죄로 사형이 선고(484년)되도록 했다고 서술하고 있다. 이러한 서술에 대하여 라부르트(J. Labourt)와 위그람(A. Wigram)은 반(反)네스토리안 역사가들이 총대주교를 밀고한 바르사우마의 역할을 강조하는 것

---

32) L. E. Browne, *The Eclipse of Christianity in Asia from the time of Muhammand till the Fourteenth Century*, 118.

같다고 평하고 있다. 반면에 13세기 네스토리안 역사가는 그 고발이 바르사우마가 아니라 그의 일당이라고 하였다.[33]

바보와이 사망 후 바르사우마는 자신이 총대주교가 될 것을 기대하면서 484년 군데사푸르(Gundeshapur, Beit Lapat)에서 네스토리안 공의회를 열어 주교의 혼인을 공식적으로 찬성하였다. 한편 칼케돈 신앙규정이 채택된 이후 계속 논쟁이 일자 국가 통일을 위해 교회의 신학적 통일을 강제로 시도한 동로마제국 황제 지노(Emperor Zeno, 474-485, 478-491)는 482년 *협력신조*(The Henoticon)를 반포하였다. 이에 대하여 네스토리안 공의회는 네스토리안 신앙고백을 공포하였다.[34] 그 결과 *네오의 지침*(The Tome of Leo)[35]은 오히려 서방 교회를 재결합시켜 주었지만, 아시아와 아프리카의 넓은 지역과 분리시키는 부작용을 가져왔다. 하지만 페로즈의 후계자 볼로가세스(Vologases, Balash, 484-488)가 여전히 기독교 신앙에 대하여 관대한 정책을 폈고,[36] 486년에 총대주교 아카키우스(Acacius, 485-496) 는 동방교회

---

33) J. Labourt, *Le Christianisme dans l'Empire Perse sous le dynastie Sassanide.*, 142; A. Wigram, *A History of the Assyrian Church A.D. 100-640*(London: SPCK, 1910), 151; A. Scher, *PO*(Paris, 1909), tome 7, fasc. 2, 101.

34) J. B. Chabot, *Synodicon Orientale*, 211, 475. 만일, 바보와이가 바르사우마 종교회의 후에 사망했다면, 그 종교회의는 분열된 회의가 된다.

35) 콘스탄티노플의 주교 네스토리우스와 알렉산드리아 주교 키릴루스 사이의 경쟁 가운데, 최종 승리자는 칼케돈 공의회에서 신학적 타협을 이끌어낸 로마의 주교 레오 1세(Leo Ⅰ)였다. *네오의 지침*(The Tome of Leo)은 449년 콘스탄티노플의 주교 플라비안(Flavian)에게 보내는 편지에 포함되어 있었다. 강도공의회(Robber Council)에서는 무시되었으나 라틴교회의 기독론을 아주 명료하게 해설한 것으로 칼케돈 신경의 주요한 기초가 되었다.

36) G. Rawlinson, *The Seventh Great Oriental Monarchy*, vol.1(New York:

44

의 제4차 공의회 신경을 철저하게 네스토리안적 삼위일체(Trinity) 교리 중심으로 채택하기에 이른다.[37]

　세 번째, 페르시아 학파가 니시비스로 주무대를 옮기는 데 있다. 482년 동로마제국 지노 황제의 **協力信條**를 반포하면서 양성론자(兩性論者)와 단성론자(單性論者)를 다 단죄하고 칼케돈회의의 결정을 은근히 부정하는 것이 되자 네스토리우스 추종자들은 반발하였다. 이에 크게 노한 지노 황제는 489년에 네스토리안의 마지막 보루인 페르시아 학파를 폐쇄하도록 명령했다.[38] 또한 페르시아 학파의 교장인 나르사이(Narsai, Narses, 503년 사망)가 에데사에서 집요하게 괴롭힘을 받았다. 또한 에데사에 있는 페르시아 학파 신학교와 수도원은 모두 폐쇄되었고 남아 있던 교사들도 모두 추방당하여 동방 네스토리안파와 로마 가톨릭과의 대화 창구가 막혀버리고 말았다.[39] 이에 496년경 니시비스 대주교 바르사우마와 나르사이는 망명자들을 위해 니시비스 교회 근처에 캠퍼스를 세웠다. 바르사우마가 후원자가 되고 학자인 나르사이가 교장이 되었고, 일명 니시비스 학파가 네스토리안의 페르시아 학파를 이끌었다.[40] 이 니시비스 학파는 에데사의 페르시아 학파가 했던 성경과 헬라교부들에 대해서 연구했고 헬라 철학과 논리학에 대해서 배웠다. 이 학파 출신 중에 프로부스(Probus)가 5세기 중엽에 아리스토텔레스의 **해석학**(Aristotle's Hermeneutic)과 그의 **논리학**

　　Dodd, Mead, 1882), 305-333.

37) W. A. Wigram, *A History of the Assyrian Church A.D. 100-640*, 162.

38) 김광수, *동방기독교사*, 63-64.

39) S. H. Moffett, *A History of Christianity in Asia*, 200.

40) 니시비스 학파에 대해서는 A. Voobus, *History of the School of Nisibis CSCO*, vol.266, Subsidia 26(Louvain, 1965)을 보라.

(Organon)을 번역하기도 하였다.41) 나르사이는 몹수에스티아의 데오도레의 해석 방법, 즉 문자적·본문적 해석은 항상 네스토리안의 모델이 되었다.42) 특별한 것은 단성론인 서방 학파의 오염을 두려워하여 학생들이 비잔틴 로마 영토로 넘어가는 것이 금지되었다.

네스토리안 신학은 선교 지향적인 신학이었고, 선교는 만족하는 데 있다고 하였다. 그 선교에 도전을 준 자는 나르사이로, 베드로는 유대인에게 바울은 이방인에게 향하는 성경의 두 모델을 따라 창조와 구원, 세계선교에 귀결되는 종합 신학을 주장하였다.43) 나르사이는 니시비스 대주교 바르사우마만큼이나 열정적이었고, 그의 설교집은 단성론자인 알렉산드리아 치릴루스을 공격하기 위해 성경을 인용한 단서들을 제공하고 있다.44) 이와 같이 나르사이는 에데사의 네스토리안 페르시아 학파를 다시 니시비스로 옮겨 네스토리안 동방교회의 신학과 신앙의 기초를 놓았다고 할 수 있다.

503년에 나르사이가 죽자 후임자로 성경학자인 엘리사(Elisa, 510년 사망)가 학교 교장이 되었고, 그 다음에는 나르사이의 조카 바이트 라반(Beit Rabban)의 아브라함(Abraham, 569년 사망)이 되었다.45) 아브라함 때에 수천 명의 학생들이 입학할 정도로 니시비스

---

41) W. Wright, *A Short History of Syriac Literature*(London: Black, 1894), 831.

42) A. Voobus, *History of the School of Nisibis CSCO*, 109-115.

43) P. Kruger, "Ein Missionsdokument aus Fruh Christlicher Zeit", in *Zeitschrift fur Missionswissenschaft und religionswissenschaft*, vol.42, 271-291.

44) Narsai, *Homily on the Three Doctors*, trans. F. Martin, "Homélie de Narses sur les trois docteurs Nestoriens"(*Varia Syriaca*, vol.1에 있는 *Journal Asiatique*, Paris, 1900에서 발굴), 시리아 번역본은 9-51, 프랑스 번역본은 52-106.

46

학교가 최고조에 달했다. 이에 아브라함은 새 교실을 짓고 국왕을 섬기는 부유한 의사의 기부금으로 기숙사를 세웠다. 재정의 확충을 위해 큰 농장을 구입하였으며 그 수입에서 신학교수들을 돕고 의료에 투자하였다.[46] 아브라함의 학생들 중의 하나인 역사가 므시하즈카(Msiha-zkha)가 560년에 아디아베네 교회의 초기 역사부터 마르 아바(Mar Aba)까지의 연대기를 기록하였다.[47]

네 번째, 제5차 동방교회 공의회에서 독립 네스토리안파 교회를 성립시킨 점이다. 네스토리안 총대주교 아카키우스가 죽자 바바이(Babai, 497-502)가 계승하였다. 497년에 바바이는 셀류키아 크테시폰에서 페르시아 사산왕조 영내에 있는 주교들을 소집하여 다섯 번째 동방교회의 공의회를 개최하였다.[48] 여기에서 바바이는 그리스도의 양성단체설(兩性單體說)을 주장하는 네스토리우스의 입장을 지지하였다. 그리고 로마와 콘스탄티노플·안디옥·알렉산드리아 교구와 관련 없다는 것을 결의하였다.[49] 이듬해인 498년에는 페르시아 영내 교회를 대표하는 사제를 총대주교라고 부르기로 하고[50] 명실상부한 동방교회(The Church of East)에서 독자적이며 영향력 있는 교단을 세웠

---

45) A. Voobus, *History of the School of Nisibis CSCO*, 129-133

46) Ibid., 146.

47) W. G. Young, *Patriarch, Shah and Caliph*(Rawalpind, India: Christian Study Center, 1974), 8.

48) 바바이의 종교회의에 대해서는 J. B. Chabot, *Synodicon Orientale*, 310-317.

49) 이들은 본래부터 가지고 있는 시리아교도 또는 갈데아교도라는 호칭을 원하였지만 로마 교회로부터 네스토리안이라고 불리기 시작한 것이 그대로 호칭이 되었다.

50) 김호동, *동방 기독교와 동서문명*(서울: 까치글방, 2002), 105-106.

다. 이러한 독립적인 행동에 대하여, 바르 헤브라에우스(Bar Hebraeus)와 시메온(Simeon of Beit Arsham)을 비롯한 단성론자들은 바바이가 무식하며, 결혼까지 했다고 비웃었으나, 그는 재빨리 교회의 분열을 진정시켰고 제자훈련을 통해 영성을 회복시켰다.

이상의 역사를 간략하게 정리한다면, 네스토리안파 교회 제3차 공의회에서 서방 교회로부터 동방교회의 독립과 로마 가톨릭의 교황과 동방교회의 총대주교의 권한이 동등하다고 선언되었고, 484년 제4차 공의회에서는 성직자의 혼인문제로 서방 교회와 신학적으로 점점 멀어졌고, 또한 로마 황제 지노의 협력신조(Henoticon)도 거절하였다. 이제 497년 제5차 공의회에서는 단성론 주교를 징계함으로써 신학적 틈을 더 벌여놓았다. 이 제5차 공의회는 완전한 네스토리안파 교회를 성립시켰다고 할 수 있겠다.

2. 네스토리안파의 이론적 근거

앞 단락에서 네스토리안파의 태동과정에 대하여 논의하였다. 이번 단락에서는 그 네스토리안파의 태동하게 된 이론적 근거에 대하여 논의함으로써 이후의 네스토리안 교회의 신학적 토대를 엿볼 수 있을 것으로 사료된다.

첫째로 네스토리안파는 안디옥 학파(Schola Antiochena)에 그 기원을 둘 수 있다. 당시 안디옥 학파와 논쟁했던 학파는 알렉산드리아 학파(Schola Alexandria)였다. 안디옥 학파는 그리스도의 신인양성을 너무 현실적으로 주장하다가 그만 그리스도의 인성을 강조하게 되었으며, 반면 알렉산드리아학파는 그리스도의 신성을 강조하는 나머지 그

48

인성을 경시하여 소위 그리스도 단일성설을 낳기까지 하였다.[51]

안디옥 학파의 입장은 그 대표적인 학자인 데오도루스가 아폴리나리우스(Apollinarius, 310-390)[52]에 대항하여 그리스도의 인성이 완전하여 인간의 육신과 이성적 영혼을 소유하셨다고 하였다는 것에서 찾을 수 있을 것이다.[53] 다시 말하면 안디옥 학파는 신인양성설(神人兩性說), 즉 신인양성의 통일, 합일, 또는 일치를 뜻하는 '헤노시스(ἕνωσις)'를 사용하였다. 당시에는 본성의 연합(聯合: ἕνωσις)을 가리켜 '혼합(混合: μίξις)', '혼성(混成: κρᾶσις)', '결합(結合: συνάφεια)' 등과 같은 용어를 일반적으로 구별 없이 사용하였다.[54] 이는 안디옥 학파의 경우에 완전하게 인간인 예수 그리스도만이 남녀 기독교인들에게 윤리와 도덕적 본보기가 되시기 때문에 결국 그리스도의

---

51) 안디옥 학파는 3-4세기 초 아리우스(Arius, 250-336)의 스승인 루치아누스(Lucianus, 240-312)에 의해 실제적으로 시작하여 그리스도의 신성과 인성을 확연히 구별하였다. 4세기 말-5세기의 안디옥 학파의 대표적인 인물은 타르수스 주교 디오도루스(Diodorus Tarsus, 378-394)로 에데사(Edessa) 학파에 영향을 주어 결과적으로 네스토리안파(Nestorianismus)로 발전하였다. 이 학파에 속하는 인물로는 사모사타의 바울루스(Paulus Samosata)와 안디옥 루치아누스(Lucianus), 안키라 마르첼루스(Marcellus Ancyra)를 거쳐 콘스탄티노플 주교 요하네스 크리소스토무스(St. Joannes Chrysostomus, -407)와 몹수에스티아의 데오도루스(Theodorus Mopsuestia, 350-428), 네스토리우스(Nestorius), 키루스의 데오도레투스(Theodoretus Cyrus, -457) 그리고 반단성론자들에게까지이다.

52) 310년 시리아 라오디게아에서 태어나 361년 라오디게아 니케아 교회 주교가 된 아폴리나리우스(Apollinarius)는 그리스도는 인간이 가지고 있는 영혼 대신 로고스을 지니고 있다고 하였다. 즉 그리스도가 자연 그대로의 인간정신을 지닌 것이 아니라 로고스가 모습을 바꾼 것이라 했다.

53) A. Harnack, *History of Dogma*(New York: Dorver, 1961), 302.

54) Cyrillus, *Apolpgia adversus Theodoretus*: J. P. Migne, *Patrologiae cursus completus. Series Graeca*, IXXVI(Paris), 391-407.

인간성을 강조하였다.[55]

반면에 알렉산드리아 학파[56]의 아타나시우스는 아리우스에 대항하여 성부 성자의 공동실체설(共同實體說)을 주장하였고, 사벨리우스 등이 주창한 양태론(樣態論, modalism)을 강력히 비판하였는데,[57] 그리스도의 신성(神性)을 너무 강조한 나머지 그리스도의 인성(人性)이 불분명해지는 약점을 갖게 되었다. 이어서 등장한 치릴루스는 그리스도를 말씀이 '육화(肉化)된 하나의 본성(本性)'으로 정의하였는데, 그 대표적인 명제는 '육화되신 하나님 말씀의 본성(μία φύσις τοῦ θεοῦ λόγου σεσάρκω μένη)'은 어떤 분리도 없다는 것이다.[58]

이러한 사실을 평가해보자면, 일찍이 서방의 테르툴리아누스(Tertullianus, 160-260년)와 아우구스티누스(Augustinus)까지 혼합된 그리스도가 아니라 결합(συνημμέναι)된 그리스도의 두 본성에 대해 언급하고 있었다.[59] 사실 네스토리우스의 신학적 전통은 이미 안디옥의 유스타티우스(Eustathius) 주교(330년에 면직됨)에 의해

---

55) S. H. Moffett, *A History of Christianity in Asia* vol.1, 170.

56) 알렉산드리아 학파는 2세기 말 판테누스(Pantaenus)와 클레멘스(Clemens Alexandrinus, 150-?), 오리게네스(Origenes, 185-254), 헤라크라스(Heraclas, 231-247), 아테나고라스(Athenagoras), 디오니시우스(Dionysius, 248년 주교), 테오그노스투스(Theognostus, 247-282 주교), 피에리우스(Pierius), 페트루스(Petrus, 300년 주교), 4세기 맹인 디디무스(Didymus) 등이 있었다. 또 4-5세기 아타나시우스(Athanasius, 295-373)와 치릴루스(Cyrillus)가 있었다.

57) J. Pelikan, *The Christian Tradition: A History of the Development of Doctrine*, vol.1: The Emergence of the Catholic Tradition [100-600] (Chicago: University of Chicago Press, 1971), 172-225.

58) 이것은 후에 유티케스(Eutyches)와 단성론자(單性論者)들은 반복되어 그리스도의 인성을 부정하는 것이 되었다.

59) F. Loofs, *Das Glaubensbekenntnis der Homousianer von Sardica* (Abhandlungen der Berliner Akademie, 1909), 35.

나타난다고 말할 수 있을 것이다. 유스타티우스는 이 세상에 태어나서 고통을 겪으신 분은 로고스가 아니라 인간이라고 주장하면서, 아리우스파가 가르쳤던 본성들의 하나됨과 대조적으로 '인격(πρόσωπ ov)의 단일성'을 말하였다.[60] 종합적으로 보자면 두 학파는 공히 그리스도께서 하나님이시며 사람이심을 부인하진 않았지만, 그 차이는 그리스도의 신성과 인성의 강조에 있다고 할 수 있다.

둘째로, 네스토리안파는 안디옥 학파인 네스토리우스의 이론을 부분적으로 계승했다고 볼 수 있겠다.[61] 당시 네스토리우스의 양성론 논쟁에 임했던 주교는 알렉산드리아의 치릴루스였다. 네스토리우스가 콘스탄티노플의 대주교로 부임하자 말자 동정녀를 '하나님의 어머니(Θεοτόκος)'[62]나 '사람의 어머니(Ἀνθρωποτόκος)' 중 어느 한쪽만을 사용할 것인가에 대한 결정의 어려움을 해결하기 위해 '그리스도의 어머니(Χριστοτόκος)'를 사용함으로써, 논쟁을 불러일으켰다.[63]

---

60) J. P. Migne, *Patrologiae cursus completus. Series Graeca.* IXXVI, 685.

61) 현대 학계에서는 네스도리스우의 입장과 네스토리안파의 입장에 동일한 것이냐 아니면 차이가 나는 것이냐에 관하여 다양한 입장을 표명하고 있고, 아직 뚜렷한 결론에 도달하지 못한 상태이다.

62) 에베소 공의회 이후 로마 가톨릭은 기도를 동정녀 마리아에게도 드렸고 이방종교에서 차용한 갖가지 성물들을 우상 숭배하였다. 성상숭배는 콘스탄틴의 어머니 헬레나(Helena)가 예수의 못 박히신 십자가의 조각과 십자가 처형 시 사용된 것으로 믿는 못을 숭배하면서 시작되었다. 726년에 레오(Leo) 황제가 성상숭배를 금하는 첫 번째 칙령을 내렸다. 그러나 레오 이후 데오필루스(Theophilus) 황제가 죽자 그의 미망인 테오도라(Theodora)가 섭정할 때에(842) 다시 성상을 재건하였다. 842년에서 867년 사이에 테오도라는 십만 명 이상의 신자들을 성상숭배를 반대한다 하여 교수형, 화형, 수장형으로 박해하였다.

63) F. Loofs, *Nestorius and His Place in the History of Christian Doctrine*(London: Cambridge, 1914.), 252.

이에 대하여 치릴루스는 마리아의 태중에 잉태되는 순간부터 그것은 말씀(로고스)의 육신이 되었기 때문에 동정녀는 '하나님의 어머니(ΘεοΤόκος)'라고 했다.[64] 당시 소아시아와 지중해 연안 지역의 민중들은 전통적인 지모신(地母神) 숭배의 영향을 받아, 마리아를 하나님의 어머니라고 한 치릴루스를 지지하였다. 그러나 네스토리우스는 사모사타(Samosata)의 바울루스(Paulus)와 포티누스(Photinus), 마니교도들, 몬타누스파 사람들이 행했던 것과는 달리 그리스도의 신성을 부정하지는 않았다. 다만, 오리게네스(Origenes)가 자주 사용한 '하나님의 어머니'라는 용어를 거부한 것은 명백하다.[65]

네스토리우스의 입장은 성경에서 경륜, 즉 예수 그리스도의 탄생(γέννησις)과 수난(πάθος)을 신성이 아니라 인성에 돌린다는 것이다.[66] 그는 반복해서 두 본성이 그리스도의 하나의 인격(πρόσωπον)에서 결합되었다고 주장하고 있다. 곧 말씀(λόγος)은 성부와의 '동일본질(ὁμοούσιος τῷ πατρι)'로 비육신이며, 항상 성부와 함께 영원함 속에서 계시는 분으로 어떠한 구속이나 제약이 없으신 존재인 것이다. 그러나 그의 인성은 육신을 지니고 있으며 또 죽어야 하며 결국 제한이 있는 것이다. 이렇게 서로 다른 본성의 그리스도 안에서의 결합 형태는 '실체상(實體上) 결합'된 것이 아니라 '인격(πρόσωπον)의 결합'인 것이다.[67] 결국 네스토리우스는 그리스도의 인성은 하

---

64) 치릴루스에게 있어서 '말씀이 육신이 되어'(요 1:14)라는 표현은 단지 '예수께서도 그들과 같은 피와 살을 가지고 오셨다'(공동 번역, 히 2:14), 또한 우리의 몸을 그 자신의 것으로 만들고 여인에게서 사람으로 나오셨다고 해석한다.

65) Socrates, *Historia Ecclesiae* VIII, 429, 32.

66) T. H. Bindley and F. W. Green, *The Oecumenical Documents of the Faith*(London and New York, 1955)을 참고하라.

나님의 모습으로 자신을 드러내고 있다고 말하였다. 이는 그리스도께서 친히 '나의 아버지와 나는 하나이다', '나를 본 사람은 아버지를 본 것이다'라고 말씀하심에 근거를 두고 있는 것이다.[68]

이러한 분석들 두고 볼 때, 교회역사가인 소크라테스의 주장 곧 '네스토리우스에 대한 교리상의 비난은 근거가 없다'[69]는 입장에도 그 타당성이 있다. 또한 그릴마이어(A. S. J. Grillmeier)는 네스토리우스가 그리스도 안에서 신성과 인성의 통일성을 부인한 것이 아니라 그리스도를 본성(nature, 本性, φύσις) 수준에서 차이(difference) 혹은 구별(distinction)하였기에 두 본성 교리로 인하여 고소할 수 없다는 주장 역시 간과할 수 없는 것이다.[70]

셋째로, 알렉산드리아파 치릴루스가 네스토리우스에게 향한 12개 단죄조항(斷罪條項: Duodecim Anathemas)[71]을 썼는데, 이에 안디옥 학파 데오도레투스(Theodoretus)가 반론을 하였다. 이것을 간략하게 진술함으로써 치릴루스와 네스토리우스의 신학적 입장을 좀더 명료해지리라 사료된다.

치릴루스는 로고스는 하나님으로 그대로 남아 있으며, 변화됨이 없이 육화했다고 하였으나, 데오도레투스는 하나님이신 말씀은 육신으로 바뀐 것이 아니고 하나님의 모습(형상)이 종이 모습(형상)을

---

67) Nestorius. *Le Liver d'Héraclide de Damas*, traduit en Fraçais par F. Nau(Paris, 1910), 45-160.

68) Ibid., 49.

69) J. P. Mansi, *Sacrorum Conciliorum Nova et Amplissima Collectio*, V. 20.

70) A. S. J. Grillmeier, *Christ in Christian Tradition*, vol.1 trans. J. S. Bowden(reprint, Atlanta: John Knox Press, 1965. 1975), 455.

71) J. P. Mansi, *Sacrorum Conciliorum Nova et Amplissima Collectio*, IV, 1067-1082.

취하신 것이라고 하였다(빌 2:5-7).[72] 또한 치릴루스가 두 위격들을 분리하지 말아야 할 것을 강조하는 것에 대하여 데오도레투스는 반박하면서 두 위격의 구분가능성에 대하여 성경적으로 반박한다. 예를 들어 성자께서 말씀하시길 "그러나 나의 원대로 마옵시고 아버지의 원대로 하옵소서"(마 26:39)라고 했으며, "아버지여 나를 구원하여 이 때를 면하게 하여 주옵소서"(요 12:27), "그 날과 그 때는 아무도 모르나니 하늘의 천사들도 아들도 모른다"(마 24:36) 했는데, 여기서 '성자가 로고스 곧 하나님의 말씀이라면 어떻게 아버지의 뜻을 모르겠으며 또한 그 시간을 모르겠는가?'라고 반문하면서, 그리스도는 우리 안에 오셔서 당신 자신의 뜻에 따라 우리의 본성을 취하셨으며 또 자신을 비우셨다는 것인데, 즉 인성을 강조하고 있다.[73]

치릴루스는 하나님이신 성부의 말씀(로고스)은 하나님이시면서 동시에 인간이라고 했는데, 데오도레투스는 태중에서 만들어진 것은 하나님인 말씀(로고스)이 아니라 종의 모습이었으며 하나님의 말씀은 변화됨으로써 육신이 되신 것이 아니라 이성적인 영혼을 지닌 육신의 모습을 취하신 것이라고 하였다. 데오도레투스는 여기서 인성을 강조하려는 의도에서 위와 같이 주장하고 있는 것이다. 치릴루스는 하나님이신 말씀께서 예수에게 인간으로서의 힘을 부여하셨다고 했는데, 이에 반하여 데오도레투스는 하나님께서 그리스도를 죽은 이들 가운데서 일으키실 때, 이 힘의 동인(動因)은 그리스도 안에서 작용하신 하나님 그분의 강력한 힘의 작용을 통해서라고 반박하며,

---

72) Cyrillus, *Apolpgia adversus Theodoretus*: J. P. Migne, *Patrologiae cursus completus. Series Graeca.* IXXVI, 391, 392.

73) Ibid., 393-396.

이는 하나님이신 말씀이 아니라 하나님 아버지께서 예수에게 인간으로서의 힘을 부여하신 것으로 보았다.[74]

그리고 성령은 한 분이신 주님, 예수 그리스도의 영이시기 때문에 주님께서 자신의 기적을 행하셨다는 치릴루스의 입장에 대하여, 데오도레투스는 예수께서 "하나님이 나에게 기름을 부으시어 그분의 성령이 나에게 내렸노라"(눅 4:18) 등 여러 성경구절[75]을 인용하면서 반박하는데, 치릴루스가 성령이 성자에 속하는 것이라거나 혹은 그 근원이 성자를 통해 시작되었다고 주장한다면 이는 신성모독이라 하면서, 우리는 주님께서 "성부로부터 나온 성령"이라고 말씀하실 때 그분의 말씀을 믿는다고 하였다.[76]

또한 하나님의 말씀이신 그리스도께서 육신을 취하시고 우리 양식대로 인간이 되셨을 때, 우리의 대사제요 사도요 주님이 되셨다고 주장하는 치릴루스의 입장에 대하여, 데오도레투스는 하나님의 말씀은 고통을 느끼지 않으시는 분이시요, 불멸의 존재이신데, 나약한 본성을 지니신 그리스도는 백성을 위해서 속죄의 제사를 바쳐야 한다고 하였다.[77] 여기에서 보듯이 데오도레투스는 로고스 곧 하나님의 말씀이신 로고스를 하나님과 같이 여기며, 인성과 분리가 아닌 구분하는 입장을 조심스럽게 보여주고 있다.

치릴루스는 하나님의 말씀께서는 하나님으로서 생명이시며 생명을 주시는 분이셨지만, 육신으로 고통을 당하셨고 죽은 자 가운데서 최

---

74) Ibid., 400, 401.
75) 눅 1:34, 35; 마 1:18, 20; 눅 4:17-21; 행 2:33; 사 11:1, 2; 요 1:32, 33.
76) Cyrillus, *Apologia adversus Theodoretus*, 403, 404.
77) Ibid., 404, 405.

초로 살아난 분이셨음을 고백하지 않는 자는 파문에 처해져야 한다고 강력하였다. 그러나 데오도레투스는 고통을 겪으신 분은 그리스도 아니라 하나님이 우리들의 모습대로 취하신 인간이며, 종의 모습라고 하였다.[78]

넷째로, 네스토리우스의 정죄된 과정을 역사적인 맥락에서 살펴보면서 그 신학적인 입장이 어떻게 정리되는지를 살피고자 한다. 그 과정을 살펴볼 때, 네스토리우스가 더 성경적이고 교부들의 주장에 더 근접했음을 고찰할 수 있겠다.

428년[79] 네스토리우스가 콘스탄티노플의 주교직에 임명되기 이전에 안디옥 학파와 알렉산드리아 학파는 그 주교직 자리로 인한 교권 다툼이 있었다. 430년 8월 11일 로마 지역 공의회에서 교황 첼레스티누스는 네스토리우스의 이론을 취소하도록 권고하였다. 치릴루스도 알렉산드리아 지역 공의회를 개최하여 네스토리우스에게 12단죄 조항을 주어 받아들이도록 했다. 430년 11월 19일에 동로마제국의 황제 데오도시우스 2세(Deodosius Ⅱ, 408-450)는 431년 6월 7일 오순절 성령강림절날, 에베소에서 제3차 세계 공의회를 개최하도록 하였다. 치릴루스는 안디옥 학파와 로마의 교황 사절이 도착하기 4일 전인 6월 22일에 회의를 열어 네스토리우스를 파문했다. 4일 후에

---

78) Ibid., 406-407.

79) 이즈음 대규모 훈족(Huns)의 이동으로 고트족(Goths)이 로마제국을 압박해 오자, 콘스탄티노플(Constantinople)을 수도로 하는 동방의 비잔틴(Byzantine)제국과 로마(Rome)를 수도로 하는 서방제국으로 분할되었고, 결국 알라릭(Alaric)이 이끌던 고트족에게 로마가 함락되었다(410). 어거스틴(Augustine, 345-430)은 그의 책 "하나님의 도성"(The City of God)에서 "비록 지상 최대의 위대한 도시는 몰락될지라도 하나님의 도성은 영원하리라"고 하였다.

56

안디옥의 주교 요한네스와 그의 일행 40명이 도착하자마자 또 다른 공회를 6월 26일에 열어 치릴루스와 멤논을 교회의 직위로부터 면직하였다.80) 이러한 역사의 흐름을 파악할 수 있는 것으로 431년 8월 이미 에베소 공의회에서 승인된 것을 데오도시우스 2세 황제에게 급송한 정의(Definitio Fidei)는 다음과 같다:

그러므로 우리의 주 예수 그리스도, 독생자는 완전하신 하나님이요 이상적인 영혼과 신체로 이루어 지셨으며, 그분의 신성에 따라 일찍이 성부에게서 태어나셨지만, 마찬가지로(τόν αὐτόν) 이 마지막 날에 우리와 우리 구원을 위하여 그분의 인성에 따라 동정녀 마리아로부터 태어나셔서 그분의 신성에 따라 성부와 동질이시고, 동시에(τόν αὐτόν) 그분의 인성에 따라 우리와 동질이신 완전한 인간임을 우리는 고백한다. 두 본성의 결합(ἕνωσις)이 이루어졌기 때문에 우리는 한 분 그리스도, 한 분 성자, 한 분 주님이심을 고백한다. 혼잡 없이 이러한 결합의 개념에 따라 우리는 동정녀 마리아가 하나님의 어머니(Θεοτόκος)임을 고백한다. 이는 하나님의 말씀이 육신이 되고 인간이 되셨으며 바로 이 개념으로 동정녀 마리아로부터 취하신 성전(聖殿)인 성자 자신과 결합하셨기 때문이다. 주님에 대한 복음적·사도적 진술에 대해서는 신학자들이 위격의 결합에 대해서 서로 다르게 표현하지만, 본성의 이중성에 대해서는 표현을 달리하여 하나님께 적합한 표현은 그리스도의 신성에 걸맞지 않는 비천한 표현은 그분의 인성에 적용하고 있음을 우리는 인정한다.81)

---

80) J. F. Bethune-Bahlker, *Nestorius and His Teaching, A Fresh Examination of the Evidence*(Cambridge: Cambridge University Press, 1908), 271.; J. P. Mansi, *Sacrorum Counciliorum Nova et Amplissima Collectio,* V. 765-773.

81) J. F. Bethune-Bahlker, *Nestorius and His Teaching,* 272-275.

위에서 보듯이 치릴루스가 즐겨 사용한 본성과 위격적 결합 대신에 안디옥 학파의 한 인격과 두 본성의 결합을 수용하고 있지만, 결합 후의 본성의 이중성을 강조하고 있다. 즉 하나님의 어머니가 수용되고, 인성을 말씀으로 표현하고 있다. 그리스도의 인성을 그리스도의 어머니에게서 난 것이 아니라 말씀에서 난 것으로 강조하고 동시에 양성을 강조하고 있다. 더욱 재미있는 것은 양성을 동시에 강조하면서도 치릴루스가 강조하는 로고스 역시 포기하지 않고 있다는 것이다.

이러한 사태를 수습하기 위하여 433년에 황제는 안디옥 학파와 알렉산드리아 학파 간의 일치라는 방법을 통해 화해하기를 명령했다. 그 명령의 동기는 교황 첼레스티누스가 432년에 네스토리우스의 추방을 황제께 청원한 것에 의하였으며,[82] 황제 테오도시우스 2세의 명령으로 네스토리우스를 오아시스로 추방한 것이다. 그리고 435년 7월 30일에 황제 테오도시우스 2세는 극령을 반포하여 에베소 공의회의 강령에 반기를 든 네스토리우스의 서적들을 불태우도록 하였고,[83] 또 그를 추종하는 자들도 양성양체론(兩性兩體論)[84]이라는

---

82) J. P. Mansi, *Sacrorum Counciliorum Nova et Amplissima Collectio*, V. 271.

83) 그래서 네스토리우스는 자신의 이름을 헤라클리데스(Heraclides)라는 필명을 사용하여, 451년에 이집트 중부 파노폴리스에서 숨을 거두기 전에 *헤라클리데스의 생애*(Liber Heracleides)라는 자서전을 써서, 자신의 결백과 변호를 했다. 헬라어로 된 원본은 사라지고 시리아어 번역본이 현재 남아 있는데, 이는 소아시아 반도 동부의 험한 산지나 메소포타미아의 사막 한가운데에 웅크려 살며 겨우 명맥을 보존하던 시리아의 한 사제에 의해 1889년에 발견되어 서구 선교사들을 통하여 1400년 전의 네스토리우스의 글이 빛을 보게 되었다. J. F. Bethune-Baker; 그 외에는 천 년 가까이 그의 문서는 발견되지 않고 오직 로마교황청에 3종의 네스토리안문헌이 있다. 특히 *Bibliotheca Orientalis*는 앗세마누스가 1719-1720년에 네스토리안의 문서 256종의 자료를 편집하여 4권(I, II, IIIA, IIIB)을 출판하였다.

이단으로 정죄하여 기독교도라는 이름도 부르지 못하게 하였다.[85]

그런데 433년에 황제가 안디옥 학파와 알렉산드리아 학파 간의 일치를 명하여 이루어진 일치신조에는 안디옥 학파의 기독론의 본질적 요소를 보호하고 있는 것이 뚜렷이 보인다. 그것은 곧 그리스도께서 완전한 하나님이시며 완전한 인간이심을 언급하고 있는데 결코 분리가 아니라 구분이면서 하나님이며 인간임을 표현한다. 동시에 그리스도는 성부의 본성과 인간의 본성(이성적 영혼과 육신)을 지니신 분이다. 따라서 두 본성의 결합이 반드시 있을 것이며, 이러한 바탕 위에서 하나님의 어머니라는 용어를 사용할 수 있다.

이러한 논쟁은 쉽게 정리되지 않고 시간이 흐름에 따라 재정리될 필요성이 있었다. 결국 안디옥 학파의 테오도레투스는 단성론 입장의 신학을 반대하는 *에라니스테스*(Eranistes)를 쓰게 되며, 사실 일치신조를 발표했음에도 불구하고 핍박이 있었기 때문에 공의회를 열도록 요구하였다. 교황 레오 1세도 동의하는 의미에서 에베소공의회에서 낭독될 *교리서한*(Tomus)[86] 보냈는데, 이 *교리서한*에서는 '결합 후에 한 본성'이라는 유티케스(Eutyches, 콘스탄티노플의 수도원장)의 이론[87]을 공박하고, 그리스도의 두 본성의 구분을 설명하고 있다.[88] 결

---

84) 예수는 인성과 신성이라는 두 가지 본성(nature)과 그것을 나타내는 두 가지 인격체(person)를 가지고 있다는 주장.

85) J. P. Mansi, *Sacrorum Counciliorum Nova et Amplissima Collectio*, V. 413.

86) *교리서한*(Tomus ad Flavianum)은 449년 6월 13일 교황 레오가 황제 테오도시우스가 에베소에 소집했던 공의회의 판단에 도움을 주고자 플라비아누스에게 쓴 교리서한이다. Leo, Ep. XXVIII.

87) 유티케스(Eutyches)는 그리스도가 동정녀에게서 태어나셨으며 완전한 하나님이시며 또 완전한 인간이셨음을 분명하지만 육화되신 분에 두 본성(ἐκ δύο φύσεων)의 존재는 비성경적이며 교부들의 가르침에 반한다고 하였다. 그러면서 동정녀는 우리와 동체(同體)라고 하였다. E. Schwartz, *Der*

국 449년 8월에 에베소(Ephesus)에서 열린 공의회에서는 단성론자들에 의하여 두 입장 차이를 극복하고 일치를 추구하는 *교리서한*(Tomus)이 무시됨으로써 모든 양성론 지도자들이 유죄선고를 받았다. 그렇기 때문에 이 공의회는 후대에 에베소 강도공의회(Concilium Latrocinium Epesinum)[89]라고 규정되기까지 한다.

450년 7월 로마제국 황제 데오도시우스 2세가 죽자 그의 누이인 플체리아(Pulcheria)가 왕위를 계승하면서 451년 8월에 칼케돈에서 제4차 세계 공의회를 소집했다. 네스토리안파들은 복권되었으나 네스토리우스 자신은 아직도 여전히 유죄 선고된 상태였고 치릴루스의 '결합 후에 하나의 본성'과 단성론의 '두 본성으로부터'(ex duabus naturis)도 역시 유죄 선고되었다. 교황 레오 1세의 교리서한(Tomus)으로부터 각 본성의 본질 내지 속성이 손상되지 않은 채로 보존되어 있으며 두 본성이 결합하여 하나의 인격, 그리고 하나의 위격을 우리가 믿는다고 했다.[90] 그리스도의 일인격이성설(一人格二性說)을 완전히 채택함으로 치릴루스 편의 주장인 신성단일설(Monophisite)은 배격되었다:

Prozess des Eutyches(Sitzb. Bay. Akad. Wiss: Phil. hist., 1929), 14-24. 그런데 유티케스의 주장은 결합 이전에는 두 본성이셨다가 결합 이후에 한 본성이 되셨다는 것이 되어, 두 본성이 융합하여 하나의 제3의 어떤 것이 되었거나 아니면 인성이 신성에 의해 흡수되는 격이 되어 단성론(單性論, monophysitism)의 가현설(假現說)이 되어 448년 11월 22일에 콘스탄티노플의 회의에서 비난받았다.

88) 그리스도가 하나님이시다(요 1:1, 3), 그리스도가 사람이시다(요 1:14, 갈 4:4).

89) Leo, Ep. X CV Ⅱ.

90) H. Chadwick, *The Early Church*(New York: Penguin Books, 1967), 204.

다음과 같이 신앙 고백해야 한다. 우리 주 예수 그리스도는 한 분이시며 동일하신 아들로서 신성에 있어서 똑같이 완전하시고, 인성에 있어서도 똑같이 완전하시며, 참으로 하나님이시고 이성적 영혼과 육신을 지니신 참으로 인간이시다. 그리고 신성에 있어서 성부와 동일실체(同一實體: consubstantialem Patri)이시며 인성에 있어서는 우리와 똑같이 동일실체이시니(consubstantialem nobis), 죄만 빼놓고는 모든 것에 있어 우리와 같으신 분이시다. 모든 세대(世代)에 앞서 성부께로부터 나셨으며, 같으신 분이 인성에 있어서는 마지막 날에 우리를 위해 그리고 우리의 구원을 위해 하나님의 어머니이신 동정녀 마리아에게서 태어 나셨다. 한 분이시며 동일하신 그리스도시요, 아들이시며, 주님이요 독생자이신 그분은 혼합됨도 없고(inconfuse) 변화됨도 없으며(immutabiliter) 분할도 없으며(indivise) 분리도 없는(inseparabiliter) 두 본성(in duabus naturis)을 가지고 계신다고 알려져 있다(agnoscendum). 두 본성들의 차이는 결코 결합으로 인해서 제거되지 않으며, 오히려 각각의 속성이 보존되고 하나의 인격(prosopon)과 하나의 위격(hypostasis)에서 일치되고 있다. 따라서 두 인격들(prosopa)로 나누거나 분할되지 않고 한 분이시며 동일하신 독생자이시고, 하나님이시며, 말씀이신 주 예수 그리스도이시다.[91]

그러나 이 칼케돈 공회의는 로마와 콘스탄티노플을 중심으로 하는 서방 교회와, 안디옥과 알렉산드리아를 중심으로 하는 동방교회로 나뉘지게 되는 계기를 마련하였다.[92] 482년에 지노는 *헤노티콘*

---

91) T. H. Bindley and F. W. Green, *The Oecumenical Documents of the Faith*(London and New York, 1955), 194-199.

92) 서방 교회는 16세기에 가톨릭과 프로테스탄트로 나뉘졌고, 동방교회는 정통파와 비정통파로 나눌 수 있는데, 정통파는 그리스 정교회와 러시아 정교회이고, 비정통파는 아르메니아 교회와 단성론 교회(콥트파와 야콥파), 네스토리안(경교) 교회이다.

(Henoticon)이라는 연합칙령(勅令)을 발포하였다. 그러나 로마는 이에 대하여 격노했는데, 그곳에는 칼케돈의 신학적 머리돌이며 로마 지도력의 상징인 레오의 *교리*(Tome)에 대한 언급이 없었기 때문이다. 이에 484년 교황 펠릭스 3세(Felix Ⅲ)는 아카키우스와 지노 황제를 파문하였다. 결국 아카키우스도 즉각적으로 교황을 파문하고 말았다.93) 이로 인해 동방교회와 서방 교회 간의 불화가 일게 되었고, 안디옥 학파 신학적 전통은 시리아 동방 쪽으로 이동하게 되었으며, 궁극적으로 그 논쟁은 로마 바깥쪽 아시아 교회와의 단절을 예고해 놓았다.

이와 같이 네스토리우스는 431년 에베소 공의회에서 정죄되었으나, 오히려 451년 칼케돈 공의회에서 그의 이론이 정당한 것으로 받아졌음에도 불구하고 여전히 이단으로 정죄되어 오늘날까지도 그 굴레를 벗어나지 못하고 있다. 그러나 그 후 네스토리우스의 신학과 개혁정신은 그의 추종자들로 인하여 원시 시리아 동방교회와 합하면서 아시아의 선교와 동서 인류문명에 지대한 공헌을 하게 되었다.

---

93) Samuel H. Moffett, *A History of Christianity in Asia* vol.1, 192, 193.

3. 네스토리안파의 발전

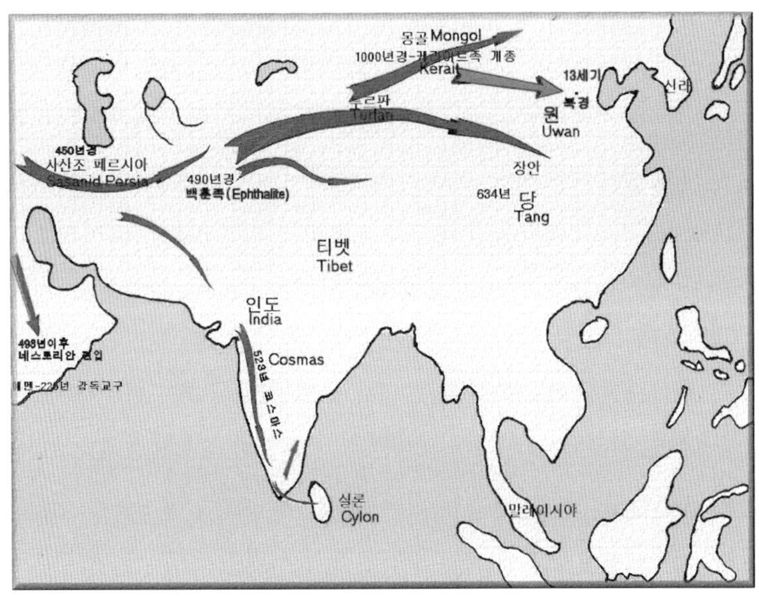

네스토리안 이동경로

이번 단락에서는 네스토리안파의 발전 과정과 몇 가지 중요한 측면을 살펴보고자 한다. 먼저 네스토리안파의 발전 과정은 카바드 왕(Kawad, Kavad, 488-497, 501-531)에 의해서 이루어졌다. 카바드 왕의 아버지 페로즈는 네스토리안 동방교회를 독립시키는 데 지대한 공헌을 했고, 또한 니시비스 대주교 바르사우마의 친구이자 보호자였었다. 그런데 페로즈가 왕위를 자기 형제 볼로가세스(Vologases, Baladh)에게 계승하자, 카바드는 반란을 일으켰으나 패배하여 소그디아나 옥커스 강을 건너 그의 아버지의 적인 헤프탈(White Huns,

Hephthalites)에게로 망명하였다. 3년 후에 볼로가세스가 죽자 헤프탈 백훈족의 도움으로 돌아와 왕위에 올랐다.

왕위에 오른 카바드가 마즈다크(Mazdakfks)[94]란 새로운 종교로 개종하자 497년 조로아스터교 고위성직자들과 귀족들이 연합하여 카바드의 형제 자마스프(Zamasp)를 옹립하였다. 이로 인하여 카바드는 헤프탈에게로 다시 도피하였다. 이 시기에 두 명의 네스토리안 기독교인이자 레이멘인(laymen 人) 레쉬아니아의 요한(John of Reshania)과 탄네르의 도마(Thomas the Tanner)도 동행하였다. 또한 카스피 해 서쪽 아란(Arran)의 주교이며 선교사로 임명받은 카라두세트(Karaduset)와 4명의 사제도 이 무리에 합류하였다. 아마도 카라두세트는 비잔틴 기독교 포로들과 그 포로로 잡은 헤프탈 훈족들에게 복음을 전하기 위해 파송받았을 것으로 추정되고 있다. 이들 선교사들은 7년을 머물렀지만, 두 명의 레이멘인(laymen 人)은 30년 동안 헤프탈의 백훈족과 함께 생활하면서 설교도 하고 세례도 주었다. 이들은 백훈족들의 구어를 문어체로 바꾸어서 읽고 쓰는 것을 가르쳐 주었다. 나중에 아르메니아인 주교와 합류해서 끊임없이 이동하는 기마 유목민족들에게 채소 심는 것과 옥수수 파종법을 가르쳐 주었다.[95] 이후 501년에 카바드 국왕은 헤프탈 백훈족의 도움으

---

94) 모든 남자들은 동등하여 모든 물건들, 즉 돈과 음식과 여자를 똑같이 나눠 가져야 하며, 재산의 권리와 결혼계약은 인간의 자유와 평등을 위반한 것이며 사랑은 자유로 와야 하며 한 남자가 한 여자를 위해 제한할 필요가 없다고 하였다. O. Klima, *Mazdak*(Prague: Nakladatelstvi, 1957); M. Boyce, *Zoroastrians: Their Religious Beliefs and Practices*(London: Routledge and Kegan Paul, 1979)를 참조하라.

95) 네스토리안 선교 이야기에 대하여는 555년 단성론자에 의해 기록된 것을 민가나(Mingana)가 부분적으로 인용하고 요약하였다: A. Mingana,

로 다시 사산왕조의 국왕이 되었다. 이 당시의 모습을 한 네스토리
안의 연대기자는 다음과 같이 기록하고 있다.

> 그가(카바드) 투르크족(훈족) 왕에게 도움을 요청하였고 그 군사와
> 함께 그의 나라에게 급습하여, 자마아스프를 폐위시키고…… 몇 명의
> 도사들(조로아스터교 성직자)을 죽이고 많은 사람들을 투옥시켰다.
> 그리고 그가 투르크 왕에게로 도주할 때 도움을 주었던 기독교인에게
> 는 자비를 베풀었다.[96]

이와 같이 카바드 국왕의 호의로 30년간 네스토리안파는 중앙아시
아 유목집단인 훈족에게 선교를 할 수 있었다.

두 번째는 네스토리안파 전 역사 중 가장 위대한 마르 아바(Mar
Aba I, 540-552)를 통해서 중앙아시아 쪽에 복음이 확장되었다. 503
년 총대주교 바바이가 죽자 실라스(Silas, 503-523)가 계승하였고, 곧
바로 실라스의 부인에 의해 양자이며 의사인 엘리사에우스(Elisaeus)
가 계승하였다. 이러한 교회 계승은 부정적인 족벌주의를 만들었다.
그리고 이렇게 형성된 족벌주의는 페르시아 왕 카바드(Kavad)에게
경쟁적으로 로비했고, 결국 524-539년 연간에 교회는 분열되어 서로
의 총대주교를 파문하기 이른다. 양측은 가능한 주교 관구를 많이 확
보하려고 경쟁하였다.[97] 이에 주교들은 540년 양편에 존경을 받고 국
왕의 친구인 바이트 라파트(Beit Lapat, Gundeshapur)의 바울(Paul)

"The Early Spread of Christianity in Central Asia and the Far East",
Bulletin of the John Rylands Library vol.9, no.2(July 1925), 303.

96) *Chronicle of Seert*, PO, t. 7, fasc. 2, 128.

97) W. A. Wigram, *A History of the Assyrian Church*, 178-181.

을 총대주교로 선출하였다. 그러나 그는 두 달 만에 죽었고, 다시 서방의 교황을 했던 마르 아바를 총대주교로 선출하였다.

페르시아 안에서 조로아스터교인을 개종시킬 경우, 사형에 처했다. 이러한 상황 속에서도 마르 아바는 그들을 개종시켰다. 더욱이 22년간 페르시아와 콘스탄티노플 간의 전쟁에서 서방 기독교인들이 전쟁에 참가하자 페르시아 기독교인들을 시기적으로 어려운 때였다. 그래도 마르 아바는 감옥에 있거나 추방될 때에도 교회를 잘 치리하였으며, 순회하면서 같은 교구에 한 주교를 두고 다른 주교는 해임하였다. 이러한 특별한 순회 법정 재판은 544년 제6차 마르 아바 공의회에서 인정되었다.[98] 또한 마르 아바는 신학교육을 활성화시켰다. 니시비스 학파의 선임 교사들을 신뢰하였고 배우지 못한 사람도 신앙고백을 쉽게 할 수 있도록 했다.[99] 그는 수도 셀류키아 크테시폰을 니시비스보다 더 교회 통치와 신학적 계몽의 중심이 되도록 했다.

한편 마르 아바는 수도사들처럼 기독교인의 생활이 자기 부정과 순수성으로 돌아올 것을 교회에 요청했고 수도원 부흥을 격려하여 교회의 부패된 구조에 새 활기와 힘을 가져다주었다. 544년 제6차 마르 아바 공의회(Mar Aba)에서 옛 실크로드를 따라 메르브(Merv)와 베트 라파트(Bet Lapat), 니시비스(Nisibis), 페라트 드마이산(Perat d-Maysan, Basra), 아르빌(Arbil, Erbil), 카르카 드베트 세록크(Karka d-Bet Selok, Kirkuk), 레브 아르다쉬르(Rev Ardasir) 등에 교구를 추가하였다.[100] *마르 아바의 역사*(History of Mar Aba)에 의하면, 총대

---

98) J. B. Chabot, *Synodicon Orientale*, 318-332, 340.

99) Ibid., 540, 550.

100) Ibid., 66.

주교 마르 아바 1세가 에프탈족(Huns)의 요청으로 549년에 네스토리안 주교를 에프탈에 보냈다고 한다. 이것은 585년 제7차 예수얍(Isoyahb) 공의회에 제정된 바드기스-카디스탄(Badghis-Qadistan) 주교구일 것으로 보인다.[101] 그리고 그 영향으로 헤라트(Herat)가 대주교구로 승격되었을 것이다. 이런 모든 일들은 중앙아시아의 입장에서 볼 때, 큰 유익이라 아니할 수 없는 것이다. 그 후 복음이 몽골 지방으로도 신속하게 확산되어 타타르족(Tartars)과 케라이트족(Keraite)과 위구르족(Uighur), 나이만족(Naimans) 및 메르키트족(Merkit)에게로 복음이 전해졌을 것이기 때문이다.

세 번째는 초스로에스 1세(Chosroes I, 531-579) 때로 사산왕조(Sasaanian)가 가장 넓은 지역을 차지함으로 인하여 네스토리안 동방교회도 더 넓은 지역으로 복음이 전해졌다. 초스로에스 1세는 안디옥을 점령하고 561에서 571년 사이에 자기 군사를 중앙아시아 헤프탈 훈족(Hephthalite Huns)에게 보내 그들의 왕을 시해하였다. 그리고 예맨(Yemen) 지역에서 아프리카 에디오피아인들(Ethiopians)을 추방시켰고, 수도 셀류키아 크테시폰에 거대한 타크에케스라(Taq-e-Kesra) 궁정을 지었다.[102]

이 시기에 주의하여야 할 것은 초스로에스의 총애하는 앙후를 비롯하여 개인의사 등등 다수의 네스토리안 기독교인들이 비록 정치적인 영향력은 적었으나,[103] 다수가 존재했다는 사실이다. 이들 기독교인

---

101) E. C. D. Hunter, 'Syriac Christianity in Central Asia', *Zeitschrift für Religions-und Geistesgeschichte*, 44(1992): 364.

102) A. Christensen, *L'Iran sous les Sassanides*(Copenhagen: Levin and Munksgaard, 1936), 380, 385, 400, 407.

103) S. H. Moffett, *A History of Christianity in Asia* vol.1, 221.

들은 보다 현명한 학식과 사업 감각과 국제적 접촉으로 제국을 섬기는 데 좋은 평판을 얻었다. 초스로에스는 오랫동안 그의 총애하는 왕후를 국가 종교로 개종하도록 애썼으나, 그녀의 강한 믿음 때문에 할 수 없었다. 왕자 아노사그자드(Anoshaghzad, 혹은 Nushizad)도 기독교인이 되어 기독교가 증가하는 데 영향을 주었다.[104]

551년경 초스로에스가 비잔틴과 싸우다 치명적인 병을 얻었다는 잘못된 소문으로, 아노사그자드가 스스로 국왕이라 하면서 특별히 동료 기독교인들의 도움으로 왕위에 등극하였으나, 초스로에스의 노병들에 의해 실패하였다. 이에 마르 아바 1세(Mar Aba Ⅰ, 540-552) 총대주교를 비롯하여 기독교인들이 조로아스터교인들의 의해 고소당했지만 무죄로 판명받았다. 대신 초스로에스는 쿠지스탄(Khuzistan)의 폭동에 기독교인들을 통해 잠재울 수 있도록 마르 아바 1세를 보냈다. 그의 선교는 성공적이어서 교회는 혁명을 억제시킴으로써 치명적인 위험으로부터 사산왕조를 구해냈다.[105] 이렇게 조로아스터교가 국교인 페르시아 사산왕조 내의 왕실에도 복음이 들어갔다는 사실은 서구 학자들의 편견 속에서 사라진 역사적 사실이 되었다.

네스토리안파 기독교인들 중에 쿠지스탄의 폭동을 잠재울 수 있는 정치적인 능력과 유능한 전문인들이 많이 나왔으며, 이들은 훗날 이슬람제국과 몽골제국에서도 큰 역할을 감당하였다.

다섯째, 네스토리안파는 6세기에 있어서 새로운 교회개혁과 부흥의 발판을 수도원을 통해서 일으켰다. J. 라보르트(J. Labourt)는 네

---

104) 어느 전승에 의하면 왕자는 단성론 주교에게 세례 받았다고 한다; G. D. Malech, *History of the Syrian Nation and the Old Evangelical-Apostolic Church of the East*(Minneapolis, 1910)을 참조하라.

105) S. H. Moffett, *A History of Christianity in Asia* vol.1, 225.

68

스토리안파 수도원의 수사들이 결혼하여 살기 때문에 영적으로 느슨해졌다고 하였다. 그래서 결혼한 아카키우스(Acacius, 485-496) 총대주교 때부터 마르 아바(Mar Aba I, 540-552) 총대주교 때까지를 타락의 기간으로 특정 지었다.[106] 그러나 이것은 과도한 비난이며 편견일 것이다. 왜냐하면, 현재의 그리스 동방 정교회의 결혼한 많은 신부(神父)들이 모두 타락한 것으로 판단할 수 없기 때문이다. 또한 결혼했다는 사실이 타락의 기준이라면 고전 7:9로 권면한 사도 바울이 타락을 권한 것이 되기 때문이다. J. 라보르트의 판단은 네스토리안에 대한 편견에 기인한 것으로 보아야 할 것이다.

여하튼, 6세기 페르시아제국 전역에 카스카르의 아브라함(Abraham of Kaskar, 대략 491-586)에 의해서 네스토리안 수도원이 부흥하였다. 수도원 원장 아브라함은 502년에 총대주교 바바이(Babai, 497-502)에게서 세례를 받고 니시비스 학파에서 공부하였다. 한때 반자치국인 라크미드(Lakhmid)나라인 아랍에 선교사로 나가 이집트로 여행하면서 위대한 광야 수도사들의 훈련과 엄격한 생활을 보고 감동을 받았다.[107] 아브라함은 네스토리안 동방교회 사제들과 서방에서 온 단성론인 야곱파와 구별되도록 체발(剃髮)을 인정하였다. 이로 인하여 네스토리안들은 머리 맨 위에 바퀴나 왕관처럼 돌아가면서 노출되게 깎았다. 반면, 안디옥에 온 야곱파는 머리를 십자가 모양인 앞뒤와 양옆을 깎았다.[108] 이즈라(Izla) 산의 위대한 수도원 원장이 된 아브라함은 닫예수(Dadyeshu, Dadh'Idho)에게 승계하여 주었고, 그 다음은 밥하이

---

106) 예를 들면, J. Labourt, *Le Christianisme*, 154-162.

107) Thomas of Marga, *The Book of Governors*, 2 vols., ed. E. A. W. Budge(London: Kegan Paul, Trench and Trubner, 1893), 37.

108) Ibid., 40, 41.

(Babhai, 630년 사망)가 계승하였다. 이 수도원은 네스토리안 정통신학인 니시비스 학파를 이었다. 그리고 한편 아브라함과 달예수, 밥하이의 제자들은 초스로에스 1세(Chosroes Ⅰ, 531-579)에 의해 이룬 큰 제국 전체에 적어도 60개의 수도원을 세웠다. 이와 같이 카스카르의 아브라함의 수도원 운동이 없었다면, 단성론주의파의 침입과 이슬람의 정복에 네스토리안 동방교회가 살아남지 못했을 것이다.109) 이 수도원은 오늘날의 신학교와 기도원을 합한 것이라고 할 수 있다. 이런 수도원의 부흥 영향으로 옛 실크로드 대상교역 도시 주변마다 수도원 중심으로 네스토리안 공동체가 퍼져나갔다.

409년 이즈드거드 1세(Yazdegerd Ⅰ)의 종교 관용칙령과 410년의 이삭공의회의 이래, 네스토리안 교회는 페르시아에서 멜레트(melet)란 소수파로 남는 것으로 만족하였으나, 이제 초스로에스 1세의 치세 동안 사산제국 내 조로아스터교 다음으로 큰 종교가 되었다. 초스로에스 1세는 왕자 네스토리안 아노사그자드(Anoshaghzad)의 반란을 보았기 때문에 마르 아바(Mar Aba Ⅰ, 540-552)의 계승자를 선택할 때 직접 간여하여 니시비스 학파에서 수학했던 그의 개인의사 요셉(Joseph, 552-567)을 지명하였다. 이에 요셉은 주교들의 공식적인 동의나 공의회의 소집을 거절하고 오직 이교도 통치자의 뜻에 따라 두 주교를 감옥에 넣었다. 2년 후 554년 제7차 공의회를 열었는데,110) 주교들이 이 기회에 요셉의 독재를 막는 방법을 찾았다. 그것은 총대주교의 긴급한 판단 경우 최소한 3명의 주교의 동의를 받도록 하는 것이었다.111)

---

109) J. Labourt, *Le Christianisme*, 324.
110) 이 종교회의 기록은 J. B. Chabot, *Synodicon Orientale*, 352-367.

이와 같이 네스토리안파 동방교회는 사산 왕실의 후원(카바드 왕과 초스로에스의 왕후와 그의 왕자)과 훌륭한 총대주교들과 명석한 페르시아 학파를 이은 비시니스 학파의 교장들과 수도원의 원장들로 인해 신학과 신앙을 겸비하여 중앙아시아 헤프탈 백훈족에게로 복음을 전했다. 이것이 계기가 되어 몽골 초원의 유목민족과 중국에까지 복음이 전해지게 되었다.

본 연구는 여기까지 네스토리안파의 태동과 그 발전을 서술하여 왔다. 이제 네스토리우스의 추종자들이 원시 시리아 동방교회에 동참하기 이전과 사도 바울이 로마로 복음을 전할 때에 동방에는 복음의 불모지였는가에 대하여 논의하는 것이 좋을 듯싶다. 사실, 네스토리안파가 처음부터 선교적인 삶을 지향한 것은 초대 페르시아와 시리아 동방교회가 있었기 때문이다. 그 원시 동방교회를 통하여 과연 동시에 중앙아시아 쪽으로도 복음이 전해졌는가에 대하여 논의함이 본 연구 목적이기도 하다. 그러므로 초기 중앙아시아 기독교 역사를 고찰하는 것이야말로 중요한 과정이라고 할 수 있는 것이다.

제3절 네스토리안파의 초기 중앙아시아 기독교 역사

1. 초기 중앙아시아 복음 접촉 가능성

부활하신 예수님께서 승천하시기 전에 제자들에게 마지막 지상명

---

111) Ibid., 358. canon 7.

령(마 28:19, 20)을 한 이래로 바울을 이방인 사도로 삼아 로마를 통해 서방으로 복음이 전해졌다. 그렇다면 동시에 동방 페르시아와 인도·중앙아시아·중국 쪽은 사도 바울이 전하였던 그 시기에 누가 복음을 전했는가? 아니면 어떤 학자들의 주장처럼 이 시기에는 아시아에 복음이 전해지지 않았는가? 모펫(S. H. Moffett)은 5세기 말까지 아시아 지역에 기독교가 퍼진 증거는 없었다고 한다.112) 반면에 바르다이산(Bardaisan)과 유세비우스(Eusebius) 그리고 A. 민가나(A. Mingana), L. E. 브라운(L. E. Browne), W. 쿠레톤(W. Cureton) 등 여러 학자들은 초기 중앙아시아에도 복음과의 접촉 가능성에 대하여 언급하고 있다.

본 연구의 연구 목적 중 하나는 서방의 복음화된 시기에, 곧 사도 시기에 동방에도 사도가 전한 복음이 있었는가를 규명하는 것이다. 이러한 연구 작업은 서구의 편향된 교회사를 극복할 수 있을 뿐만 아니라, 하나님께서 전 인류를 그 구원의 대상으로 삼았음을 교회사적으로 증명하는 작업이 될 것이라고 할 수 있을 것이다. 본 항목에서 첫째는 사도 도마가 직접 중앙아시아에 복음을 전했다는 사실을 기술하고자 한다.

유세비우스(Eusebius)의 스승인 도로데우스(Dorotheus, 254-?)에 의하면, 사도 도마가 파르티아인(Parthia)과 메디아인(Media), 페르시아인(Persia), 루만인(Ruman), 박트리아인(Bactrian), 마기인(Magi)에게 복음을 전한 후 인도 카라미나(Caramina)에서 순교했다고 전한다.113) 또한 300년경 이방민족지(Adverse Gentes)에 사도 도마가 주

---

112) S. H. Moffett, *A History of Christianity in Asia*, 207.
113) 이장식, *아시아고대기독교사(1-16세기)*, (서울: 기독교문사, 1990), 11.

예수께서 승천하신 후 2년 만에 인도에 와서 극동으로 가는 도중, 파르티아(Parthia)와 부하라(Buhkara), 박트리아 등 여러 지방에 들려 복음을 전파하였다고 한다. 200년경 터툴리안도 비(非)로마 신자들의 명단을 작성했는데, 사마르티아인들(Sarmatians)114) 그리고 다키아인들(Dacians), 스키티아인들(Scythians, 몽골인), 길라니아인(Gilanians), 박트리아인(Bactrians) 가운데 기독교인들이 있다고 기록하고 있다.115) 여기서 중앙아시아와 관련 있는 명칭은 파르티아인과 박트리아인, 부하라, 사마르티아인들, 스키티아인들, 길라니아인이다. 따라서 사도 도마뿐만 아니라 그의 제자 아다이와 함께 중앙아시아 쪽으로도 복음을 전했음을 예측할 수 있다.

둘째, 사도 도마의 제자 아다이가 중앙아시아에 복음을 전하였던 것이다. 많은 사람들은 아다이(Thaddeus, Addai)116)를 눅 10:1에 나오는 "칠십인 제자 중의 한 사람"이라고 한다. 가이샤라 빌립보의 갈릴레이에서 출생한 아다이는 그의 동료 유대인들에게 복음을 처음 전하였고, 비단무역을 하는 유대인들이 그의 첫 개종자들이요 교회 지도자들이 되었다고 한다.117) 이들 비단무역을 한 유대인들이 옛 실크로드를 따라 중앙아시아로 복음을 전했을 것이다. *사도들의 교리(Doctrine of the Apostles)*에 따르면, 아다이가 에데사와 니시비스

---

114) 사르마티이는 흑해 일대를 포함하여 남러시아 초원을 길게 지배하였다. 기원후 4세기 훈의 패권 아래 흡수되었다. Sugiyama Masaaki(杉山 正明), *유목민이 본 세계사*(Yubokumin Kara Mita Sekaishi), 103.

115) J. Gordon Holdcroft, *Into All the World.*, 34.

116) 아다이에 대해서는 Eusebius와 *Doctrine of Addai* 외에, *Sriac Acts of the Apostles*와 *Chronicle of Arbela*, *Acts of Sharbil*에도 나온다.

117) W. Cureton, *Doctrine of Addai*, 3, 8, 14.

(Nisibis, Soba), 아라비아, 메스포타미아의 경계에 교회를 세운 개척자라고 하였다. 아다이는 에데사 왕으로부터의 금과 은 받기를 사양하면서, "우리에게는 돈 주머니도 짐 보따리도 없기에, 우리 어깨에는 십자가를 짊어지고, 우리는 모든 피조물에게 복음 전하도록 명령받았다"고 하였다.118) 이는 사도 도마의 선교정신이기도 하다. 동시에 이것은 원시 시리아 동방 교회의 모토가 되었고 훗날 네스토리안파가 동참하면서 불을 붙였던 것이다. 324년 유세비우스(Eusebius)에 따르면, 도마가 오스로에네에 첫 기독교 선교사로 다데오(아다이)를 파송하였다고 한다. 그리고 390-430년에 기록한 *아다이 교리*(The Doctrine of Addai)119)에 아다이가 가서 아브가르 왕의 병을 고쳐주고 세례를 주었다고 한다.120) 그렇다면 아부가르 왕은 콘스탄틴 황제의 기독교 공인(313)보다 이른 이미 세계 최초로 기독교 왕이며, 기독교 도시국가를 이룬 것이 된다. 모펫(Samuel Hugh Moffett)도 오스로에네가 역사상 세계 최초의 기독교 국가라고 인정

---

118) W. Cureton, *Doctrine of Addai*, 7.

119) 이 작품은 현재 두 사본이 존재하는데, 5세기 초 사본은 1848년 큐레톤(Cureton)이 발견하여 1864년 출판하였다. 또 다른 사본은 6세기 것으로 성 베째부르그(St. Petersburg)의 국립도서관에 있다. 이것을 번역하고 편집한 사람은 빌립(George Philips)의 *The Doctrine of Addai the Apostle*(1876)에 있다.

120) Eusebius, 1.13.6-10. 아브가르 왕은 두 번 통치했는데, 첫 번째는 BC 4-A.D. 7년(13번째 왕, 혹은 군주)과 다시 13-50년(15번째 왕)이 되었다. J. B. Segal, *Edessa, the Blessed City*(Oxford: Clarendon, 1970), 15. 아부가르 왕은 아다이를 통해 기적적으로 치유함을 받고 그 다음날 자기 백성에게 "그리스도의 다시 오심의 역사"에 대하여 말하자, "모든 시민들이 그 교리를 즐거워하였다"고 한다. 이에 많은 사람들이 각자의 자유의지에 의해 그리스도를 믿었다고 한다. W. Cureton, *Doctrine of Addai*, 13-15, 21.

74

한다. 하지만 이는 로마제국에서의 선교로 인해서 오스로에네가 복음화되었기 때문에 이를 아시아 교회사라기보다는 서방 교회사에 속한다고 주장한다.[121] 그러나 오스로에네는 분명히 파르티아 공국으로 그 당시 페르시아에 속하기 때문에 아시아 교회사이며, 최초의 기독교 국가는 아시아 교회에서 태동한 것이 분명하다.

셋째, 아다이의 제자 아가이(Aggai)와 마리(Mari)를 통하여 중앙아시아에 복음이 전해졌다. 여기서 아가이는 *사도들의 교리*(Doctrine of the Apostles)에 나오고,[122] 또한 마리는 *성 마리의 행전*(Acts of St. Mari)에 나온다.[123] 아다이가 45년[124]에 죽자, 왕을 위한 비단 관복(官服)과 관(冠)을 제작하는 그의 제자 아가이(Aggai)에게 계승하였다. 에데사의 아부가르 왕이 죽자 그를 계승한 왕은 아부가르의 아들 만누 5세(Ma'nu V, 50-57)로[125] 그는 아가이에게 설교하지 말고 관복과 관만 만들라고 하였다. 이에 아가이가 "나는 그리스도의 사역자를 떠날 수 없다"고 하자 암살당하였다.[126] 그는 "전 페르시아의 아시리아인과 아르메니아인과 메디아인에게, 바빌론 주변

---

121) Samuel Hugh Moffett, *A History of Christianity in Asia*, 12-13.

122) W. Cureton, *Doctrine of Addai, Ancient Syriac Documents*(London: 1894; reprint, Amsterdam: Oriental Press, 1967), 34.

123) J. B. Abbeloos, ed., "Acts Sancta Maris, Assyriae, Babyloniae ac Persidis seculo I Apostoli……", in *Analecta Bollandiana*, 55(Brussels: 1885), 43-138.

124) W. Cureton, *Doctrine of Addai*, 162. 그런데 J. B. Segal은 아다이의 죽음을 50년으로 잡고 있다. *Edessa*, 15.

125) J. B. Segal, *Edessa, the Blessed City*, 15.

126) W. Cureton, *Doctrine of Addai*, 13-15, 21. *아다이의 교리*의 따르면, 아다이는 "안내자요 통치자", 팔루트(Palut)는 장로, 압셀라마(Abshelama)는 집사로, 이미 교회의 조직을 기록하고 있다.

여러 나라에, 훈지족(Huzites)과 겔라이(Gelai, 카스피 해)에, 인도 국경까지, 곡 마곡(Gog Magog)의 나라까지” 사도직으로 평판을 받았다고 한다.[127] 곡 마곡은 중앙아시아 넘어 몽골 지역까지 복음이 전해졌음을 말하고 있다.

민가나(A. Mingana)에 의하면 250년경에 시리아어로 쓰인 *사도들의 교리*(Doctrines of the Apostles)에서 길라니아인들과 마곡인(Magog)들이 사는 지방에 120년경, 아가이가 복음을 전파했다고 기록하고 있다.[128] 이에 브라운(Browne, L. E.)도 카스피 해(Caspian Sea) 넘어 사는 알타이계 원시 투르크인(Prototurks)에게[129] 복음이 전해졌다고 하였다. 아가이가 죽을 때에 자신이 계승자를 정하진 않았지만,[130] 그의 동료 마리(Mari)가 계승하였다.[131] 마리는 동방으로 옮겨 세나르(Senar)와 셀류키아(Seleucia)에서 많은 병자를 고치고 세례를 베풀었다. 그리고 마리는 바다라자(Badaraja)에서 33년간의 전도생활을 마감하였다.

넷째, 바르다이산(Bardaisan, 154년 출생)이 중앙아시아에 복음 접촉에 대하여 증거하고 있다. 196년에 기록한 에데사의 바르다이산[132]의

---

127) A. Mingana, *The Early Spread of Christianity in Central Asia and the Far East: A New Document*(Manchester: Manchester University Press, 1925), 302.

128) Ibid., 7-8.

129) L. E. Browne, *The Eclipse of Christianity in Asia*, 209.

130) Samuel Hugh Moffett, *A History of Christianity in Asia*, 50.

131) J. B. Abbeloos ed., “Acta Sancta Maris, Assyriae, Babyloniae ac Persidis seculo I Apostoli……”, in *Anaclecta Bollandiana*, 55(Brussels: 1885), 43-138.

132) 바르다이샨은 아브가르 8세의 친구로 154년 에데사에서 태어났다. 그는 이단인 막시온(Marcionism)에 빠지지 않았지만, 영지주의(Gnosticism)

여러 나라의 법률서(Book of the Laws of Countries)에서 지금 북쪽 아프카니스탄 박트리아에 살고 있는 기독교인에 대해서 언급하고 있다.[133] "길라니아인(Gilanians)과 박트리아인(Bactrians, Kuchans)들 가운데 사는 우리의 자매들(기독교인)은 낯선 사람과 교제하지 않는다"는 구절에서, 길라니아는 카스피 해 서남쪽의 해안 지역을, 박트리아는 아프가니스탄 북방, 힌두쿠시 산맥과 아무 다리야 사이의 지역이다.

아르벨라의 연대기(Chronicle of Arbela)에 따르면, 이미 페르시아에, 로마제국의 핍박을 피해 190-250년에 많은 교회를 세웠고 동쪽 쿠르디스탄(Kurdistan) 산맥에서부터 서쪽 카스피 해까지 관할권으로 20명 이상의 주교와 17개의 주교구가 있었고, "교회들과 수도원들은 증가하였고 모든 입으로 영화로운 말씀을 들을 수 있었다"고 하였다.[134] 민가나(Alfonso Mingana)는 파르티아 왕실의 기독교에 대한 관대한 정책으로 인하여 전역에 약 20여 교구가 있었다고 하였다.[135] 하르낙은 2세기경 페르시아 지역에 약 360개의 교회가 있었다고 했다.[136] 바르다이산을 만났던 아베르시우스 주교는 말하기를, "나는 시리아 평원과 유프라테스 강 건너 니시비스 등 모든 도시들

에 빠졌다. 결국 발렌티안(Valentinian) 영지주의 이단자가 되었다. H. J. W. Drijvers, *Bardaisan of Edessa*, trans G. E. van Baaren-Pape(Assen: Van Gorcum, 1966), 167-185.

133) A. Mingana, *The Early Spread of Christianity in Central Asia and the Far East*, 301.

134) A. Mingana ed., and trans., *Sources Syriaques*, vol.1, Mshiha-zkha, Texte et Traduction(Leipzig: Harrasowitz, 1907), 103, 106ff.

135) A. Mingana, *The Early Spread of Christianity in Central Asia and the Far East*, 298-299.

136) 이장식, *아시아고대기독교사(1-16세기)*, 51.

을 보았다. 가는 곳마다 설교할 사람들을 발견하였다"고 하였다.[137]

이와 같이 그리스도의 죽음 이후 200년이 채 안 되어서 바울이 서방의 이방의 사도가 되었듯이 도마가 동방의 사도가 되었고, 또한 도마의 제자 아다이가, 그리고 아다이의 제자 아가이와 마리를 통하여, 또한 초대 시리아 기독교인들을 통하여 페르시아뿐만 아니라 유프라테스(Euphrates)에서 힌두 큐쉬(Hindu Kush)까지와 아르메니아에서부터 페르시아 만까지 옛 실크로드[138]를 따라 아시아의 심장부인 중앙아시아 유목민에게도 복음이 퍼져 나갔던 것이다. 따라서 초기 중앙아시아 기독교 선교는 사도 도마 때부터 시작되었고, 3세기 전에 복음의 역사가 왕성했던 것으로 볼 수 있다.

2. 초기 중앙아시아에서 복음의 확산

B.C. 1세기 말부터 A.D. 4세기 중반까지 중앙아시아에서는 북방에서 내려온 월씨(月氏) 계통의 유목민이 박트리아(Bactria, 대월씨국)를 밀어내고 쿠산(Kushana) 왕조가 통치하였다. 이 왕조는 다양한 신인 외신(外神)과 천신(天神), 화신(化神) 등 샤머니즘을 섬겼기 때문에 기독교 복음이 전파되기 쉬웠다.[139] 특별히 카니시카(Kanishka, 대략 144-171) 왕은 최초의 불교[140] 회의를 열었다. 또한 헬레니즘 문

---

137) Samuel Hugh Moffett, *A History of Christianity in Asia*, 79.

138) 실크로드는 독일 베를린 대학 지리학 교수 리히트호펜(1833-1905)이 중국이라는 다섯 권과 지도 한 권을 펴내면서(1877-1901) 이 길을 '자이덴슈트라세'(비단길)라 하였다. 김종래, *유목민 이야기*(서울: 자우출판사, 2002), 42, 43.

139) A. Mingana, *The Early Spread of Christianity in Central Asia*, 9-11.

명과 만나면서 석가를 보이는 불상으로 대체하면서 대승불교 교리를 세웠고 간다라 예술141)을 발전시켰다. 이러한 때에 쿠산 왕조 내에 복음이 전파되었는지 몇 가지 증거를 통해 논의하고자 한다.

이미 3세기 중앙아시아의 메주레츠(Междуречья)가 기독교의 본거지가 되어, 중앙아시아와 몽골 초원 및 중국까지 기독교의 영향을 미치고 있었다.142) 베룬니(Беруни)의 증거에 따르면 기독교는 예수의 죽음 후 200년이 지나 메르브(Мерв)에 기독교 공동체가 있었다고 한다.143) 즉 메르브에 성자 바라히(Барахи)가 있었고, 3-4세기의 무덤 조형물 밑에 기독교 성전이 있었던 장소를 발견하였다. 3세기부터 존재했던 기독교 수도원도 발견하였다.144) 이 수도원 공동체는 처음부터 2세기의 '순례 선교사'의 사역을 계승하여 3세기부터 아시아로 가는 능동적인 선교가 되었다. 수도사는 선교여행으로 도시와 마을들을 통과하여, 복음을 확장하고 작은 공동체들을 강화시켜야 할 의무가 있었다. 그 선교는 물러서는 것이 아니라 '나가는' 것이다.

---

140) 불교를 창시한 석가(고타마 싯다르타)는 기원전 565년 네팔의 키필라성의 왕자로 태어났다. 29세에 좌선하다 깨달음을 얻고 스스로 붓다(佛陀, Buddha)라고 하였다.

141) 알렉산더의 인도 원정으로 펀자브 간다라에 헬라문화를 형성하게 되었다. 이후 불상이 발달하게 되었다. 남경태, 종횡무진 동양사(서울: 도서출판 그린비, 2002), 66, 67.

142) Г. И. Богомолов, Ю. Ф. Буряков, Л. И. Жукова, А. А. Мусакаева, Г. В. Шишкина, "Христианство В Средней Азии", Из Истории Древних Культов Средней Азии Христианство(Ташкент, 1994), 6.

143) А. Б. Никитин, "Христианство в Центральной Азии(древность и сред невековье)", Восточный Туркестан и Средняя Азия(м., 1984), 123.

144) B. A. Litvinsky, The Rise of Sasannian Iran, History of Civilization of Central Asia, vol.2, ed. J. Harmatta(Paris: UNESCO, 1994), 482-483.

당시 한 문서에 선교란 "자기 집과 친척들로부터 다른 지역으로 떠나, 죽음의 전쟁에 싸우도록 자신을 내 던지는 것"이라 하였다.[145] 이렇게 3세기 시리아와 페르시아의 아시아 선교사에 의하여 티그리스 강을 넘어 동쪽으로 꾸준히 이동하였다.

제4절 결 론

3·4세기 기독론 논쟁이 안디옥 학파(Schola Antiochena)와 알렉산드리아 학파(Schola Alexandria)의 양성론과 단성론으로 이원화할 때, 안디옥 학파 네스토리우스와 알렉산드리아 치릴루스의 논쟁으로 좁혀졌다. 양측의 분쟁 속에서 콘스탄티노플의 종교개혁자 네스토리우스를 왕실과 부패된 수도사들, 음란한 민중에 의해 가장 경건하고 가장 말씀에 가까운 자를 정치적으로 정죄하였던 것이다. 431년 에베소 공의회뿐만 아니라 적지 않은 공의회의 결정이 과연 옳은가? 이에 대하여 누군가 검증하여 조명해 보아야 할 것이다.

성상숭배라든가 교황무오성, 교회 안에서만의 구원론, 사제들을 통해서만 성립되는 죄의 고백, 연옥설 등등 가장 비성경적인 단체가 지금도 가장 온 세상 교회를 통치하고 있지 않은가?[146] 그렇다면

---

145) Voobus, *History of Asceticism*, CSCO, vol.184(Louvain, 1958), 86, 97.

146) 로마 가톨릭이 내린 주요한 칙령은 451년에 칼케돈회의에서 마리아 숭배교리, 687년 아이엔 황후에 의해 니케아회의에서 성상숭배와 성인숭배와 '가톨릭교회밖에는 구원이 없다'는 교리와 면죄부 판매와 연옥교리, 1123년 칼릭터스 2세에 의해 사제결혼금지, 1215년 교황 이노센트 3세에 의해 화체설과 고해성사 교리, 1229년 타울로우스 공회에서 신부

하나님의 뜻은 어디에 있을까? 땅 끝까지 복음을 전하라고 명령하신 성자 하나님의 뜻은 어디에 있는가? 그것은 바로 한 알의 밀알 정신이며, 순교 정신이고, 성경적인 삶일 것이다. 한 영혼이 천하보다 귀하다는 그 정신에 있을 것으로 판단된다. 네스토리안 기독교인들은 이런 정신을 가졌다.

네스토리우스는 황제에게 만일 자신의 옳은 교리가 허용되지 않는다면 총대주교직을 사임하고 안디옥에 있는 수도원으로 돌아가겠다고 할 때, 치릴루스는 돈으로 매수하고 있었다.[147] 분명히 네스토리우스는 *헤라클리데스의 생애*(Liber Heraclides)에서 치릴루스가 안디옥의 요안네스 백작에게 많은 돈을 주었고 황제에게도 그렇게 하였을 것[148]이라고 의심하고 있다. 그런데 순수한 네스토리우스는 지금까지 이단이고 결국 지노 황제에 의해 그의 추종자들도 이단이 되었다. 지금도 네스토리우스의 양성론과 그의 삶과 개혁 등은 치릴루스

들 이외에 모든 평신도들이 성경을 임의로 읽을 수 없다는 칙령, 1231년에 종교재판이 정해졌고, 1245년에 교황 인노센트 4세에 의해 리용회의에서 독일 황제 프레드릭 1세를 파문함으로 국가의 주인이 되었다. 참조, 김만홍, *예수께서 세우신 교회*(서울: 가족사랑치유상담연구원, 2001), 88-92.

147) 8월 말에 네스토리우스는 그 자신의 요청대로 안니옥의 수도원으로 보내졌고 그의 계승자는 막시미아누스(Maximianus)가 되었고, 치릴루스는 알렉산드리아로 되돌아왔고 멤논도 에베소에 복직되었다. J. P. Mansi, *Sacrorum Conciliorum Nova et Amplissima Collectio*, V. 792-805; 치릴루스는 자기가 주도한 공의회가 인정받으며 네스토리우스가 파문되어야 한다는 요구를 포기하지 않았다. 이를 위해 그는 뇌물작전을 폈다. J. P. Mansi, *Sacrorum Conciliorum Nova et Amplissima Collectio*, V. 987-989.

148) Nestorius, *Le Liver d'Héraclide de Damas*, traduit en Fraçais par F. Nau(Paris, 1910), 247-249.

의 로마 가톨릭보다 훨씬 개신교에 가깝지 않는가? 그런데도 네스토리우스와 그의 추종자들이 이룬 선교 역사는 옳게 평가받지 못하고 있다. 특히 유목민족이 세계역사를 주도해 왔으면서도 가장 미개하고 야만인으로 매도하고 있는 19·20세기 서구 세계관에 의해서 동시에 그 유목민족에게 가장 활발하게 선교 역사를 이루었던 네스토리안 교회도 과소평가되고 있다.149) 페르시아 사산왕조 때의 가혹한 핍박 속에서도 살아남았던 그들이 헤프탈 훈족에게로, 몽골 초원의 여러 부족에게로 들어가는 모습은 여러 신빙성이 있는 사료들이 증거하고 있다.

본 장의 논의를 통하여 몇 가지 결론을 내린다면 다음과 같다.

첫째, 네스토리안파가 중앙아시아에 복음을 전하기 전에 이미 초기 원시 기독교인들에 의해서 복음이 전파되었다.

둘째, 신앙으로 인하여 핍박이 올 때가 복음을 전할 기회다. 동방 신학과 신앙의 본거지인 에데사에서 아르벨라로, 아르벨라에서 니시비스로, 니시비스에서 셀류키아 크테시폰으로, 셀류키아 크테시폰에서 바그다드로 옮겨져 갔다. 그러면서 지경은 더 넓어졌고 복음의 활성화는 더 일어났다.

---

149) 유목민족은 지난 2천 년 이상 인류 문명사에 큰 자국을 남겼다. 다리우스 70만 대군을 무너뜨린 뒤 갑자기 북방으로 사라져간 스키타이(Saka), 게르만 민족을 밀어내면서 로마제국을 해체시켜 새로운 시대로 역사를 선회시켰던 훈족, 북경과 바그다드와 키예프를 함락시킨 몽골 등이다. 그런데 유목민족이 정당하게 평가받지 못한 것은 서구의 편견된 역사 쓰기와 유목민 자신의 기록이 없다는 것이다. 그래서 유목민 기독교 역사도 정당하게 평가받지 못하고 있다. Sugiyama Masaaki(杉山 正明), *유목민이 본 세계사*(Yubokumin Kara Mita Sekaishi), 이진복 역(서울: 학민사, 2000), 5, 6을 참조하라.

셋째, 수도원과 니시비스 학파 등을 통한 제자훈련과 영성훈련이 있을 때 개혁과 부흥이 일어났다.

이제 본 연구의 논의는 제3장에서 중앙아시아뿐만 아니라 몽골 초원과 킵착크 초원과 만주까지 그리고 힌두쿠시 산맥까지 넓게 다스렸던 투르키스탄제국에서의 네스토리안 교회에 관하여 논의하고자 한다.

제3장

투르키스탄제국과 네스토리안파

제1절 서 론

아덴니(Walter F. Adeny)는 동방교회의 중세시대는 없다고 하였다. 그리고 서양의 교회 역사처럼 구분도 할 수 없다고 하였다. 그 이유를 동방교회는 르네상스(Renaissance) 혹은 종교개혁(Reformation)이 없었다는 것으로 그 이유를 들고 있다.[1] 그러나 이러한 시대구분은 전형적인 서구식 분류법에 의존하고 있는 것이다. 동양의 역사를 서구의 역사 분류에 의존하여 분류할 필요는 없을 것이다. 그래서 본 장에서는 국가 중심적 시대분류를 통하여 네스토리안 교회의 복음에 대한 열정과 서구 학자들에 의해서 경시된 교회사를 서술하고자 한다.

본 장에서는, 먼저 네스토리안 교회가 얼마나 선교를 강력하게 하였는지를 고찰할 것이다. 6세기 중엽에서 8세기 중엽까지 투르키스탄(돌궐)제국시대에는 투르계 유목민족의 특유의 정치적·종교적으로 열린 시대였다. 중앙아시아에서 몽골과 만주까지 북방 전 대륙을

---

1) Walter F. Adeny, *The Greek and Eastern Churches*(New York: Charles Scribner's sons, 1923), 160.

지배하면서 자연히 북방 실크로드도 장악하였다. 이러한 때에 중앙아시아 소그디아나 지역에서 기원전부터 살고 있는 국제 상인 소그드인들과 협력하여 정치·경제도 주도하였다.

제2장에서 이미 언급했듯이, 초대교회시대부터 시리아 동방교회에 의해 중앙아시아가 복음의 영향을 받았으며, 서방의 칼케돈 공의회에서 이단으로 확정된 네스토리우스의 추종자들이 이 시리아 동방교회에 합류함으로 네스토리안 교회가 탄생하여 헤프탈인 백훈족에게도 선교하였다. 이러한 역사적 사실을 토대로 이미 복음이 들어가 있는 투르키스탄제국에서의 네스토리안 교회의 부흥과 그들의 역할에 대하여 논의하고자 한다. 이 논의는 먼저 투르키스탄제국에서 전래된 네스토리안파의 선교에 대하여 논의하고자 한다.

투르키스탄제국에서는 이미 헤프탈시대에 복음을 전한 두 명의 네스토리안파 선교사들에 의해 영향을 받고 있었고, 소그드 상인들 중에 기독교인이 있었다. 그들이 이들 선교사들을 도와 옛 실크로드를 따라 기독교 공동체를 이루어 나갔다. 그중 호라산의 족장과 그 주민들이 세례 받고 교회 조직을 이루었고, 중국의 장춘까지 전파하였다. 이러한 사실을 재확인하고자 한다.

그 다음 투르키스탄제국이 세워짐에 따라 주변 국가까지도 정치적·종교적 영향이 미쳐졌다는 점에 대하여도 논의하고자 한다. 헤프탈과 연연이 멸망하자 그 잔여 투르크 몽골계 족속들이 서진하여 유럽에 아바르족이 되어 그들이 남하하면서 비잔틴까지 영향을 주었다. 이 아바르족이 기독교 국가를 이루었는데, 아마 중앙아시아로부터 기독교 영향을 받았을 것으로 추정된다. 그리고 중국의 당 제국의 제2대 태종과 제3대 고종 때에 얼마나 네스토리안 교회가 정부의 비호하에 부흥하였는지에 대하여 논의하겠다. 또한 페르시아 사산왕조 말기 때에도 궁정에서 초스로에스 1세의 부인과 아들, 고위직 관리들의 역할과 총대주교 바르아바 1세와 예수얍 2세의 종교적, 외교적 역할에 대하여서도 검토해 보고자 한다. 이 페르시아 사산왕조가 멸망하면서 모하메드와 족장 칼리프시대, 우마야드 세습 칼리프시대에 기독교의 부흥에 대하여도 언급하면서 이슬람과 네스토리안파와의 관계도 살펴보고자 하는 것이다.

이와 더불어 투르키스탄에서 네스토리안파 유적과 유물들에 관해 논의하면서 이 시대에 얼마나 기독교가 부흥했었는지를 간접적으로 증명하고자 한다. 사산왕조 때에 수도원 운동의 모델을 실크로드를 따라 전개했다는 측면에서 집중적으로 살펴볼 것이다. 이 수도원은 교회와 학교 등의 기독교 공동체 역할을 하였다. 그중에서도 네스토리안 특유의 십자가 유물 중심으로 고찰하고자 한다.

제2절 투르키스탄제국에서의 네스토리안파의 선교

1. 투르키스탄제국에서의 네스토리안파의 전파

투르키스탄(Turkestan, 돌궐, 552-734)제국은 유목민 투르크계[2] 부민(Bumin, 土門)이 동쪽으로는 546년 고거(高車)와 552년 몽골계 유연(蠕蠕, Juan-juan)[3]을 격파하였고, 서쪽으로는 중앙아시아 방면의

---

2) 동양사에는 투르크족(Turk, 형용사로 Turkic)을 돌궐(突厥)족이라 한다. 오늘날 터키 공화국은 터어키(Turkey, 형, Turkish)라 한다.

88

에프탈(Ephthalite, 백훈족)4)을 병합하였다. 동(東)으로 만주에서부
터 서(西)로는 비잔틴제국까지, 남쪽으로는 힌두쿠시에 이르는 광활
한 영토를 확대하면서 유목민족들끼리의 인종 및 종교에 구애되지 않
는 구조를 만들었다. 비록 583년에 동서 투르키스탄5)으로 나눠지지만,
소그인들을 통하여 옛 실크로드를 따라 동쪽 탁발국가 북제, 북주6)에
서 서쪽 페르시아 사산왕조와 비잔틴제국까지 통상을 넓힐 수 있었다.
이렇게 유목민 특유의 열린 제국과 상인 소그인들로 인하여 네스토리

---

3) 중국의 북위(Tabghach, 386-534) 때에 중앙아시아 스텝 지역은 연연(蠕
   蠕, Juan-juan, 茹茹, 芮芮)이 지배하였다. 북위의 탁발씨나 유연 유목연체
   의 유연씨도 모두 동호의 후예였다. 중앙아시아에는 에프탈이 통치하였다.
   Sugiyama Masaaki(杉山 正明), 유목민이 본 세계사(Yubokumin Kara
   Mita Sekaishi), 이진복 역(서울: 학민사, 2000), 209.

4) 중앙아시아에서는 B.C. 250년경에 그레코-박트리아(Greco-Bactrian) 왕
   국이 설립되었고 B.C. 2세기 후반에 페르가나(Fergana) 국가연합이 형성
   되었다. B.C. 1세기 말부터 A.D. 4세기 중반까지 쿠샨(Kushana) 왕국이
   성립되었고 5세기 중반에 백훈족인 에프탈(Ephthalite) 초기 봉건국가가
   성립되었다. 우즈베키스탄 편람, (서울: 대외경제정책연구원 지역정보센
   터, 1994), 39-40.; 그리스 로마 역사가 프리에(Frye)는 중앙아시아에 기
   원전 1,000년은 스키타이인(Scythians)들이, 그리스도 후 500년은 훈족이,
   그 다음 500년은 투르크족(Truks)과 몽골족(Mongols)이 통치한 기간이라
   고 하였다. (R. N. Frye, The Heritage of Persia: 2nd ed. London,
   Cardinal, 1976), 255.

5) 서(西)투르키스탄은 부민의 동생 얍구(室點密, yabghu)가 천산산맥(天山
   山脈)을 경계로 중앙아시아 지역을 통치했고 동(東)투르키스탄은 부민의
   아들 무한(无汗)이 중국의 신강(新疆) 위구르 자치구 지역을 통치하였다.

6) 투르키스탄의 속국인 탁발국가 북주와 북제는 북주의 외척 양견(楊堅)에
   게 581년 통합되어 수왕조(隨王朝)를 세웠다. 589년 남조를 정복하여 중
   화본토의 정치적 통일을 이루었다. 수왕조 2대 양제(煬帝)는 고구려 원정
   에 실패하면서 세력이 약화되자, 동투르키스탄의 도움을 받은 이연·이세
   민 부자가 장안으로 들어가 618년 당 왕조를 세웠다. 이들은 선비 탁발부
   출신이다. Sugiyama Masaaki(杉山 正明), 유목민이 본 세계사, 228-232.

안 교회의 복음화는 한층 더 확장되었다고 할 수 있다. 그리고 대당서역기(大唐西域記)의 저자 현장(玄奬)도 이런 시기에 중앙아시아를 통과할 수 있었다.[7] 이러한 사실들을 증명하기 위해 투르키스탄제국의 중앙아시아 지역에 네스토리안(景敎, Nestorianismus) 기독교가 어떻게 전파되었는지를 살펴보고자 한다.

첫 번째, 투르키스탄제국이 성립하기 전 이미 헤프탈제국(Hephthalite, Huns) 때에 네스토리안 선교사들이 들어와 있었다. 이미 앞 장에서 언급했듯이 약 55년 전 페르시아 사산왕조에서 두 명의 레이멘인(人) 네스토리안파 요한과 도마가 헤프탈의 훈족들에게 훈족의 구어체를 문어체로 바꾸어서 이들을 가르치고 양육하였다.[8] 아마 투르키스탄은 이들 두 선교사들의 다양한 선교 방법들로 인하여 문화와 종교·예술 등 많은 영향을 받았을 것이다.

두 번째, 투르키스탄이 헤프탈과 유연을 정복하여 옛 실크로드(Old Silk Road)가 열리면서 네스토리안 선교사들이 중앙아시아에 많이 들어와 공동체를 이루어 전파하였다. 이 길을 따라 455년에 페르시아 사절이 투르크 몽골(Turk-Mongolian) 족속[9]인 북위(the Northern Wei, 386-534)의 수도인 장춘에 도착하였다.[10] 551년에는 네스토리안 수도사들이 누에 종자를 대나무 관에 숨겨서 콘스탄티노

---

7) 김광수, 동방기독교사, 134.

8) S. H. Moffett, *A History of Christianity in Asia*, vol.1: Beginnings to 1500(Maryknoll, New York: Orbis, 2nd ed., 1998), 207-209.

9) "Mongols"과 "Turkic"의 구분은 현대 작가들에 의한 것으로 민족보다 언어학적 구분이다.

10) J. Arnussen, *Xuastvanift: Studies in Manichaeism*(Copenhagen: Munksgaard, 1965), 149.

플에 가져갔다.[11] 세이키(P. Y. Saeki)에 의하면 578년에 이미 중국 린타오(Lint'ao)에 마르 세르기스(Mar Sergis)라는 네스토리안 가정도 있었다고 한다.[12] 이처럼 복음이 네스토리안 선교사들과 수도사, 상인들을 통하여 중앙아시아를 지나 중국까지 전파되고 있었다.

세 번째, 이란계 소그드인(Sogdian)[13]들 중에 기독교로 개종한 자들이 복음화시키는 데 영향력을 발휘하였다. 투르키스탄제국은 이 소그드인을 경제, 정치, 외교, 첩보의 협력자로 삼았다.[14] 따라서 이들 소그드 기독교인을 통하여 중앙아시아뿐만 아니라 더 먼 지역에까지 전파가 가능하였다.

네 번째 네스토리안파의 적극적인 전파로 교회 조직과 회심의 역사가 일어나고 있었다. 680년경에 쓰인 네스토리안 문헌 *소연대기*(Chronica Minora)에서 644년 호라산(Khurasan) 도시들 중 한 도시에 메르브 대주교 엘리아스(Elias)가 그 도시의 족장과 투르크인과 다른 족속의 출신 등 많은 사람을 개종하였다고 증언하였다.[15] 족장과 그의 군대는 '어떤 강'에서 세례를 받았는데 아랍의 지리학자 마와라

---

11) N. Walford, trans. *The Empire of the Steppes: A History of Central Asia*(New Brunswick NJ: Rutgers Unv. Press, 1970), 82.

12) P. Y. Saeki, *The Nestorian Documents and Relics in China*(Tokyo: Maruzen, 1937), 86.

13) 이란계 오아시스 민족인 소그드인(Sogdian)들은 이미 1세기부터 옛 실크로드를 따라 국제상인으로 명성을 떨쳤고 높은 수준의 문화를 꽃피웠다. 아랄 해에 흘러 들어오는 아무다리야(유럽인들은 옥커스 강)와 시르다리야 강 중간쯤에 제라프샨 강이 흐르는데 이 유역을 '소그디아나'(Sogdiana)라고 부른다.

14) Sugiyama Masaaki(杉山 正明), *유목민이 본 세계사*, 61.

15) W. Barthold, *Four Studies on the History of Central Asia*, 3 vols. (Leiden: Brill, 1952-1956), 83.

안 나흐르(Mawara'an-nahr)가 언급했던 것처럼 아무(Amu)와 시르다리야(Syr Darya) 혹은 옥커스(Oxus)와 자하르트(Jaxartes) 강으로 추측하였다. 이 문헌에 따르면, 엘리아스가 '그들(세례 받은 자들)을 사제로, 집사로 임명한 다음 그의 지역으로 돌아갔다'고 기록하였다.16) 또한 도빌리어(J. Dauvillier)의 주장에 따르면, 사제와 집사들이 그 지역에 유입되어 보다 상류층 갈데아인(Chaldean) 혹은 페르시아인(Persian)으로 남았다고 하였다.17) 뿐만 아니라 헌터(E. C. D. Hunter)는 트란속시아나 지역인 메르브의 대주교구에서와 몽골의 케레이트족 계열인 오구즈족(Oghuz) 가운데 회심의 역사가 일어났다고 주장하였다.18) 이렇게 중앙아시아 아무다리야와 스르다리야 지역과 메르브와 오구즈족 가운데도 복음이 전해진 것이 사실이다.

2. 투르키스탄제국 주변 국가 내에서의 네스토리안파 확장

네스토리안파 교회가 전래된 투르키스탄제국으로 인하여 주변 나라에도 영향을 주었다. 에프탈과 연연이 투르키스탄제국에게 멸망하자 그 잔존 세력들이 서쪽으로 이동하여 기독교계 아바르족 국가를 세웠다. 중국에는 수·당이 세워져 동·서투르키스탄을 침략하였고,

---

16) I. Guidi, ed. and trans. *Chronica minora*, Corpus Scriptorum Christanorum Orientalium 1(Leuven, 1903), 29.

17) J. Dauvillier, "Les provinces Chaldéenes 'de l'Extérieur' au Moyen Age" in *Mélanges offerts au R. P. Ferdinand Cavallera à l'occasion de la quarantième année de son professorat à l'Institut Catholique*(Toulouse: Bibliothèque de l'Institut Catholique, 1948), 271.

18) E. C. D. Hunter, 'Conversion', *Zeitschrift für Religions-und Geistesgeschichte*, 44(1992), 159-60.

페르시아 사산왕조을 멸망시킨 이슬람(回敎, 淸眞敎, Islam) 칼리프가 서투르키스탄을 속국으로 만들었다. 이러한 국제 정세 속에서 각 국가들과 네스토리안파의 관계와 그 상호 영향에 대하여 고찰하고자 한다.

첫 번째로, 투르키스탄제국에게 멸망하거나 흡수된 연연과 에프탈(백훈)이 이미 네스토리안 선교사들을 통하여 기독교화되어 서쪽으로 이동하면서 복음이 확장되었다. 룩 콴텐(Luc Kwanten)의 진지한 연구에 따르면, 몽골-투르크계 아바르족(Avar)이 헝가리 지역에서 기독교 국가를 이루었다고 하였다.[19] 훗날 이 아바르족은 남하하여 비잔틴제국과 프랑크 왕국을 위협하였고, 9세기 연간에는 동방에서 온 마자르족(혹은 Khazar)에 병합되어 헝가리 국가의 모태가 되었다.

사산왕조의 초스로에스 1세는 수도 셀류키아 크테시폰에 거대한 타크에케스라(Taq-e-Kesra) 궁정을 건설하면서, 궁정의 보좌 주변에 다른 보좌들을 만들었다. 그리고 그 보좌들에는 중국 황제를 위해, 비잔틴 황제를 위해, 그리고 다른 하나는 마자르족의 왕(Khazar, 헤프탈 훈족 혹은 투르크족)을 위한 것이라고[20] 하는 표식을 두었다. 이러한 초스로에스 1세의 태도는 마자르족의 왕을 비롯한 이웃 제국들이 얼마나 강성했는가를 간접적으로 보여주는 것이라고 할 수 있다. 또한 이것은 네스토리안 기독교가 정치적으로 얼마나 영향력을 발휘했는지 짐작할 수 있는 증거일 것이다.[21]

---

19) Luc Kwanten, *Imperial Nomads*, 45-51.

20) A. Christensen, *L'Iran sous les Sassanides*(Copenhagen: Levin and Munksgaard, 1936), 380, 385, 400, 407.

21) 투르키스탄제국의 초기 종교는 주로 정령숭배(Animism)와 샤머니즘(Shamanism)이었다. 또한 555년경에는 불교 사찰을 건립할 정도로 불

두 번째로, 네스토리안 기독교가 투르키스탄 중앙아시아를 통하여 중국에까지 전해졌다는 것이다. 페커(E. H. Perker)의 의미 있는 연구에 의하면, 당 제국을[22] 건국한 이연(Li Yuan)의 어머니가 투르크 몽골인(Turkic-Mongolian, Hsien-pei)의 선비 탁발부(Tu-ku) 가계(家系) 출신으로, 그녀는 이미 경교인[23]이었다고 한다.[24] *대진경교유행*

교도 장려하였다. 테오필락투 시모카테스(Theophylactus Simocattes)는 "투르크들은 특히 불을 숭상하고 있다"고 하였다. 실제로 이란 마자다교의 영향으로 아후라 마즈다(Ahura Mazda) 신까지도 받아들였다. 또한 "사제들은 미래를 예언하는 일을 했다"고 하는데 투르크-몽골의 무당들이 몽골제국시대까지 영향력을 행사하였다. René Grousset, *유라시아 유목제국사*(L'Empire des Steppes), 김호동, 유원수, 정재훈 역(서울: 사계절출판사, 2002), 144, 145.

22) 당 왕조는 '이족'의 선비 탁발부에서 왔다. 그래서 서방은 5-9세기에 중화 방면을 '타비가츄' 혹은 '타브가츄'라고 하였다. Sugiyama Masaaki(杉山正明), *유목민이 본 세계사*, 199.

23) *대진경교유행중국비*(大秦景敎流行中國碑)에 '경교(景敎, Luminous Religion)'라는 명칭의 유래에 대한 설명이 나온다. 처음 중국인들은 이 종교가 페르시아에서 시작된 것으로 알고 파사교(波斯敎) 또는 파사경교(波斯景敎)란 이름으로 불렀으나 뒤에는 미시가교(彌施訶敎), 미사아교(迷師訶敎)의 이름을 사용하였다. 그러다가 그 후에 틀림없이 네스토리안파가 로마(大秦 고대 중국인들이 서방에 로마라 하는 대국이 일어나 주위의 여러 나라를 통합하였다는 소식을 듣고 옛날의 진(秦)에 대한 생각이 나서 그렇게 하였다)에서 발생한 사실을 알게 된 다음부터는 그 사원은 대진사(大秦寺)로, 사제에 대하여는 대진승(大秦僧)으로 고쳐 부르게 되었다. 그리고 천보 4년(745년) 현종의 칙령으로 '경교'(景敎)로 확정되었다. 한자어 경(景)은 일(日)과 경(京)(경은 대(大)와도 뜻이 통한다)의 합성어로, '커다란 태양처럼 빛나는 종교'를 뜻한다(景都光明廣大之義). 기독교의 하나님은 영혼의 태양이시오 세상의 빛이시기 때문이라고 한다. 그러나 경교가 네스토리안 교단의 특정한 교파 이름이라기보다는 기독교를 지칭하는 '범칭'으로 사용했음이 분명하다. 경교비에는 敎를 景敎라 하고 敎會를 景門이라고 하며 예배당을 景寺라고 하고 교주(예수)를 景尊 또는 景日, 교회법을 景法이라고 하였고, 그 전파를 景風, 그 전도의 일을 景力, 景福, 景命이라고 하였으며 성도를 景衆, 교사(敎士)를 景士, 사제를 景靜, 景福, 景痛이라고 하였다.

94

중국비(大秦景教流行中國碑)25)에 의하면 이연의 아들 당 태종 이세민

이 문화포용정책에 의하여, 정관(Chen-Kuan) 9년(635년) 대진국(大

秦國, the Kingdom of Ta-ch'in)의 대주교(archbishop, metropolitan)

따라서 중국에서의 경교는 네스토리안 기독교를 뜻하는 것이라기보다 기
독교 전체를 지칭하는 것으로 보아야 할 것이다. 그러나 당 제국 때의 기독
교는 네스토리안이였음에 틀림이 없다. 佐伯好郞, *景敎碑文硏究*(東京: 侍
漏書院, 1911), 21-34; P. Y. Saeki, *The Nestorian*, 127-130.

24) E. H. Perker, *A Thousand Years of the Tartars*(London: Kegan
Paul, Trench and Trubner, 1895; reprint by Dawsons of Pall
Mall, 1969), 129.

25) 이 경교비는 당 덕종의 건중(建中, Chen-kuan) 2년인 781년에 건립하였
다. 이때에 경교 주교 마르 예스부지드(Mar Yesbuzid, 이사(伊斯), 시리
아어 음역: Yazdozed)의 제안에 의하여 당시 경교의 사제 경정(景淨,
Adam)이 635년 이래 경교의 중국 전래 및 발전의 사실을 이야기하고
여수암(呂秀巖)이 기록한 것으로 장안 서남쪽에 있는 대진사(大秦寺)로
가서 흑대리석에 새겨 세운 것이다. 이 경교비는 명조 말 희종(熹宗)황
제의 천계연간(天啓年間, 1621-1627)에 장안 서남쪽 약 150리 지점(섬서
(陝西)성 서안(西安) 부근)에서 발굴 된 *대진경교유행중국비*(大秦景敎
流行中國碑)로서 약 150년간의 중국 경교의 역사를 말하고 있다. 비석의
높이는 비신이 1.97m이고 이수(螭首, 용의 머리 부분)까지 합하면 모두
2.77m가 된다. 폭은 약 1m, 두께는 0.3m 정도이며, 비석 전체의 무게는
2t에 육박한다. 현재 서안 비림에 보존되어 있다. 이 비석의 머리는 쌍용
과 백운(白雲)과 연대(蓮臺)와 그 바로 아래에 네스토리안 특유의 십자
가가 조각되어 있다. 정면에 *대진경교유행중국비*(大秦景敎流行中國碑)라
고 큰 글자의 표제가 해서체로, 뒷면에는 모두 32행 1,764자 이상에 달
하는 한문으로, 그 하단과 좌우측에는 70명이 넘는 경교 사제들과 당 태
종 이세민의 이름이 한문과 함께 시리아어로 병기되어 있다. P. Y.
Saeki, *The Nestorian*, 37-40; 김광수, *동방기독교사*, 141; A. Mingana,
"The Early Spread of Christianity in Central Asia and the Far East",
Bulletin of the John Rylands Library vol.9, no.2(July 1925), 331;
Encyclopedia of Asian History(New York: Scribner, 1988), vol.3;
Fruits Holm, *My Nestorian Adventure in China, A Populer Account of
the Holm-Nestorian Expedition to Sian-Fu and It's Results*, (Fleming
H. Revell Company, 1923), 269-289.

아나본(阿羅本, Alopen)26) 이 이끄는 사절단이 장안(Chang'an)에 왔을 때, 재상 방현령(房玄齡, Duke Fang Hsuan-Ling)이 영접을 나가 환영하였다고 한다.27) 이 사건에 대하여 물레(A. C. Moule)는 다음과 같이 평가하고 있다. 이것은 "예기치 않은 하나님의 섭리였다"고 하였다.28)

한편, 당 태종은 동투르키스탄 자리에 이주(伊洲)와 서투르키스탄의 고창국에 서주(西洲), 640년에는 정주(庭洲), 중앙아시아에 혁마부주(羈縻府洲)를 설치할 정도로 방대한 제국을 이루었다29) 이러한

---

26) 아라본은 중국어 이름으로만 알려져 있다. 그 이름의 뜻은 아무 의미 없고 소리 나는 대로 적었다. P. Y. Saeki, Ibid., 84; John Foster, *The Church of the Tan'g Dynasty*(London: SPCK, 1939), 61.

27) Alopen은 이때의 Khotan의 병방 국가로부터의 조공사절과 함께 당을 찾아왔을 것이라고 한다. 코탄 왕은 왕자를 사절로 보내었으며, 왕자는 경교의 대주교이었다고 한다. Samuel H. Moffett, Ibid., 26.

28) 만일 그가 10년 일찍 왔다면, 강한 불교에 환영을 받지 못했을 것이다. 그런데 당시 유교학자가 불교가 외래어로 반중국적이라는 논쟁이 있자 당 고조(古祖, 618-626)는 유교로 돌아섰고, 626년에 칙령을 내려 많은 불교 승들을 환속시켰고 수도에 약 130개의 불교와 도교 사찰을 "3개 불교사찰과 한 개의 도교사찰"만 허용했다. Wright, "T'ang Tai-Tsung", 245. 그 동기는 반외국보다 왕실의 보물을 사찰을 몰수하기 위함이다. 그러나 그해 고조의 둘째 아들 태종이 그의 형을 암살하고 아버지를 폐위시켰는데, 불교 승들의 도움이 컸다. 이에 태종은 불교 사찰들을 세우고, 3,000명의 승들을 임직하도록 명령했다. Wright, "T'ang Tai-Tsung", 247. 태종은 고조의 죽음과 현무문(玄武門)의 변으로 인한 형제살육의 비극에 대한 죄책감 등 회개의 의지로 종교에 대하여 실용책을 베풀었다. 그의 통치 22년간 불교와 도교, 유교의 조화를 위해 힘썼고 이러한 관용정책으로 다른 종교에도 문을 활짝 열어놓았다. A. C. Moule, *Christians in China before the Year 1500*(London: Society for Promoting Christian Knowledge, 1930), 69, 70.

29) 중앙아시아를 정복한 태종은 *신당서*에 따르면 "옛날에 야만인을 정복한 사람은 진시황제와 한무제뿐이다. 그러나 짐은 석 자짜리 칼로 200여 개의 나라를 정복하였다." *신당서*(新唐書)의 번역은 Chavannes, Documents, 121; Grousset, René *유라시아유목제국사*, 167.

96

당의 팽창에 대해서, 김호동은 당의 팽창이 네스토리안 기독교가 당으로 전래케 되는 데 하나의 배경이라고 지적하고 있다.[30] 이러한 김호동의 평가는 국제 정세와 네스토리안 기독교의 상호 관계 속에서 기독교의 확장을 적절하게 이해한 것으로 보인다.

여하튼, 당 태종은 아나본을 도서관으로 안내한 후,[31] 그가 가지고 온 시리아어로 된 네스토리안들이 사용하였던 경전(大秦本教經) 530부를 번역하도록 하여 641년까지 *서청미시소경*(序聽迷詩所經)[32]과 *일신론*(一神論),[33] *일천론*(一天論), *세존포시론*(世尊布施論)[34] 등을 번역하였다.[35] 또 781년 때에 경교비의 초안을 쓴 사제 경정(景淨,

---

30) 김호동, *동방 기독교와 동서문명*(서울: 까치글방, 2002), 136.

31) 장안의 궁전 바로 옆에 자리 잡은 이 도서관은 당시 20만 권의 장서를 갖춘 세계적 규모의 큰 것이었다. 그리고 18명의 학자들이 유학 원전과 주석을 표준편집의 일을 하였다. John Foster, Ibid., 39.

32) 현재 잔존한 것들 중 가장 오래된 것(635-678년 사이 작품)으로 뒷부분이 떨어져나간 잔본으로 모두 170행으로 되어 있다. 1922년 일본인 학자 타카쿠스(高楠順次郎)가 모두 '둔황'으로 석굴에서 나온 것을 중국인으로부터 인수한 것이다. P. Y. Saeki, *The Nestorian Documents and Relics in China*, 113-161을 참조하라.

33) Ibid., 161-247을 참조하라. 아나본 사절단이 장안에 도착한 지 10년째 되던 해에 쓰인 것으로 둔황 천불동에서 출토된 것을 일본의 도미오카(富岡謙藏)가 1916년에 입수한 것이다.

34) 마태복음 6장과 7장 14절까지 포함된 '산상수훈'이다. 특히 중국인들에게 이해되도록 수정을 가했는데, 예를 들면 "거룩한 것을 개에게 주지 말며 너희 진주를 돼지 앞에 던지지 말라"는 구절은 "정결한 것을 개처럼 짖는 사람에게 주지 말라…… 진주를 돼지 같은 요인(遼人)에게 주지 말라"로 바뀌었는데, 7세기 중반 요동 정벌을 전후한 시기에 '요인', 즉 요동인들을 멸시하던 감정을 잘 드러내고 있다. 佐伯好郎, *景教の研究*, 635.

35) 지금까지 중국에서 발굴된 기독교 문헌들을 분류하면 9개 중 4개가 7세기 중국에서의 네스토리안 선교 초기 것으로 "아나본Alopen 주교 문서"라 부른다. P. Y. Saeki, *The Nestorian Documents and Relics in China*,

Adam)도 35부 번역하였다.36) 그리고 638년에는 당 태종은 네스토리
안 기독교를 공인된 종교로 반포하는 칙령을 내렸고,37) 태종 자신이
파사사(波斯寺)38) 라는 예배당을 지어 주었다.39) 이 예배당은 서역물

113-247. 1. *예수 메시야 경전*은 1922년 Takakusu가 발견하였다. Saeki
는 635-638년 것으로 추정하였다. 3개의 *일신교(一神敎)에 대한 강론*이
1916년 K. Tomeokark 발견하였고 Saeki는 641년도 것으로 추정하였다.
2. *비유, 2부: 일신교에 대한 강론. 3. 주님의 우주의 통일성에 대하여, 4.
자선에 대한 강론*이 있다: 4개가 8세기 "큐리아쿠스Cyriacus 주교
(Chi-lieh 주교)의 문서"이고 P. Y. Saeki, *The Nestorian Documents
and Relics in China*, 248, 249. 이들은 둔황과 투르판 문서들로서: 5. *성
삼위일체게 영광돌리는 찬송가*로 1908년 Pelliot가 발견하였다. 6. *기원의
기원에 대한 경전*으로 717년으로 추정한다. 7. *변화산의 그리스도게 영
광돌리는 찬송*으로 720년으로 추정한다. 8. *신비한 평안과 기쁨의 경전*
으로 강한 도교적이다. 9. *찬송가*를 1908년 둔황에서 Pelliot가 발견하였
다: 9번째 문서가 10, 11세기 초 것인 *대영광송*이다. 이들 중국 자료가
후에 두 그룹의 시리아 문서들로 추가 발견되었다. 한 그룹은 북경에서,
한 그룹은 투르판에서 발견되었다. P. Y. Saeki, *The Nestorian
Documents and Relics in China*, 315-347.

36) 그중에 현재 발견된 것은 *경교삼도몽도찬(景敎三度蒙度讚)*으로 펠리오
가 둔황에서 발견한 것인데 미사드릴 때에 부르는 *대영광송*이다. *대진경
교선원본경(大秦景敎宣元本經)*과 *지현안락경(志玄安樂經)*은 중국의 이
성택(李盛澤)이 소장하던 것으로 역시 둔황 석굴에서 나온 것 같다. 그
내용은 경교의 도란 무엇인가에 대해서 설명하고 있다. 그런데 상당수의
본문에 도교의 교리를 볼 수 있다. 佐伯好郞, *景敎の硏究*, 710-742; 네스
토리우스에게 이단이 선고되면서, 4-14세기 간 중국에서의 경교문헌은
소실되어 거의 전해지지 않고 있다. 다만 로마 교황청의 문서와 네스토
리우스의 *유서*(Heraclides)가 우연히 발견된 것뿐이다. 그러기에 '대진경
교유행중국비문'의 발견은 매우 중요하게 되었다. 네스토리안에 대한 교
황청 문서는 *Bibliotheca Orientalis, Sancti Ephraen Syri Opera Omnia
in Sex Tomas Distributa, 고본(稿本) 문헌목록(文獻目錄)*이다. 이 고본
문헌목록은 매 책마다 600-960페이지에 13책으로 구성되어 있다.

37) *中國大百科全書(宗敎篇)*, (北京: 中國大百科出版刊, 1988)을 참조하라.

38) 파사사는 후에 현종에 의해 대진사(大秦寺)로 바뀌었다. 특별한 경의의
표시로 교회 벽에 태종의 초상화를 걸어두도록 했다. 그곳에 수사

산의 집산지인 서시(西市)와도 가깝고 많은 수의 중앙아시아와 페르시아 사람들이 사는 구역이기도 했다. 태종의 계승자 고종(高宗, 650-683)은 651년에 이슬람 칼리프[40]에게 멸망한 페르시아 사산왕조의 망명자들의 피난처를 제공하였고, 사산 마지막 국왕 이즈드거드 3세의 아들 페로즈(Peroz, Firoz)왕자가 677년 피난처를 찾아 장안에 오도록 했다.[41]

또한 고종의 네스토리안에 대한 정책을 *대진경교유행중국비*(大秦景教流行中國碑)를 통하여 살펴보면, 고종은 국내 십도 358주(州)에 예배당을 두었고, 아나본을 진국대법주(鎭國大法主, Great Spirutual Lord Guardian)라 했다.[42]

(monks) 21명을 상주토록 하였다. 아마 모두 페르시아인일 것이다. Samuel H. Moffett, *A History of Christianity in Asia*, 293.

39) 최근 북경 서남쪽 40킬로미터에 방산현(房山縣) 산분산(三盆山)의 숭성원(崇聖院)에서 십자가와 꽃무늬가 새겨진 두 개의 대리석이 발견되는데, 하나는 시리아어로 "너희는 이것을 보고 소망을 가져라!"는 글이 새겨져 있었다. 이것은 당 말의 혼란기에 폐허로 변했다가 896년에 투르크계 사타(沙陀)족 출신의 이극용(李克用)이 세운 후당(後唐)과 거란족의 요(遼)나라 때에 수리되었고, 다시 1365년 원나라 때에 숭성원에서 십자사(十字寺)로 개명되었다. 佐伯好郞, *景敎の硏究* (東京文化學院 東京硏究所, 1935), 930-956.

40) 이슬람의 두 번째 족장 칼리프 우마르(Umar, Omar, 634-644)가 644년에 페르시아 수도 셀류키아 크테시폰을 점령하였고 651년 사산조 페르시아 왕 이즈드거드 3세가 피살됨으로 사산왕조(226-651년)는 완전히 멸망하였다.

41) 페로즈가 아들에게 "페르시아 왕"이라고 하자, 707년 당 궁정에 의해 추방되어 죽었다.

42) '고종대제 극공찬조 윤색진종이어제주각치경사 잉숭가나본 위진국대법주 법류십도 국당원휴 사만백성 가은경복'(高宗大帝 克恭纘祖 潤色眞宗而於 諸州各置景寺 仍崇訶羅本 爲秦國大法主 法流十道 國當元休 寺滿白城 家殷景福). 대진경교유행중국비 중에서.

하지만 *대진경교유행중국비*(大秦景敎流行中國碑)의 사료에 대하여 모펫(Samuel H. Moffett)은 부정적인 해석을 하고 있다. 그에 따르면, 당 고종 때에는 각주의 교회 건립은 거의 어려웠을 것이며 이는 경건한 고종에 대한 과대평가일 것이라고 하면서 장안에 두 곳, 쥬질과 다른 아홉 곳에 교회가 설립된 것은 확실하다고 하였다.[43]

대진경교유행중국비(大秦景敎流行中國碑) 문(文)과 모펫의 주장 사이에는 많은 차이가 있다. 이러한 차이가 발생한 것은 모펫이 비문(碑文)을 정당한 사료로 인정하지 못한 오류에서 발생한 것으로 보인다. 가령 모펫의 주장처럼, 당 고종에 대한 과대평가라고 하여도 적어도 중국 전역에 교회가 설립된 것을 비문(碑文)의 가치로 보아 인정해야 할 것이다. 왜냐하면, 고종은 티베트(Tibet) 족속의 '제국의 사절'로 네스토리안 기독교인을 임명[44]하였기 때문이다. 이 사건에 대하여 일본의 좌백호랑(佐伯好郞)은 다음과 같이 평하고 있다. "실로 경교의 위치가 당에 있어서 마치 국교가 된 것 같은 느낌을 던져 준다"고 하였다.[45] 좌백호랑(佐伯好郞)의 평가를 감안하면 모펫의 평가는 적절하지 않았다고 단언할 수 있을 것이다. *대진경교유행중국비*(大秦景敎流行中國碑)를 사료로 인정하고 모펫의 비판을 염두에 둔다고 하여도 당조(唐朝) 전역에 예배당이 있었고, 그 모습은 네스토리안 기독교가 당조(唐朝)의 국교(國敎)처럼 보였을 정도임은 역사적 사실로 보아야 한다. 결국 투르키스탄제국 때와 당 초기 태종, 고종 때에 네스토리안 기독교가 부흥하였음을 알 수 있다.

---

43) Samuel H. Moffett, *The Church of the East*(Seoul: Presbyterian Theological Seminary in Korea, 1970), 27.

44) P. Y. Saeki, *The Nestorian Documents and Relics in China*, 453-455.

45) 佐伯好郞, *景敎碑文硏究*(東京: 東京文化學院 東京硏究所, 1935), 153.

세 번째, 투르키스탄제국(552-734) 때와 페르시아 사산왕조 말기에 중앙아시아와 중국, 인도로 복음이 확장되었다. 552년에 페르시아 사산왕조의 초스로에스 1(531-579)세가 총대주교 마르 아바(Mar Aba Ⅰ 540-552)[46]를 큐지스탄(Khuzistan)으로 파견하여 폭동을 진압하도록 하였다. 이 일은 성공적이어서 네스토리안 교회는 혁명을 억제시킴으로써 치명적인 위험으로부터 제국을 구해냈었다.[47] 그리고 초스로에스 1세의 부인 시린(Sirin)과 그의 아들 아노샤그자드(Anoshaghzad 혹은 Nushizad), 개인 의사 등 많은 기독교인들이 궁

---

46) 단성론자이며 에데사 주교인 랍불라(Rabbula)가 타티안(Tatian)의 *조화복음*(Diatessaron)과 옛 시라어의 다양한 본문들인 "분리복음"(Separate Gospels)을 대체하는 신약성경을 411-435년에 헬라어에서 시리아어로 번역한 베드로후서와 요한 2서, 요한 3서, 유다서와 요한계시록이 빠진 22권의 신약 페싯타(N. T. Mafakta Peshitta)를 431년 공의회에서 분리되기 전 발간하여 네스토리안파(Nestorius)나 야곱파(Jacobite), 멜키트파(Malkites), 마로나이트파(Maronites) 등의 동방계통의 교회에 사용되게 하였다(405년에 성 히에로니무스가 그리스어로 된 *70인역*(Septuagint)을 라틴어로 번역한 것이 *불가타*(Vulgate)인데, 라불라의 시리아어로 번역한 것도 거의 비슷한 시기였다). Aziz S. Atiya, *A History of Eastern Christianity*(Millwood, N. Y.: Kraus Reprint, 1967), 246-248; F. C. Burkitt, *Early Eastern Christianity*, (London, 1904), 57-58, 65; J. B. Segal, *Edessa, The Blessed City*(Oxford: Clarendon, 1970), 91, 135. 그 다음 도마 행전(Acts of Thomas) 등 몇 권의 외경들을 받아들여졌다가 총대주교 마르 아바(Mar Aba Ⅰ 540-552)가 신구약 나머지 부분을 헬라어에서 시리아어로 번역하면서 27권의 정경(로마 가톨릭에서의 신약성경이 정경으로 받아들어졌던 때는 392년 히포 레기우스(Hippo Regius) 종교회의와 397년 카르타고(Carthage) 종교회의에서 있었다. 그리고 6세기에 나머지 베드로후서, 요한 이서, 요한 삼서, 유다, 요한계시록이 서방 교회에 완전히 받아졌다)을 받아들어졌다. F. F. Bruce, *The New Testament Documents*, 5th ed.(Leicester: Inter Varsity, 1960), 21-28.

47) S. H. Moffett, *A History of Christianity in Asia*, 225.

정에 있었음은48) 이미 언급하였다. 당시(當時) 궁정에 있는 고위직 기독교인들은 보다 현명한 학식과 사업 감각과 국제적 접촉으로 제국을 섬기는 데 좋은 평판을 얻었다. 페르시아 사산왕조와 비잔틴제국은 네스토리안 총대주교49) 예수얍 2세(Yeshuyab Ⅱ, 628-643)의 중재에 의해 오랜 전쟁을 종식시켰고 교회 사이에도 평화를 가져왔었다.50) 또한 교리적으로 서방의 교리를 수용하는 모습도 보였다.

---

48) Ibid., 221.

49) 네스토리안 총대주교에 대한 고전적인 기록은 J. A. Assemani, *De Catholicis seu Patriachis Chaldaeorum et Nestorianorum, Commentarius Historico-Chronologicus*(Rome, 1775), 29-44. 최근 목록은 W. G. Young, *Patriarch, Shah and Caliph*(Rawalpind, India: Christian Study Center, 1974), 73; A. R. Vine, *The Nestorian Churches*(London: Independent Press, 1937), 80. 요셉(552-567), 왕의 주치의로 왕에 의해 임명됨; 에스겔(570-581), 마르 아바 총대주교의 빵 굽는 자였고, 566/7년에 선출됨. 단성론 역사가 Bar Hebraeus은 단명한 총대주교 바울(Paul)의 아들이라고 하였다. J. Labourt, *Le Christianisme dans l'Empire Perse sous le dynastie Sassanide, 224-632*(Paris: Lecoffre, 1904), 197; 예수얍(Yeshuyab Ⅰ, 582-595), 585년 예수얍 1세(Yeshuyab Ⅰ)의 종교회의에서 헤나나(Henana)에 대항하여 데오도레(Theodore)의 해석을 옹호하였다. A. Voobus, *History of the School of Nisibis CSCO.* vol.266 (Subsidia 26. Louvain, 1965), 46. 샤바르예슈 1세(Sabaryeshu, 596-604), 주교들이 추천한 다섯 명 대신에 국왕과 국왕이 총애하는 부인 시린(Sirin)에 의해서 선출된 주교 은둔자와 선교사였다. 샤바르예슈(Sabr-Ishu', Sabriso)의 생애에 대해서는 그의 동시대 살았던 은둔자 베드로(Peter)의 의해 기록되었다. P. Bedjan, ed., *Histoire de Mar Jabalaha et de trois autres patriarches* ……: (Paris, 1895), 288. 그레고리 1세(Gregory Ⅰ, 605-608), 국왕이 그레고리의 이름을 가진 니시비스 주교를 지명하였으나, 주교들은 셀류키아 크테시폰 학교의 선생이며 엄격한 훈련자인 또 다른 그레고리를 추천하여 국왕을 속였다.

50) 그 평화의 의제는 카바드 2세의 단기간 통치 때에 시작되었으나, 평화의 사절은 그의 누이이며 계승자인 보란(Boran)여왕 때에 보냈다. Thomas of Marga, *The Book of Governors*, 2 vols. ed., E. A. W. Budge(London:

그는 비잔틴 주교회의에서 네스토리우스가 비난했던 "마리아(Mary)
는 하나님의 어머니(Theotokos)"란 규정을 받아들였다.51) 또한 예수
얍 2세는 635년에 중국 지역의 대주교 및 사절로 아나본을 파송하였
고,52) 인도에 첫 대주교구를 세웠다.

651년 세 번째 족장 칼리프 우스만(U'thman, 644-657)에 의해 이
즈드거드 3세(Yazdegerd Ⅲ, 632-651)가 피살되자 사산왕조(226-
651년)는 멸망하였음에도 불구하고,53) 네스토리안 교회는 오히려 놀
라운 선교 열의를 보여 중앙아시아와 중국에 복음을 전하였다. 이렇
게 사산 말기의 총대주교 마르 아바 1세와 예수얍 2세의 정치적 · 외

Kegan Paul, Trench and Trubner, 1893), 125.

51) *Chronicle of Seert*, 562-576; 어느 날 교회에서 설교하던 아나스타시우
    스는 "마리아를 하나님의 어머니(ΘεοΤόκος)라고 부르지 말라. 마리아는
    단지 인간일 뿐이다. 하나님이 인간에게서 태어나는 것은 불가능하다"라
    고 말하면서 커다란 파문을 일으켰다. Socrates, *Historia Ecclesiae* Ⅶ,
    32; 마리아는 다만 그리스도의 인간적인 성질인 그리스도의 어머니(Χρι
    στόκος)일 뿐으로 하나님의 어머니라고 함은 잘못이라고 선언하였다. F.
    Loofs, *Nestorius and His Place in the History of Christian
    Doctrine*(Cambridge, 1914), 252; Nestorius. *Le Liver d'Héraclide de
    Damas*, traduit en Fraçais par F. Nau(Paris, 1910), 91. 따라서 네스토
    리안은 그리스도 안에서 신성과 인성의 통일성을 부인한 것이 아니라
    그리스도를 본성(nature) 수준에서 차이(difference) 혹은 구별
    (distinction)하였다. 그러므로 두 본성 교리로 인하여 고소할 수 없다.
    A. S. J. Grillmeier, *Christ in Christian Tradition*, vol.1 trans. J. S.
    Bowden(Atlanta: John Knox Press, 1965, reprint, 1975), 455.

52) John Foster, *The Church of the Tan'g Dynasty*(London: SPCK, 1939), 61.

53) 이슬람의 두 번째 족장 칼리프 우마르(Umar, Omar, 634-644)가 644년
    에 페르시아 수도 셀류키아 크테시폰을 점령하였고 651년 사산조 페르
    시아 왕 이즈드거드 3세가 피살됨으로 사산왕조(226-651년)는 완전히
    멸망하였다. G. Rawlinson, *The Seventh Great Oriental Monarchy*
    (London: Longmans, Green, 1876), 542.

교적·종교적 활동과 왕실의 기독교화로 인하여 네스토리안 교회는 꾸준히 중앙아시아를 지나 중국으로, 인도까지 복음이 전파되었다. 로마 가톨릭 역사가 아세만니(Assemani)는 이 당시(當時) 중앙아시아와 동인도까지 수많은 네스토리안 공동체가 있었다고 기록한 바 있다.[54]

네 번째, 투르키스탄제국(552-734)과 초기 이슬람 칼리프시대 때에도 네스토리안파가 환대와 보호를 받으면서, 더 크게 복음이 확장된 것을 볼 수 있다. 나지란(Najran, 북쪽 예멘)의 아랍 기독교인들은 자신들의 종교적 권리를 보호하기 위해 모하메드와 조약을 체결하였다.[55] 브라운(L. E. Browne)은 12세기 네스토리안 역사가 마리 이븐 술레이만(Mari ibn Suleiman)이 모하메드(Mohommed, Muhammad, 571-632)가 죽기 전에 네스토리안 총대주교 예슈얍 2세(Yeshuyab Ⅱ, 628-643)와 직접 만나 계약을 체결했다고 한다.[56] 사실 모하메드는 단성론 주교인 바히라(Bahira)[57]와 에디오피아인 전기 작가인 자

---

54) F. E. Keay, *A History of the Syrian Church in India*(London: SPCK, 1938), 23.

55) "선지자 언약"의 6개 복사본들이 시나이 산 밑 성 케더린 수도원에 보존되어 있다. A. S. Atiya, *A History of Eastern Christianity*, 268.

56) 기독교 편에서의 조약은 *Chronicle of Seert*(*PO*, 601, 602)를 참조하라. L. E. Browne, *The Eclipse of Christianity in Asia from the Time of Muhammand till the Fourteenth Century*(Cambridge: Cambridge Univ. Press, 1933), 41; 아랍 편에서 조약에 대하여 언급한 사람은 9세기 페르시아 역사가 Baladhuri로, trans. P. K. Hitti, *Kitab al-farq bain al-firaq* (Cairo, 1924).

57) 8세기 작가 이븐 이삭(Ibn-Ishaq, 707-773)에 의하면, 모하메드는 12살 때에 그의 삼촌과 함께 대상여행 중에 보스트라(Bostra)에서 아랍사막의 단성론 주교인 바히라(Bahira)를 만났고 그 늙은 주교는 모하메드가 크게 될 것을 인식하고 그를 보호해 주었다고 한다. A. Guillaume, trans.

브르(Jabr),58) 첫 부인의 조카인 와라카 이븐 나우팔(Waraqah ibn Naufal)59)로부터 기독교의 영향을 많이 받았다.

우마야드 세습 칼리프시대(Umayyad, 661-750)60)에는 기독교 지역인 다마스쿠스(Damascus)를 정치와 생활의 중심지로 만들었고, 기독교에 대하여서는 관용을 베풀었다. 당시 무슬림의 맹습과 잔학한 행위에도 불구하고, 시리아의 세 기독교 단체인 페르시아 네스토리안과 멜키트파(Melkite, 비잔틴 정통), 단성론(안디옥의 야곱파)은 아랍 이슬람의 통치를 지지하였다. 그 이유는 페르시아 네스토리안은 페르시아

Ibn-Ishaq's The Life of Muhammed(Oxford: Oxford Univ. Press, 1955), 79-81. 무슬림 역사가들은 기독교인들을 통한 모하메드의 거룩성을 전설로 받아들인다. Ibn-Ishaq, *Sirat Rasul Allah*(9세기 Ibn-Hisham에 의해 편집됨).

58) "나의 정보에 따르면 그 사도는 알 하드라미 부족(B. al-Hadrami)의 노예인 젊은 기독교인 자브르의 오두막이 있는 알마르와(al-Marwa, 메카를 바라볼 수 있는 언덕)에 자주 앉아 있곤 했다. 그들은 '모하메드가 가져온 대부분 것은 기독교인 자브르가 가르쳐 준 것이다'고 말하곤 하였다." A. Guillaume, *Ibn-Ishaq's The Life of Muhammed*, 180.

59) 선지자의 첫 부인의 조카인 와라카 이븐 나우팔(Waraqah ibn Naufal)로 기독교에 대한 가장 많은 정보를 모하메드에게 주었을 것이다. 그는 하니프(Hanif)로 묘사되는데, 강력한 일신교(一神敎) 사상을 가졌다. R. Bell, *The Origin of Islam in Its Christian Environment*(reprint London: Cass, 1926, 1968), 57.

60) 중요한 우마야드 칼리프는 1. Mu'awiya I, 661-680, 권력의 중심을 시리아에 두었다. 2. Yazid I, 680-683, 시아파을 진압하면서, 선지자 손자 Husain ibn-Ali을 순교자 성인으로 만들었다. 5. Abd al Malik, 685-705, 정부의 금융과 조직을 개혁 강화하였다. 6. Walid I, 705-715, 중앙아시아를 정복하였고 중국과 인도 국경까지 이슬람을 퍼지게 하였다. 8. 'Umar II, 717-720, 이슬람으로 전향하는 자를 인두세로부터 자유를 주었다. 10. Hisham, 724-743, 소수파에게 관용정책을 펼쳤다. 11. Walid II, 743-744, 부족의 대항으로 왕조가 쇠퇴하게 되었다. 14. Marwan II, 745-750, 우마야드의 마지막 왕이다. S. H. Moffett, *A History of Christianity in Asia*, 366.

사산왕조의 조로아스터교(祆敎, 拜火敎, Zoroastrianismus)[61]의 지배
보다 아랍의 무슬림이 더 관용적이라고 생각하였고, 멜키트파 성직자
는 비잔틴제국의 과잉 간섭에서 해방되는 감격이 있었기 때문이다. 그
리고 단성론자[62]들은 정통파에 의한 괴롭힘으로부터 자유롭게 될 수
있었기 때문이다. 안디옥 야곱파의 주교 미카엘(Mischael)은 '칼케돈
신조의 가혹한 강제보다는 이슬람군의 파괴가 견디기 쉬웠다'고 말하
였고, 이집트의 단성론자들은 이슬람군을 보고 로마의 박해로부터 구
원되었다고 생각하였다. 분명한 것은 칼케돈 기독교파의 이단에 대한
냉혹함보다는 이슬람 이교도의 차가움이 구원으로 느껴질 정도였었다.
그러한 이슬람의 관용정책으로 네스토리안 기독교인들이 칼리프시대
에 고위직과 학문과 학교를 이끌었다.[63] 이때 아랍인들은 네스토리안

---

61) 조로아스터교는 조로아스터(Zoroaster)가 창시한 것으로, 당시 페르시아
의 국교였다. 아베스타(Avesta)를 성경으로 사용하고 있다.

62) 정통성을 위해 핍박을 피해 도망간 단성론 수사들이 네스토리안 니시비
스 학파에 필적하는 야곱파(Jacobite)를 설립하였는데, 그 중심은 "독수
리 둥지"라 불리는 유프라테스의 케네슈르(Kenneshre) 수도원이었다.
이곳 출신 중 가장 영향력이 있는 두 사람은 에데사의 야곱(Jacob,
633-708)과 아랍의 주교 조오지(George, 686-724)로, 야곱 주교는 시리
아어 구약성경 개정판과 시리아어 예식서를 발간하였고 조오지 주교는
시리아어로 아리스토텔레스의 *논리학*(Aristotle's Organon)을 주석하였
다. A. S. Atiya, *A History of Eastern Christianity*, 195, 196.

63) 무아위야(Mu'awiya I, 661-680) 첫 우마야드 칼리프는 기독교인 만수
르(Mansur ibn-Sarjun, Sergius)를 군사 통수권을 제외한 가장 높은 직
인 재무장관에 임명했고, 그의 아들에게 세습되었다. 만수르의 손자는
다마스쿠스 요한(John, 대략 675-749)으로 *이교도 이스마엘*에 대한 소책
자를 썼고 제5대 칼리프 아브드 알 말리크('Abd al-Malik, 685-705)의
서기관이 되었다. al-Baladhuri, *The Origins of the Islamic State(Kitab
Futuh al Buldan)*, trans. P. K. Hitti(New York: Columbia Univ. Press,
1916), 186-193, D. J. Sahas, *John of Damascus on Islam: The "Hersey
of the Ishmaelites"*(Leiden: Brill, 1972), 32-48.

들로부터 나중에 유럽으로 전수한 헬라의 과학과 학문을 배웠다.[64] 제8대 우마야드 칼리프 우마르('Umar Ⅱ, 717-720)의 통치하에서 무슬림 소유주와 새 개종자들을 위해서는 토지세(Kharaj)를, 비무슬림들에게는 토지세와 추가하여 인두세(jizya)를 부과하였지만, 관용의 차원에서 다루어졌다.[65] 비록 인두세로 무거운 세금을 부과했지만, 기독교인들은 자신들의 신앙을 결코 포기하지 않았다. 이 시기의 기독교인 연대기 기자가 남긴 글에 의하면,

> 아랍인들은 관용으로 대하였고 하나님의 은혜로 번영의 통치를 했고 기독교인들은 아랍의 패권을 기뻐하였다. 하나님께서 지지하셨고 승리하게 하셨다고 하였다.[66]

이와 같이 칼리프시대의 기독교에 대한 관용 정책으로 네스토리안 선교사들은 옛 실크로드를 따라 무역의 이익과 선교를 위해 아랍 대사들과 함께 중국으로 들어갈 수 있었다. 처음으로 중국으로 파견된

---

64) 다마스쿠스 요한은 726년에 공직에서 물러나 예루살렘 근처 마르 샤바(Mar Saba, St. Sabas)의 수도원에 들어가 서방의 성상숭배를 정죄한 레오 3세(Leo Ⅲ)와 콘스탄틴 5세(Constantine V)의 성상파괴에 반대하였고 그의 시대까지의 모든 헬라 신학과 학문을 종합한 방대한 작품으로 "동방의 중요한 최종 신학 작품"이라고 하는 *지식의 원천*(Fount of Knowledge)을 저술하였다. D. J. Sahas, Ibid., 54, 67-95, A. C. McGiffert, *A History of Christian Thought*, vol.1(New York: Scribner, 1932), 310-329. 10세기에 아랍어로 번역되었고 유럽에 여러 헬라어와 라틴어 개정판이 나왔고 토마스 아퀴나스(Thomas of Aquinas)의 *최고의 신학*(Summa Theologica)의 모델이 되었다.

65) A. S. Tritton, *The Caliphs and Their Non-Muslim Subjects*(London: F. Cass, 1970), 197-215.

66) *Histoire Nestorienne(Chronicle of Seert)*, ed. A. Scher, in *PO* t. 13, fasc. 4, no.65, 581.

아랍 대사는 651년 고종 초기에 모하메드(Muhammad)의 삼촌으로
제3대 족장 칼리프(632-661)[67]인 우스만(ʼUthman, 644-657)에 의해

---

67) 모하메드의 공적 사역은 622년 *헤지라*(hegira)부터 632년 그의 사망 때
　　까지의 10년간이다. 그리고 종교적 중심을 그의 결혼에 의한 가까운 가
　　족에 남겨 두었는데, 이 30년간을 족장 칼리프시대라 한다(632-661). 모
　　하메드는 16명의 부인을 두었는데, 그들 중 대부분은 경쟁하는 족장들의
　　평온을 위해 취해졌다. 어떤 사람은 6 혹은 7명이라고 하고, 어떤 사람
　　은 12명이라고도 한다. 그러나 부인과 첩 사이의 구별이 애매하다. 모하
　　메드에게 유일한 아들 이브라힘(Ibrahim, 2살에 죽음)을 낳은 부인은 콥
　　트족(Coptic) 마리야(Mariyah)는 선물 받은 노예였다. W. M. Watt,
　　Muhammad at Medina(Oxford: Clarendon, 1956), 395, 396; 합의에 의
　　해 선지자의 가까운 동료이자 모하메드의 부인 아시하(Asiha)의 아버지
　　인 아부 바크르(Abu Bakr, 632-634)가 첫 칼리프(caliph)가 되었다. 두
　　번째 칼리프 우마르(ʼUmar, 혹은 Omar, 634-644)는 모하메드 부인 하프
　　사(Hafsa)의 아버지로 부분적으로 기독교화된 아랍인 남쪽 예멘과 페르
　　시아 국경 라크미드(Lakhmid), 요르단 동쪽 가산니드(Ghassanid)를 점
　　령하였다. 그가 정복한 라크미드의 마지막 왕은 al-Numan Ⅲ로 602에
　　사망한 네스토리안 기독교인이었다. 현재 네바론의 Druze족이 남아 있다.
　　가산니드 왕국의 마지막 왕은 단성론 기독교인 Jabala ibn-al-Ayham이
　　었다. P. K. Hitti, *History of the Arabs from Earliest Times to the
　　Present*, 5th ed.(New York: Macmillan, 1953), 78-86; 636년에 베두인
　　아랍인들은 가장 강력한 두 제국 사산 페르시아와 비잔틴 로마를 패배
　　시키고 예루살렘에 첫 모슬렘 모스크를 세웠다. 642년 나하반드
　　(Nahaband) 전투에서 승리하였고 644년에 페르시아제국의 수도 셀류키
　　아 크테시폰을 취하였다. 그리고 네스토리안을 비롯한 소수파 기독교와
　　의 관계를 조정하였다. 세 번째 칼리프 우스만(ʼUthman, 644-657)은 모
　　하메드의 딸들인 루카야(Ruqayya)와 움쿨숨(Umm Kulthum)과 결혼한
　　사위로, 코란의 편집을 명령했다. 그의 통치 때인 651년 페르시아 국왕
　　이즈드거드 3세(632-651)를 피살시키면서 사산왕조(226-651년)를 멸망
　　시켰다. 네 번째 칼리프는 알리(ʼAli, 656-661)로 모하메드의 딸 파티마
　　(Fatima)와 결혼한 사위였다. 알리는 우스만의 우마먀드(Umayyad)의
　　가계와 대항하여 시민전쟁을 일으켰는데, 그로 인하여 자신은 시아파
　　(Shiʼites)가 되었고 지도자는 칼리프가 아닌 *이맘*(Imam)이 되었고, 우
　　마먀드계는 순니파(Sunni)로 나눠졌다. 순니파의 칼리프와 시아파의 이
　　맘 둘 다 궁극적으로 코란과 전승의 교훈을 진리로 받아들였다. 전승(*하*

보내졌다. 그 다음 두 번째 대사는 중앙아시아를 정복하고 중국과 인도 국경까지 이슬람을 전파한 제6대 우마야드 칼리프 왈리드 1세(Walid Ⅰ, 705-715) 때로, 713년 네스토리안 서판과 당조(唐朝) 문서에 의할 것 같으면, 가브리엘(及烈, Gabriel, Chi-lieh)[68] 이라는 네스토리안 주교도 함께하였다고 한다.

기독교에게 관용정책을 펼친 우마야드 칼리프 제10대 히삼(Hisham, 724-743)과 당 제국 제7대 현종(玄宗, 712-756) 때인 732년 10월 초에 페르시아의 네스토리안 본부에서 대주교인 아브라함(Abraham, 羅含)과 가브리엘이 세 번째 아랍 사신 반나밀(潘那密)과 함께 장안에 도착하였다.[69] 네스토리안 주교 가브리엘은 현종의 신임을 얻어 외국 사신을 위한 통역관이 되었다. 또한 가브리엘과 시박사(市舶使) 주력립(周曆立)이 설계한 기기이교(奇器異巧)는 기계과학의 최고봉이었다.[70] 이러한 외교관계로 인하여 셀류키아 크테시폰에 위치한 네스토리안 교회 본부로부터의 중앙아시아와 중국을 향한 선교 후원은 활기를 이와 같이 투르키스탄제국 때에 모하메드가 이슬람을

디스, hadith)은 모하메드의 구두를 모은 것이다. al-Bukhari(810-970)가 600,000가지 전승을 선택과 분류, 편집한 "6권의 책들"이다. P. K. Hitti, *History of the Arabs from Earliest Times to the Present*, 395; P. M. Holt et al., eds., *The Cambridge History of Islam*, vols. 1 and 2(Cambridge: Cambridge Unv. Press, 1970), 1:25.

68) *冊府元龜*(北京: 中華書局, 印行, 1960), 9719; J. E. Heller는 Gabriel로 언급하고(*Das Nestorianische Denkmal in Singan*, 1897, 48), Saeki는 Cyriacus를 선호한다(*Nestorian Documents*, 93). Gabriel의 시리아어 이름은 Chi-lieh 주교이다.

69) 이때 로마 가톨릭 주교 살리바-짜카(Saliba-Zacha, 714-728)도 중국에 교구를 세웠다.

70) *冊府元龜*(北京: 中華書局, 印行, 1960), 4176.

세워 30년의 족장 칼리프시대와 100년의 우마야드 칼리프 왕조 때에 아랍과 시리아를 점령하였지만, 그곳에 있는 기독교인들에게 관용정책을 썼고, 그로 인하여 많은 기독교인들이 고위직 관리와 학문·학교·의료·상업 등에 지대한 공헌을 하였다. 후일에는 유럽의 십자군을 통하여 아랍의 우수한 문화를 전수하는 계기가 되었다.

제3절 투르키스탄제국에서의 네스토리안파유적과 유물들

1. 중앙아시아의 네스토리안 상징인 십자가 증거들

투르키스탄제국시대에 중앙아시아 옛 실크로드를 따라 곳곳에 많은 네스토리안 유물들이 발굴되었는데, 이 유물들 중에 특별히 가슴에 붙이는 네스토리안 특유의 십자가 모양들이 많이 발굴되었다. 이런 십자가 유물들을 살펴보면서 투르키스탄제국 때에 중앙아시아에 기독교 역사가 어느 정도나 흥성했는지를 논의하고자 한다.

먼저, 비잔틴의 역사가인 페올로필라크트 시모카트(Феолофилакт Симокатт)에 의하면, 561년에 서투르키스탄의 병사들이 비잔틴에 포로로 끌려갔을 때, 그들의 이마에 십자가를 나타내는 다섯 개의 점이 새겨져 있었다. 그 이유는 이들이 어렸을 때 역병이 창궐한 적이 있었는데, 그곳 기독교인들이 이마에 그런 문양을 새겨 넣으면 재액을 면할 수 있다고 하여 새겼다고 한다.[71] 이러한 행위는 지금으로

110

는 상당히 무속적으로 보이지만 당시로서는 상당히 대중적인 치유 방법이었음을 엿볼 수 있다. 그 당시에 네스토리안파는 사방 길이가 똑같은 특유의 십자가를 소유하고 있었는데, 사마르칸트의 폐허가 된 옛 도시 아프로시압(Афрасиаб)에서 그런 십자가를 발굴하였다.[72] 또한 사마르칸트 레기스탄(Самаркандском Регистане)에 네스토리안 십자가 모양의 금속판이 있었고, 그 매장지 옆에 네스토리안 십자가 모양의 예쁜 모자이크 판을 발견하였다. 매장지 유물들을 조사한 결과 네스토리안 성전이 있었음을 확인하였다.[73] 타슈켄트 부근에서 6-8세기의 것으로 추정되는 화폐가 발견되었는데, 그 뒷면에는 끝부분의 끝이 넓어지는 네스토리안 십자가를 중심으로 페르시아 사산왕조 문양의 진주들을 두르고 있는 모양이 양각되어 있었다.[74] 화폐는 군주가 아니면 주조할 수 없다는 점을 감안하면, 이것은 중앙아시아의 어떤 도시의 군주가 개종하였음을 추측할 수 있다. 또한 사마르칸트 지역에서 가까운 뻰지켄트(Пенджикент)와 아프로시압(Афрасиаб)에서 네스토리안 십자가가 새겨진 소그드 동전을 발견하였다.[75]

---

71) H. Yule and H. Cordier, *Cathay and the Way Thither*, Vol.1: Odoric of Pordenone(London: Hakluyt Society, 1913-1916), 115.

72) А. И. Тереножкин, *Согд и Чач*(КСИИМК, вып. 3, 1950), 72.

73) Э. Ю. Бурякова, Буряков Ю. Ф. *Новые Археологические Материалы к Стратиграфии Средневе-кового Самарканда*(по раскопкам площади Регистан в 1969-1971 гг.) вып. 2(Ташкент: "Афрасиаб", 1973), 209-210.

74) I. Gillman & H.-J. Klimkeit, *Christians in Asia before 1500*(Ann Arbor: University of Michigan Press, 1999), 213.

75) Э. В. Ртвеладзе, Ташходжаев Щ. С., Федоров М. Н., *Нумизматические этюды*, вып. 3(Ташкент: "Афрасиаб", 1974), 145-147; О. И. Смирнова, *Каталог монет с городища Пенджикент*(М., 1963), 137.

그리고 1997년 페르가나(Ферганск) 계곡의 꾸와(Кува) 도시[76]에 중세 때(10-11세기)에 살았던 집을 발굴했는데, 그곳에서 가슴에 장식하는 은으로 된 십자가를 발굴했다. 그 십자가의 길이는 39㎜이고 너비는 23㎜로 가로는 위쪽보다 아래쪽이 더 길고, 세로의 양 옆의 끝은 세 개의 반원형 잎사귀처럼 되어 있었다. 가로 위쪽 끝의 양 모서리는 조금 위로 올라갔고 그 중간에는 한 개의 반원형 잎사귀가 있는 걸기 위한 구멍이 나 있었다. 그리고 앞면의 십자가 교차점에는 X모양이 파여져 있었다.[77] 세 잎사귀 모양의 십자가 성상의 의미는 성부와 성자와 성령을 상징하는데, 세미레치(Семиреч)의 무덤 위에 세운 네스토리안 십자가 모양과 같다. 십자가 앞면에 깊이 새겨진 것은 크라스노레친스크와 부라닌스크 도시에서 발굴된 십자가와도 같다.[78] 최근에는 압둘가지에바(Б. Абдулгазиева)가 페르가나(Ферганск) 계곡에 기독교가 존재했음을 발표하면서[79] 꾸와(Кува) 도시의 기독교 공동체가 있었음을 다시 한번 재확인할 수 있었다. 이는 옛 실크로드를[80] 따라 동투르키스탄과 중국, 원동에 기독교 상

---

76) 페르가나 계곡의 꾸와는 아흐씨게트(Ахсикет) 다음 가는 큰 도시로, 역사적 문화적 지역이고 국제적 상업으로 큰 역할을 했다. Ширинов Т. Щ., Матбобоев Б. Х., Иванов Г. П. Ахмад алФар-гоний даврида Кубо шахри(Тошкент, 1998)을 참조하라.

77) А. А. Раимкулов, Иванов Г. П. "Нательный Крест с Городища Кува", *Õzbekiston Moddiy Madaniyati Tarixi, 31-Nashri*(Samarqand: Типография института археологии АН РУз, 2000), 160.

78) В. Д. Горячева, Перегудова С. Я. *Памятники христианства на территории Кыргызстана*(Ташкент: Из истории древних культов Средней Азии, 1994), 93-94.

79) Б. Абдулгазиева, *Крышка сосуда из Андижана*(Ташкент: Из истории культов Средней Азии, Христианство, 1995), 82-83.

인과 전도자, 선교사들이 페르가나의 계곡을 지나갈 때 이곳에 기독교 공동체를 이루었다는 것을 입증해주고 있다고 보아야 한다.

또한 사마르칸트 부근 뻰찌켄트(Пенджикент)에서 가까운 다쉬트 우르다콘(Дашти Урдакон)의 묘지에서 기독교 처녀의 무덤에서 가슴에 장식하는 십자가를 발견하였고,[81] 칸크(Канк) 도시에서도 마찬가지였다.[82] 연옥(軟玉)으로 만든 십자가는 크라스나야 레치카(Красная речка) 도시에서도 나왔다.[83] 얼마 전에 영국 고고학자들이 옛 메르브의 에르크 칼(Эрк-кал) 지역에서 페르시아 사산조 말기 때에 주조한 가슴에 장식하는 십자가를 만들기 위한 세라믹 주형을 발견하였다.[84] 또 스타인이 투르판(Turfan)에서 실크로드를 따라 동쪽으로 둔황(Tun-huang)의 천불동에서 예수의 모습이 그려진 비단 조각 하나를 발견했는데, 휘광을 뒤로 하고 왕관을 쓰고 가사를 두르고 엄지와 중지를 맞댄 수인(手印)을 한 보살의 모습이지만, 왕관의 정면 중앙과 왼손에 들고 있는 지팡이의 상단, 가슴에 매단 목걸이에 그려진 십자가가 선한 목자 예수를 묘사한 것이었다.[85]

---

80) 실크로드(Silk Road, 비단길)라고 불리는 스텝 지역의 교역은 카스피 해 연안의 숙닥(Sugdaq)과 중국의 루란(Lou-lan)을 연결하는 대상(隊商, Keravan)로이다.

81) А. М. Беленцкий, Маршк Б. И., Распопова В. И., Исаков А., *Новые раскопки в Пенджикенте*(Москва, 1977), 559-560.

82) Г. И. Богомолов, *О христианстве в Чаче*(Ташкент: Из истории древних культов Средней Азии, 1995), 73.

83) К. М. Байпаков, *Среднековые города Казахстана на Великом Шелковом пути*(Алмата: пылым, 1998), 56.

84) С. Логинов, Симпсон О. Дж., *Раскопки в Мерве на городище Эрк-кала в 1992-1993 гг.*(Мары: Тезисы докллодов научнойконференции, 1994), 51.

85) P. Y. Saeki, *The Nestorian Documents and Relics in China*, 416-417.

이와 같이 사마르칸트를 중심으로 해서 옛 실크로드를 따라 네스토리안 특유의 십자가들이 발견된 것으로 보아 당시 투르키스탄제국 중앙아시아 지역에 많은 네스토리안 공동체가 확산되고 있었다는 사실을 엿볼 수 있다.

2. 투르키스탄제국시대의 네스토리안 수도원

네스토리안들은 옛 실크로드의 대상 무역지마다 수도원을 세워 그곳을 학교로, 교회로, 공동체 숙소로 사용하였다. 제2장에서 언급했듯이 이것은 6세기 페르시아제국 전역에 걸쳐 확산된 카스카르의 아브라함(Abraham of Kaskar, 대략, 491-586)에 의한 수도원 부흥과 연관이 있는 것이다. 아브라함의 수도원은 이즈라(Izla) 산에 위치하고 있었는데, 이들이 네스토리안 정통신학인 니시비스 학파를 대변하였고, 사산제국 전체에 적어도 60개의 수도원이 있었다.[86] 더 나아가 네스토리안 특징이 강한 선교신학 덕분으로 실크로드를 따라 중앙아시아와 중국으로 왕성하게 복음을 전하였을 것이다. 그들은 가는 곳마다 수도원 중심으로 공동체를 이루어 주변에 영향을 끼쳤을 것이다. 그림 과연 중앙아시아에서 수도원이 어떤 역할을 했으며, 어떤 일을 했는지 살펴보도록 하자.

먼저, 사마르칸트에서 자라프샨 강을 거슬러 동남쪽으로 60킬로미터 정도 가면 뺀지켄트(Panjikant)에서 1973년 시리아어로 기록된 토기 파편인 오스트라콘(Ostracon)을 발견하였다.[87] 이 오스트라콘

---

86) J. Labourt, *Le Christianisme dans l'Empire Perse sous le dynastie Sassanide*, 324.

114

에는 18행의 시가 적혀 있는데, 1-7행은 시편 1장, 8-16행은 시편 2장의 일부와 거의 일치한다. 그런데 이 오스트라콘에는 문법과 철자에 적지 않은 오류가 발견된다. 이 오류에 대하여, 파이코바(A. V. Paykova)는 습작으로 학교에서 교사가 읽어주는 시편 구절을 받아 적은 학생이 아직 시리아어(오히려 소그디어)에 능숙하지 않았기 때문에 여기저기에서 실수를 한 것으로 본다.[88] 이렇게 수도원이 학교 역할도 했음을 보여준다.

9세기경에 쓰인 *수도원의 역사*(Historia Monastica)에 보면 현재 이라크 모술 동쪽 베트 아베 수도원에 교회와 거기에 부속된 부엌과 사무실, 회의실, 도서실, 객사 등 여러 건물로 이루어져 있었다고 하였다.[89] 그러므로 수도원에서는 예배만 드리는 것이 아니라 그들 중에는 매우 많은 교사들과 교리 선생·글쓰기 선생·의사·기술자가 있었다. 기술자들은 교회와 수도원 가까운 작업장에서 수도원에 필요한 물건들인 세례 잔과 향로, 십자가, 절기 물건 등을 만들었다. 또 수도원에서 부근 기독교 주민들을 위해서 장례식에 쓸 세라믹 둥근 기둥(cylinders)도 만들었음을 까르쉬(Карши) 시에 가까운 샤이할리(Шайхали)의 코슈테파(Коштепа)에서 발굴하였다.[90] 이곳은 6

---

87) A. V. Paykova, "The Syrian Ostracon from Panjikant", *Le Muséon: Revue d'Études orientales*(Louvain, 1979), tome 92. fasc. 1-2, 159-169.

88) Ibid., 165.

89) John. Stewart, *Nestorian Missionary Enterprise: the Story of a Church on Fire*(Edinburg: T. & T. Clark, 1928), 36-49.

90) А. А. Раимкулов, "Своеобразный КультовыйКомплекс Южного Согда", *Õzbekiston Moddiy Madaniyati Tarixi, 28-Nashri*(Samarqand: "Сугдиён" нашриёти, 1997), 110-116; А. А. Раимкулов, "Христианские Погревальные Цилиндры Из Коштепа Нахшабского", *Õzbekiston Moddiy Madaniyati Tarixi. 32-Nashri*(Ташкент Издательство "ФАН" АН Респу

세기 후반과 7세기 것으로 보이는 13개의 방이 있는 기독교 반지하 수도원임을 알게 되었다.[91) 코슈테파 교회의 반지하 혹은 지하 형식은 페르시아 만의 카르크(Карк) 섬의 네스토리안 지하교회의 특성과 매우 유사하다.[92) 또한 그 기독교 유물들은 중동의 네스토리안 수도원 것과 유사하다.[93) 아마도 이곳에 페르시아 만 지역에서부터 온 네스토리안들이 체류했을 것이다. 그리고 코슈테파 발굴지 가까운 우타마스 마을 부근에서 5세기 것으로 보이는 세례 받는 장면의 그림을 발견하였다.[94) 그리고 코스테파 발굴지에서 남서쪽 1.5km의 나흐사바(Нахшба)에 기독교 가정이 살고 있었던 흔적도 있었다. 이러한 수도원이 중앙아시아 사마르칸트에서 50km 떨어진 우르구트(Ургут) 동북쪽에도 있었는데, 10세기 사마니드(Саманидов)가 통치하고 있을 때에 아랍인 순례자 이븐 하우칼(Ибн Хаукаль)이 사마르칸트 남쪽 삽다르(Савдар, 혹은 Шавдар)의 와즈카르드(Вазкард) 동네의 기독교 공동체에 들어가서 보니 교회와 수도원과 기도실이 있었다고 했다.[95) 그리고 이곳에서 이라크인 기독교인을 만났다고 하였다.[96) 이와 관련하여 네스토리안 십자가와 신약의 몇 장면이 새겨진

블리키 Узбекистан, 2001), 147-149.

91) А. А. Раимкулов, "Христианские Погревальные Цилиндры Из Коштепа Нахшабского", 147.

92) E. Herzfeld, *Archaeological History of Iran*(London, 1935), 1-16.

93) А. А. Раимкулов, "Своеобразный КультовыйКомплекс Южного Согда", 115.

94) Щ. С. Ташходжаев, *Археологические исследования древнего Самарканда*, вып. 3(Ташкент: "Афрасиаб", 1974), 20.

95) Ibn Hauqal, *Configuration de la terre(Kitab surat al-ard)*, Introduction et tradiction, aves index par J. H. Kramers et G. Wiet, tome II(Paris: Bayrouth, 1964), 478; В. В. Бартольд, *О христианстве в Туркестане в домонгольский период*, Соч. т. 2, ч. 2(М., 1964), 279.

시리아제 청동 향로가 같은 지점에서 발견되었고, 그 부근에서 시리아어 암각(graffiti)도 발견되었다.[97] 바르톨드(В. В. Бартольд)는 이 수도원을 4세기 것으로 보았다.[98]

이처럼 그 당시 중앙아시아 사마르칸트 주변의 네스토리안 학교와 수도원이 결합되어 그들 나름의 강력한 기독교 공동체를 이루어 어려운 환경 속에서도 기독교 지식과 신앙을 전수하였다. 이는 6-7세기 투르키스탄제국 때에 이미 중앙아시아 전역에 네스토리안 기독교가 있었음을 증거하고 있는 것이다.

제4절 결 론

본 장에서는 투르키스탄제국에서의 네스토리안 교회의 부흥에 대하여 논의하였다. 더 많은 논의와 증거가 필요하겠지만 이 장에서 논의된 것만 보아도 투르키스탄제국시대에 네스토리안 교회가 있었음을 단언할 수 있다. 이렇게 네스토리안 교회가 부흥할 수 있었던 것은 다음과 같은 원인이 있었기에 가능하였다. 첫째로는 투르키스탄제국이 이미 기독교 영향을 받았던 헤프탈(백훈)과 유연을 흡수하였기 때문이다. 둘째로는 투르키스탄제국이 유목민족 특유의 열린

---

96) Е. К. Беттер, Извлечение из книги "Пути и страны" *Абул-Касыма ибн Хаукаля*, IV (Ташкент: Труды САГУ, Археолгия СреднейАзии, 1957), 18.

97) A. V. Paykova, "The Syrian Ostracon from Panjikant", 162: В. Н. Залесская, *Сирийское бронзовое кадило из Ургута*(Средняя Азия и Иран, М., 1972)를 참조하라.

98) В. В. Бартольд, *История культурной жизни Туркестана*(Л., 1927), 48.

사고와 종교 관용정책을 하였기 때문이다. 셋째로, 투르키스탄제국 때에 주변 국가들이 종교 관용정책을 써서 옛 실크로드를 따라 막힘없이 복음이 전해졌던 것이다. 넷째로, 사산왕조는 조로아스터교를, 위구르제국은 마니교를, 칼리프와 압바시드 왕조는 이슬람을 국교로 하였지만 투르키스탄제국에서는 특정 종교를 지지하지 않았다. 다섯째로, 투르키스탄제국시대에는 아직 이슬람이 크게 영향을 미치지 못하였다. 여섯째로, 이미 복음화된 소그인들이 투르키스탄제국에 중요한 고위직에 중용되었기 때문이다. 일곱째로, 페르시아에 있는 네스토리안 총대주교들의 적극적인 후원과 선교사들의 열심에 있었다. 여덟째로, 수도원 중심의 제자 양육과 신학교육이 있었다. 이러한 여러 조건으로 인하여 다음 세기의 이슬람의 부흥과 마니교, 불교의 영향 속에서도 무너지지 않고 끈질긴 생명력을 발휘할 수 있었고, 더 나아가 소수 유목민족들에게도 복음의 영향을 미칠 수 있는 밑거름이 되었다.

제4장
위구르제국과 네스토리안파

제1절 서 론

제3장에서 투르키스탄제국에서 네스토리안 기독교가 얼마나 부흥하였는지를 논의하였다. 제4장에서 다루게 될 위구르(Uigur, 744-1250) 제국에서는 마니교와 불교, 이슬람의 전진과 부흥으로 네스토리안 기독교는 새로운 전략을 갖고 임해야 했던 상황에 대하여 논하려고 한다. 또한 이런 움직임의 일환으로 외방대주교구의 설치가 있다. 그 대표적인 것이 총대주교 디모데 1세(Timothy Ⅰ, 779-823)의 외방대주교구 설치다. 위구르제국시대에 중앙아시아는 여전히 투르크 몽골계가 통치하였다. 헤프탈에서 투르키스탄제국, 투르키스탄제국에서 중앙아시아 카를룩의 도움을 받은 위구르제국, 그 다음 분열 위구르제국 중에 사마니드 왕조와 카라카니드 왕조가, 몽골제국 전까지 셀죽크가 중앙아시아를 통치하였다. 투르크계가 아닌 유일한 이란계 사마니드 왕조가 중앙아시아를 통치하면서 투르크·이슬람 세계를 이루기 시작하였다. 그런 와중에 당 제국 초기에 왕성하게 활동하던 네스토리안 기독교가 당 제국의 멸망과 함께 위축되는 것을 볼 수

있다. 비록 당 제국에 있던 네스토리안파가 다시 유목민들에게 가서 토착된 네스토리안파와 합하여 몽골제국 때에 다시 한번 부흥하지만, 이 시기는 시련 속에 있었다. 다행히 투르키스탄제국 때에 이루어 놓은 수도원과 네스토리안 공동체가 버팀목이 되긴 하였다.

본 장에서는 위구르제국시대에서의 네스토리안파와의 관계를 논의하면서, 마니교와 이슬람, 불교와의 관계도 간접적으로 논의하고자 한다. 또한 위구르제국시대의 주변의 당 제국과 압바시드 왕조, 사마니드, 카라카니드, 셀죽크 등의 왕조와 네스토리안 기독교에 대하여 고찰하고자 한다. 이와 더불어 옛 실크로드를 따라 네스토리안 기독교와 그 유적 유물과 그들의 영향을 상당히 받은 소그드 상인에 대하여도 사실할 것이다.

제2절 위구르제국과 네스토리안파의 선교

1. 위구르제국과 네스토리안파와의 관계

위구르제국시대에는 통합된 오르콘제국(Orkhon, 744-840)과 키르키즈의 침략으로 분열된 위구르제국(840-1250)으로 나눌 수 있는데, 오르콘제국과 네스토리안파와의 관계와 그 분열된 위구르제국 때에 흩어진 유목민족들과 네스토리안파의 관계에 대하여 논의하고자 한다.

초기 위구르제국은 744년 위구르족을 중추로 한 투르크계 토쿠즈 오구즈(Toquz Oghuz)의 베스밀(Besmil)이 장악하려 했으나 실패했고,

쿠틀룩 빌게(Qutkugh Bilge, 骨力裴羅, Kolipeilo, 744-747)가 중앙아시아 투르크계 카를룩족(Karluk, Qarlug)[1]의 도움으로 오르콘제국이라는 위구르제국(Uigur, 744-840)[2]을 세워 오아시스의 북동쪽의 베쉬발릭(Beshbaliq, Dzimsa)과 투르판(Turfan), 카라샤르(Qarashahr), 쿠차(Kucha) 등을 지배하였다. 이 시기에 중앙아시아는 당 제국 쿠차의 절도사인 고구려인 고선지가 통치하고 있었는데, 고선지가 변경을 잘 방어하지 못한다고 타슈켄트의 투르크인 투둔(Tudun, 車鼻施)을 죽이자, 이에 투둔의 아들이 카를룩 투르크인과 부하라 진압군인 아랍 장군 지야드 이븐 살리흐(Ziyad ibn Salih) 군과 연합하여 751년 7월 탈라스강(잠불 근처)에서 전투하여 고선지의 당(唐) 군(軍)을 물리침으로써,[3] 소그디아나와 몽골, 중국으로 이슬람(回敎, 淸眞敎, Islam)과 함께 기독교가 퍼지기 시작했다.

757년에는 당 제국의 제8대 숙종(肅宗, 757-762)의 요청으로 안사

---

1) 투르크계인 카를룩족(Karluk)은 잇스쿨(Issig-qul) 호의 서쪽 연안과 천산(T'ienshan) 산맥 북쪽에 쿠즈 오르두(Quz Ordu)를 세웠고 10세기 중반에 서쪽 페르가나(Ferghana)로 이동하여 사마르칸드(Samarkand)와 부하라(Bokhara) 지역의 페르시아계 이슬람 국가인 사마니드(Samanids) 왕조의 영향을 받아 카라가니드(Karakhanid, 922-1211) 이슬람 왕조가 되었다. 최하영 · 김순희, 선교지 연구보고(우즈베키스탄) (총회세계선교회, 1996), 13.

2) 투르키스탄제국과 몽골제국의 중간 시기의 초원 유목 지역은 위구르(Uighurs)제국과 셀죽크(Saljug)제국과 호레즘(Qwarezm-shah)제국이 있었다. Luc Kwanten, *A History of Central Asia, 500-1500*(Univ. of Pennsylvanis Press, 1979), 50, 51.

3) 新唐書(Documents), trans. Chavannes: 재인용 René Grousset, *유라시아유목제국사*(L'Empire des Steppes), 김호동, 유원수, 정재훈 역(서울: 사계절출판사, 2002), 187-192. 이미 소그디아나는 713년 우마이야 세습 칼리프조를 위해 후라 산을 통치하던 쿠타이바 이븐 무슬림(Qutayba ibn Muslim, 705-715)이 점령하면서 이슬람의 영향을 받기 시작했다.

124

의 난(755-763)4)을 진압하기 위해 위구르제국의 갈륵 카간(磨延啜,
745-759)이 도움을 주었었고, 762년에 등리모우 칸(759-780)이 낙양
을 수복해 주었다. 이런 과정에서 친기독교인 대장군 곽자의(郭子
儀)와 그의 참모장 네스토리안 주교 이사(伊斯, Mar Yesbuzid,
Yazdozed)의 공이 컸다.5) 이때에 등리모우 칸이 이란의 마니교(摩
尼敎, Manichaeismus, Manichaeism)6)의 선교사들에 의해 개종하여
마니교를 위구르의 국교로 삼았다. 그 후 위구르는 중국의 마니교
공동체의 보호자가 되었고 771년에 중국의 여러 곳에 마니교 사원을
세우도록 후원하였다. 맥커라스(C. Mackerras)는 마니교와 네스토리

---

4) 안록산(安祿山)은 범양과 평노(열하)와 하동(산서)의 3절도사로 756년 낙
   양에서 황제가 되어 국호를 대연(大燕)이라 하였다. 안록산의 성은 강
   (康)인데 어머니가 안씨에게 재혼하면서 안록산이 되었다. 강은 사마르칸
   트, 안(安)은 부하라와 관련 있다. 중앙아시아 비한문 문헌에 소그드계 사
   람들이 '안', '강' 등의 성을 남겼다. 녹산은 소그드어로 '빛, 광명'과 연관
   있어 조로아스터교의 광명신과 관련 있다. 이 안록산과 그의 부하 사사명
   (史思明)의 주동자의 성을 따서 안사의 난이라 한다. Sugiyama Masaaki
   (杉山 正明), 유목민이 본 세계사 241-244.
5) 경교비 기록 중에 숙종은 영무군(靈武郡) 등 다섯 군데에 경교 교회를 건
   립토록 하였고, 또한 자신이 이 어려운 난중에 즉위하여 황업을 세우게
   됨은 하나님의 은혜이라고 감사하였다. '숙종문명황제 어령무오군중립건사
   원선자이복작개 대경임이황업건'(肅宗文明皇帝 於靈武五郡重立建寺 元善
   資而福(作開 大慶臨而皇業建), 대진경교유행중국비문 중에서.
6) 창시자 마니(Mani: 215-)는 25세 때 노아와 아브라함과 조로아스터와 불
   타와 예수에 의해 수행된 일을 자신을 통하여 완성시키도록 소명받았다고
   하였다. 이 마니교(Manichaeism)는 조로아스터교와 기독교, 불교, 바빌로
   니아의 고종교 및 기독교 이단인 영지주의(Gnosticism) 등을 절충한 새로
   운 영지주의 종교로 중국과 인도와 페르시아에 영향을 미쳤고, 나중에 바
   벨론과 사마르칸트(Samarcand) 지방에 많은 추종자가 생겼고 심한 박해
   를 받았다. 694년에 처음 중국에 들어와, 현장이 서역기(西域記)에 마니교
   를 처음 기록하였다.

안파가 페르시아로부터 위구르에 활발히 선교하였는데, 특히 마니교가 더 성공적이었다고 주장하였다.7) 맥커라스(C. Mackerras)의 지적은 의미 있는 지적이다. 왜냐하면, 8세기 중반 위구르제국시대에 이미 투르키스탄제국 때에 이루어 놓았던 네스토리안 수도원과 기독교 공동체가 이슬람과 마니교에 의해 서서히 위협받기 시작했기 때문이다.

네스토리안 교회에 압박을 가해 오는 9세기 중반 분열 위구르(Uighur)제국시대와 당 제국에서의 네스토리안파의 위상에 대하여 상세히 논의하고자 한다. 840년에 위구르제국의 칸 위 계승을 둘러싼 내분과 10만 명에 달하는 키르기즈(Qirghiz) 군대의 침공으로 위구르제국은 붕괴되었다. 이렇게 위구르제국이 당 제국에 있는 마니교를 보호해 주지 못하자 843년 당 제국 제16대 무종(武宗, Wu-tsung, 840-846)이 첫 번째 칙령을 반포하여 마니교(摩尼敎, Manichaeans)의 서적들을 몰수하고 공개적으로 성상들을 불태웠다. 뿐만 아니라 그들의 재산을 몰수하였다.8) 더 나아가 당 제국에서 왕선지의 난과 황초의 난이 발생하자 이것이 바로 외래 종교 때문이라 하여 네스토리안을 비롯하여 마니교와 불교, 유대교, 이슬람 등 외래 종교9)의 신자들 102만여 명을 학살하였다.10) 이 여파로 907년 당

---

7) C. Mackerras, *The Uighur Empire*(Canberra: Australian National University, 1988), 8, 9. 168, 232.

8) John. Foster, *The Church of the Tan'g Dynasty*(London, SPCK, 1939), 128.

9) 당 제국에 있어서 사원을 총칭하여 삼이사(三夷寺)라고 한 것은 오교(Zoroastrianism)와 마니교(Manicheism), 경교(Nestorianism) 등의 세 외래 종교를 가리키며 그 밖에 회교(Islamism)도 이때에 전래되었다.

10) J. Gordon Holdcroft, *to all the World*, 90.

제국의 멸망과 함께 네스토리안 기독교도 당에서 상당히 위축되고
말았다.11)

850년경에 위구르제국을 점령한 키르기즈는 제국을 건설하지 못하

---

11) 당 제국의 멸망과 함께 네스토리안 기독교가 소멸하게 된 것은 1. 민중
에게 뿌리를 내리지 못하였기 때문이다. 2. 사제 중심주의였다. 경교비를
건립한 이사와 비문을 찬술한 경정이 모두 사제였고, 비석의 좌우측에
새겨진 70여 명의 이름도 모두 사제들이다. 3. 모든 직분자들이 외국인
이다. 경교비에 나오는 모든 이름은 외지인이다. 김호동, *동방 기독교와
동서문명*(서울: 까치글방, 2002), 135; 희종(僖宗) 건부(乾符) 5년
(878) 당조의 붕괴를 초래한 황소(黃巢)의 반란은 외지인들에 큰 피해
를 주었다. 황소군의 공격을 저지하던 20만 명 중 12만 명의 무슬림과
유대인, 기독교인, 조로아스터 교도들이 사망하였다고 하였다. A. C.
Moule, *Christians in China before the Year 1500*(London: Society for
Promoting Christian Knowledge, 1930), 76; Abu Zeid가 기록한 것은
878년에 *Achbar ul wal Hind*. John. Foster, Ibid., 130; 11세기부터 13세
기 중국에서의 네스토리안파 기록은 없는 것 같다. Samuel H. Moffett,
A History of Christianity in Asia vol.1: Beginnings to 1500
(SanFrancisco: HarperCollins, 1992), 303; 오대(五代, 907-960)·북송
(北宋, 960-1126) 때부터 중국의 사적(史籍)에서 더 이상 대진사 및 대
진의 사제를 언급한 기록을 찾을 수 없다. 4. 인도양을 통해서 중국의
해안도시를 찾아오는 무슬림 때문이다. 8세기 중반까지 해상무역은 페르
시아 '파사인(波斯人)'이 주도하였으나 그 후 아랍 무슬림들인 '대식인
(大食人)'이 해상무역을 주도하면서 중국 내 경교인의 인적 자원이 고갈
되었다. 5. 국가권력에 의지했다. 6. 네스토리안 교회 본부와의 단절에
있다. 7. 송조(宋朝)에서는 유가사상(儒家思想)을 바탕으로 한 황제 중
심의 중앙집권체가 되었고, 중국문화의 국수주의적(國粹主義的) 현상이
발생하면서, 경교에게 유리한 환경은 아니었다. 그러므로 당 제국에서의
경교의 소멸은 복합적인, 즉 종교적, 신학적, 선교적, 정치적으로 뿌리를
내릴 수 없는 상황이었다. K. S. Latourett, *A History of Christian
Missions in China*(New York: The Macmillan Company, 1929), 58;
John. Foster, Ibid., 16, 117; P. Y. Saeki, "The Christian Mission
Beyond the Roman Empire in China and Japan", *The Mainichi
Newspaper*(Tokyo, 30/31 July 1959). 8. 신학은 개신교 쪽이나 당시 타
종교와 너무 타협적이었다. 9. 기독교 경건 서적 번역 미비이다.

고 감주(Kan-chou)와 사주(Sha-chou), 코주로 분열되었다. 코주 위구르 왕국(Kocho, Qochou, Turfan, 850-1250)은 서진하여 천산 부근의 스텝문화와 이란문화, 중국문화가 교차하는 투르판(Turfan)과 북정을 중심으로 왕국을 건설했다. 이 코주 왕국은 처음에 무슬림 카라가니드(Karakhanids, 922-1211)[12]에 흡수되었다가 몽골계 카라키타이(Kara-Khitai)에 예속되었고, 최종적으로 칭기즈칸에 의해 몽골제국에 흡수되었다.[13] 감주 위구르는 거의 20만 명이 중국 북방으로 남하하여 중국에 흡수되거나 중앙아시아 방면으로 이주하여 감숙성 부근에 왕국을 세웠다. 이후 1028년에 탕구트가 이 위구르국들을 지배하기도 했다.[14] 또 베쉬발릭(Beshbaliq) 위구르가 나이만(Naiman)에 부속되었다가 1204년 나이만이 칭기즈칸에게 패배하자 베쉬발릭 위구르는 몽골제국의 차가타이 칸국의 일부가 되었다. 마니교가 위축되자 베쉬발릭과 쿠차의 불교가 부흥하였다.[15] 분열 위구르제국 때에 중앙아시아에는 사마니드(Samanids, 875-999) 왕조가 옥커스(Oxus, Amu Darya) 강 북쪽 지역인 트란스옥시아나(Transoxiana)를 통치하면서,

---

12) 카를룩(Karluk)에서 분리되어 나온 투르크계 카라가니드(Qaraqanids, Karakhanid)는 페르시아 세계와 스텝세계의 경계인 옥커스(Oxus, Amu-darya) 지방의 최후 이란계 사마니 왕조를 멸망시켰다. 999년 10월 23일 아르슬란 일릭 나스르(Arslan Ilig Nasr, 1012년 혹은 1013년 사망)가 부하라(Bukhara)를 점령하여 사마니 최후의 군자 압둘 말릭 2세('Abd al-Malik II)의 권력과 부를 가졌고 이미 옛 실크로드의 전략적인 곳인 사마르칸트(Samarqand)와 카슈가르(Kashghar), 발라사군(Balasaghun)을 통치하였다.

13) W. Barthold, *Zur Geschichte des Chrustentums in Mittel-Asien bis zur mongolischen Eroberung*, trans. R. Stube(Tubingen and Leipzig: Mohr, 1901), 47, 48.

14) 탕구트 왕 조덕명(1006-1032)은 위구르부터 감주를 빼앗았다.

15) René Grousset, *유라시아유목제국사*(L'Empire des Steppes), 200.

128

열심 있는 무슬림 선교사들로 인하여 투르크인이 무슬림으로 개종되어 페르시아 문학과 과학의 중심지가 되면서 기독교의 힘은 더 약해졌다. 야르사터(Ehsan Yarshater)는 중앙아시아와 중국까지 이슬람의 급속한 전파는 이란의 무슬림 선교사들이 무역을 좋아한다는 것과 그들 자신의 종교를 전파하고자 하는 열정 때문이라고 하였다.16) 이스마일 이븐 하흐마드(Isma'il ibn Ahmad, 892-907)는 893-894년에 탈라스(Талас, 혹은 Aulie Ata)와 미르크(Мирк) 도시의 네스토리안 교회들을 모스크로 바꾸기도 했다.17) 지금도 부하라에 이슬람 초기의 건축양식인 이스마일 사마니 묘가 있다.18) 이는 우상숭배자이든 네스토리안이든 투르크 세계에 대한 페르시아(이란) 무슬림이 종교전쟁을 선포한 것이 되었다. 이로써 천 년에 걸친 '투르크·이슬람시대'가 시작되었다.19) 이와 같이 분열 위구르제국 때에 중앙아시아의 소그디아나 지역은 신흥 마니교와 불교, 이슬람으로 인하여 네스토리안 기독교는 많이 위축되어 아마 몽골 초원 유목민족에게 선교의 방향을 돌렸을 것이다.

세 번째로 분열 위구르제국의 투르크 몽골계 유목민들은 여러 부족으로 나누어졌고, 그 부족들마다 네스토리안 기독교가 전파되었음

---

16) Ehsan Yarshater, ed. *The Cambridge History of Iran.* Vol.3(Cambridge University Press), 275.

17) R. N. Frye, trans. *The History of Bukhara*(Cambridge: The Medieval Academy of America, 1954), 53.

18) *세계를 간다·러시아와 구소련*(서울: 중앙 M & B, 1997), 512.

19) 수피즘에 대해서는 A. Schimmel, *Mystic Dimensions of Islam*(Chapel Hill: Univ. of North Carolina, 1975): R. A. Nicholson, *The Mystics of Islam*(London: Bell, 1914): 발크(Balkh)와 옥커스(아무다리야) 유역이 초기에는 시리아 기독교 금욕주의 근원지였으나 나중에는 경건한 무슬림 신비주의인 수피파(Sufis)의 중심지가 되어 갔다.

을 알 수 있다. 이들 가운데 몽골의 중앙부를 점거했던 큰 세력이 케레이트족이었다. 네스토리안 선교사들과 기독교 상인들이 몽골 유목족속에게 무역을 하면서 케레이트(Keraits, Kereyid) 족속인 투르크 몽골족(Turko-Mongolian)[20]을 개종시켰다. 13세기 야곱파인 역사가 바르 헤브라에우스(Gregory Bar Hebraeus)가 1007년 케레이트족의 회심에 대하여 그의 두 사료편찬인 *교회 연대기*(Chronicon Ecclesiadticum)와 *시리아 연대기*(Chronicon Syriacum)에서 언급하였다. "한때 케레이트족의 어떤 칸(Khan)이" 높은 산에 사냥하다 길을 잃었다. "그때 그가 모든 소망을 잊고 있었을 때, 한 성인[21]이 나타나 '만일 당신이 그리스도를 믿는 다면 내가 당신을 죽지 않게 인도할 것이다'고 말했다." 그는 안전하게 집에 돌아와 몇몇의 기독교 상인[22]들을 만나 그들의 믿음에 대하여 질문을 했을 때, 그들이 말하길, "당신이 만일 세례를 받지 않는다면 구원을 받을 수 없다"고 하자, 호라산의 메르브(Merv)[23]의 네스토리안 대주교 에벤예수(Ebedyeshu, 'Abdiso')에게 서신을 보내 "그와 그의 족속이 세례 받도록 사제들과 집사들을" 요청하였다.[24] 이에 1009년 에벤예수가 네

---

20) 몽골족과 투르크족는 언어적인 구분이지 민족적으로는 같다고 볼 수 있다.

21) 그 성인을 성자 세르기우스(Saint Sergius)라고도 한다.

22) 그 기독교 상인들은 호라산(Khorassan) 혹은 소그드(Soghdian) 대상(隊商, caravaneers)들로 고비 사막을 지나 무역여행 중일 것이다.

23) 메르브(Merv)는 642년 예수압(Ishoyabh) 종교회의 때에 대주교구가 되었고 디모데 1세(Timothy I)에 의해 외방주대교구가 되었다.

24) Bar Hebraeus, *Chronicon ecclesiasticum*, ed. and trans. J. B. Abbeloos and T. J. Lamy, 3 vols.(Paris and Louvain: Maisonneuvre, Peeters, 1872-1877), 280-282. english trans. E. A. W. Budge, *The Chronography* ⋯⋯ *First Part*(London: Oxford Univ. Press, 1932), 184.

130

스토리안 총대주교 요한 9세(John IX)에게 보낸 서신에서 케레이트 왕[25]과 그의 부족 남자 20만 명이 세례 받았다고 하였다.[26]

13세기 페르시아 역사가 라쉬드 알딘(Rashid al-Din)에 의하면, 그 다음 200년 동안 네스토리안 기독교인들이 케레이트족 가운데 증가되었다고 기술하였다.[27] 따라서 12세기에 케레이트족은 바그다드(Baghdad)의 네스토리안 총대주교 소속이 되었고, 그 후 케레이트 칸들은 대를 이어 네스토리안 기독교를 믿었다.[28]

네 번째, 케레이트족 다음으로 큰 유목민족은 알타이 산맥 동서에 걸쳐 분포되어 있던 나이만족(Naiman)이 있었다. 13세기 중반의 역사가 주베이니(Juvaini)가 칭기즈칸의 공격을 받아 카라키타이로 도

---

25) 그 케레이트 칸은 북동아시아의 네스토리안 사이의 가장 흔한 기독교인 이름인 마가(Mark)의 이름을 가진 마르구즈 부이룩(Marghuz Buyruq)이다. 1100년경 그가 타타르족(Tatars)에게 포로로 잡혔고 다시 북경의 금(여진족) 왕에게 넘겨져 심한 고문으로 죽었다. Luc. Kwanten, Ibid., 188; 이에 그의 미망인 큐툭타이 이리크치(Qutuqtay-Irikchi)가 백여 명의 케레이트족 병사들을 우유 통에 숨겨 타타르의 주군을 죽였다. 이는 아라비안 나이트(Arabian Nights)의 몽골 스타일(Mongol style)이라 할 수 있다. 마르구즈의 두 아들 중 그를 계승한 첫째는 구르 칸(Gur-khan)으로 기독교 이름은 시리악(Cyriac)인 큐르자큐즈(Qurjaquz)이다. 구르 칸이 타타르족에 폐위될 위험에 처하자 서쪽 이웃인 나이만족(Naymans)의 도움을 받았다. 페르시아 역사가 라쉬드 알딘의 보고에 의하면, 구르 칸이 나이만 왕의 누이와 결혼하였기 때문에 나이만족은 타타르를 침입하여 그를 구하였다고 한다. Rene Grousset, *Conqueror of the World*, tranlated by Marian McKellar and Denis Sinor(New York: The Orion Press, 1966), 30, 31. 이 쿠르 칸의 조카 토그릴이 나중에 서구에서 말하는 사제왕 요한이 된다.

26) R. Grousset, *The Empire of the Steppes*(New Brunswick, NJ: Rutgers Univ. Press, 1970), 191.

27) Rashid al-Din, Jami' al-Tawarikh(Paris, 1836, reprint 1968), 94, 95.

28) Rene Grousset, Ibid., 29, 30.

주했던 쿠츨루크에 대해 언급하면서 "나이만족은 대부분 타르사(tarsâ)였다"고 기록하였다[29] 이 타르사는 경교비 가운데 달사(達娑)로 경교 성도를 지칭하며, 보통 중국 측 문헌에는 야리가온(arkagun, 也里可溫), 즉 네스토리안을 말한다.

1253년 로마 가톨릭 수도사 루브룩(Rubruck)이 기록한 것에 의하면, 중앙아시아의 중요한 부족들을 기독교인으로 기록하고 있다. 예를 들어, 위구르족(Uighurs, 일부)과 나이만족(Naimans), 케레이트족(Keraits, 루브룩은 Crits라 하였다), 메르키트족(Merkits) 등이 있었다. 하지만 이러한 기록과는 반대되는 기록도 있다. 루브룩(Rubruck)보다 조금 앞서 1245년에 몽골에 파송된 가톨릭의 첫 선교사 카르피니(Plano Carpini)는 나이만족이 이교도라고 보고하고 있다. 약 10여 년 사이에 어떤 일이 있었는지 정확하게 재구성할 수는 없다. 두 사료를 온당한 것으로 판단해서 카르피니 곧 1245년 시기에는 이교도였다가, 이후 루브룩 곧 1253년에 이들이 기독교화되었는지 알 수 없다. 이러한 역사 재구성이 불가능한 상황 속에서 록힐(W. W. Rockhill)과 하워드(H. H. Howorth)는 나이만을 이교도로 단정하는 견해를 제공하고 있다.[30] 반면에 물레(A. C. Moule)[31]에 의하면 나이만족은 기독교인이라 할 정도로 복음화되었다고 주장하

---

29) Juvaini, *The History of the World-Conqueror*, 64. 페르시아 텍스트 *The Ta'rikh-i-Jahan-gusha*, pt. 1(Leyden: E. J. Brill, 1912), 48.

30) W. W. Rockhill, trans. and ed. "Plano Carpini" in *The Journey of William of Rubruck to the Eastern Parts, 1253-55*(London: Hakluyt Society, 1900), 17; H. H. Howorth, *History of the Mongols from the Ninth to the Nineteenth Century*, 5 vols.(1876; reprint, Taiwan: Ch'eng Wen, 1970), 1:540, 541.

31) A. C. Moule, *Christians in China before the Year 1500*, 216, 234.

고 있다. 분명한 것은 중앙아시아의 서로 다른 지역 서로 다른 민족 기독교인끼리 상호 교류를 하였던 것이다.[32] 그 한 증거로 실크로드 천산북로[33]를 따라 발카슈(Balkash) 호수와 이스크 쿨(Issy-kol) 사이의 세미레치(Semireche'e) 지역의 토크막(Tokmek, Takmak)과 피슈렉(Pishpek)에서 610여 개의 비석들이 발견되었는데, 네스토리안 특유의 십자가가 새겨져 있고, 100여 개의 비문은 시리아어로 그 내용은 투르크어로 기록되어 있다. 연도를 알 수 있는 비석은 432개로, 가장 이른 것은 858년이고 그 다음이 911년이고, 나머지는 모두 13-14세기에 만들어졌고, 마지막은 1345년이다.[34] 이들 민족은 주로 타타르(Tartar)족[35]이었고 그 외 중국 여자, 몽골인, 인도인, 위구르

---

32) E. H. Broadbent, *The Pilgrim Church*, 99-115.

33) 실크로드는 천산(天山) 산맥을 두고 크게 두 갈래로 나누어진다. 하나는 그 남쪽을 통과하는 천산남로이고, 또 하나는 북방을 통과하는 천산북로이다. 사마르칸트에서 타슈켄트로 올라간 뒤 페르가나 계곡을 거쳐 파미르를 넘어 카슈가르에 도달한 천산남로는 다시 둘 갈래로 갈라져, 타림 분지의 북변을 따라서 동진하는 서역북도와 남변을 따라가는 서역남도로 나누어진다. 네스토리안의 동방진출은 바로 이 세 갈래 길을 따라서 이루어졌다. 실크로드의 북단은 Turfan, Qaradhahr, Kucha, Aqsu이고, 남쪽은 Lobnor, Khotan, Yarkand이고, 이 두 길이 만나는 지점이 Kashghar이다. 카쉬가르 길을 따라 Alay, Transalay, 북쪽은 Pamir, 다시 서쪽 농업평지를 따라 Ferghana, Samarkand, Transoxania, 모슬렘세계가 있다. 북서쪽에 T'ien-shan이 있다. 또 다른 길은 Issyq-kol, River Chu, Frunze평원, Aral, Sibero-Turkestan이다. R. Grousset, *Conqueror*, 201.

34) 이 비석들에 관한 자세한 보고는 D. Chwolson, *Syrisch-Nestorianische Grabinschriften aus Semirjetschie*(St.-Petersbourg: Commissionnaires de l'Académie Impériale des sciences, 1890, 1897)이다. 그 일부 일본어 번역은 佐伯好郎, *景教の研究*(東京文化學院 東京研究所, 1935), 790-888.

35) 중앙아시아의 투르키스탄(돌궐)과 위구르 측은 자신들과 다른 사람들을 타타르로 총칭했다. 유럽에서는 몽골제국을 구성하는 전유목민을 타타르라고 하였다. Junko Miyawaki(宮脇 淳子), *최후의 유목제국*(Saigo No

족(Uigur) 등도 있었다. 이것은 9세기부터 14세기까지의 상당한 기독교 투르크 공동체의 정착지를 보여준다. 840년 이후 흩어진 몽골 투르크계 유목민들 가운데 네스토리안 성도들과 845년 당 제국의 회창의 법난36)을 피해 이주한 자들 중의 경교(네스토리안) 성도들과 만남으로써 유목민들 가운데 복음화가 더 가속화되었을 것이다.

2. 위구르제국시대 압바시드 왕조와 네스토리안파

위구르제국(744-1250)시대에 압바시드(Abbasid, 750-1258)왕조37)

Yuboku Teikoku), 조병학 역(서울: 백산출판사, 2000), 76, 84.

36) 그 다음 외래 종교 중에 큰 핍박을 받은 종교는 불교였다. 무종(武宗, 841-846)은 845년에 두 번째 칙령 '회창오년 폐불훼석지제(會昌午年 廢佛毀釋之制)란 것을 단행하였다. 구당서(舊唐書)에 의하면, "종교국은 제국 전체의 모든 사원들을 면밀히 조사할 것을 명령받았다……. 엄청난 불사 수는 4,600이고 은둔자가 40,000명이고 수사와 수녀들이 265,500명이였다……. (오직) 각 (현)에 한 수도원만 허용되었다……. 부현의 수도원들 모두 폐지되었다……. (장안)과 (로양)은 10개의 수도원과 10명의 수사들이 남도록 하였다……. 성지 순례하는 날은 공식적으로 도교의 사원에 가는 것으로 맞춰졌다……. 동(銅) 성상과 종과 종의 추가 동전으로 바꾸어졌다……. 불교가 이미 내쫓긴 이래 타친(Ta ch'in)과 무후부(Muh-hu-fu, 조로아스터교)를 위한 예배의식들이 허용되지 않았다. 이 종교에 속한 백성들 또한 세상으로 돌아가도록 강요받았고 납세자가 되었다……. 외국인들은 그들 자신의 나라로 돌아가도록 했고, 구속의 고통을 받았다……. John. Foster, Ibid., 121은 941년에 기록한 구당서에서 인용하였다. Peking, 16 vols., 20 vols. (1975). 따라서 781년 덕종(德宗 780-804) 때에 건립되었던 대진경교유행중국비는 이 박해 시기에 경교인들이 파괴를 면하고자 주질에 매몰하였을 것이다.

37) 초기 중요 압바시드 왕조의 칼리프: 1. al-Saffah, 750-754, 2. al-Mansur, 754-775, 시아파 동맹국에 대항하였으나 페르시아 방법을 택하였고 다마스커스에서 수도를 옮겼다. 3. al-Mahdi, 775-785, 네스토리안 총대주교 디모데 1세(Timothy, I)의 친구이나 드문드문 일어나는 핍박을 막지는 못하

제2대 칼리프 알 만수르(al-Mansur, 754-775)가 762년에 수도를 바그다드(Baghdad)로 옮기면서,[38] 네스토리안 교회 본부도 압바시드 정부의 호의로 셀류키아 크테시폰에서 바그다드(Baghdad)로 옮겼다. 그 이유는 압바시드 왕조가 기독교를 배경으로 한 헬레니즘문화의 혜택을 요구하고 있었기 때문이다. 이슬람 정부는 기독교인들로부터 의학과 수학, 천문, 예술, 직물, 염물 등 각 분야에 걸쳐 상당한 교수를 받았다.[39] 다음은 위구르제국시대 압바시드 왕조와 네스토리안 교회의 관계를 몇 가지로 나누어 심도 깊게 고찰하고, 그 와중에 발생한 문제점들을 지적코자 한다.

첫째, 네스토리안 총대주교[40] 디모데 1세(Timothy Ⅰ, 779-823)

였다. 5. Harun al-Rashid, 785-809, 압바시드 권력의 절정 때에 통치했고 기독교에 대한 억압을 좀더 허용했다. 6. al-Amin, 809-813, 아랍의 영향을 쇠퇴시켰다. 7. al-Ma'mun, 813-833, 권력이 여러 지방으로 흘러갔다. 8. al-Mu'tasim, 833-847, 궁정을 사마르라(Samarra)로 옮겼으나 부흥하는 투르크의 권력을 피할 수는 없었다. 10. al-Mutawakkil, 847-861, 순니(Sunni) 정통파를 새로 활성화시켰고 종교적 소수파에 대한 사회적 재정적 압박을 가중시켰다. 15. al-Mu'tamid, 870-892, 무슬림의 "전승들" 수집을 장려했다. 18. al-Muqtadir, 908-932, 시아파 왕조 파티미드Fatimids에게 서쪽 북아프리카를 상실했다. 22. al-Mustakfi, 944-946, 바그다드를 취한 이란 출신 시아파 부이드(Buyids, Buwayhids)의 꼭두각시가 되었다. 23. al-Muti', 946-974, 파디미드 왕조에게 이집트를 상실했다. F. Omar, *The 'Abbasid Caliphate, 750-786*(Baghdad: Univ. of Baghdad, 1969).

38) P. K. Hitti, *History of the Arabs from Earliest Times to the Present*, 5th ed.(New York: Macmillan, 1953), 292.

39) John Foster, *The Church of the Tan'g Dynasty*(London, 1939), 55.

40) 압바시드 왕조 칼리프(750-1000)의 첫 250년간의 셀류키아 크테시폰의 총대주교는: Mar Aba Ⅱ, 742-752, Surinus 754, Jacob Ⅱ 754-773, Hananyeshu Ⅱ 774-778, Timothy Ⅰ 778-820, Josue 820-824, Georgius Ⅱ 825-829, 공백 829-832, Sabaryeshu Ⅱ 832-836, Abraham Ⅱ 836-849, 공백 849-852, Theodosius 852-858, Sergius 860-872, 공백

가 보다 효율적인 복음 전파를 위한 전략을 세웠다는 점이다. 총대
주교를 선출하는 선거인단 대주교와 총대주교 선출시 참여치 않아도
되는 선교사 대주교로 나눴기 때문이다. 이렇게 선교사 대주교구는
페르시아의 본부 교회의 통제에서 완전히 독립적이 되어 이를 외방
대주교구라 하였다. 그래서 멀리 있는 선거인단 대주교구에 외방대
주교구로 바뀐 곳은 르와르다쉬르(Rewardadhir)와 메르브(Merv)이
고,[41] 새 외방대주교구는 라이(Ray, 지금의 Teheran 근처)와 사르
바지예흐(Sarbarziyeh)이다.[42] 외방 대주교는 일부 대주교처럼 매 4
년마다 총대주교 선출 혹은 종교회의에 참석할 의무는 없었다.[43] 그
리고 매 6년마다 헌신과 보고와 선물 대신에 매 4년마다 총대주교의
방문으로 대체되었다. 554년 요셉 공의회(Synod of Joseph)에서 대
주교는 주교직을 세울 권리가 부여되었고,[44] 총대주교 디모데 1세

872-877, Enos 877-884, John Ⅱ 884-892, John Ⅲ 892-898, John Ⅳ
900-905, Abraham Ⅲ 905-937, Emmanuel 938-960, Israel 962,
Ebedyeshu Ⅰ 936-986, Mares 987-1001. A. R. Vine, *The Nestorian
Churches*(London: Independent Press, 1937).

41) 몽골제국 때의 다섯 대주교좌는 옛 실크로드를 따라 세워졌다. 헤라트
(Herat), 사마르칸트(Samarkand), 카슈가르(Kashgar), 알말릭(Almalik),
혹은 Tangut, 나베카드(Navekath). J. Dauvillier, *Histoire et institutions
des Églises orientales au Moyen Age*(London: Variorum Reprints,
1983), 268, 269, 288-295, 304, 305.

42) 대주교직(metropolitanate)에 대한 조직의 첫 종교회의(410년 이삭) 이래
다음 순서로 설립되었다: 1. Beit Lapat(Gundishapur), 2. Nisibis(Beit
'Arbaye의 수도), 3. Basra(Perath de Maysan), 4. Arbela(Adiabene의
수도), 5. Beit Selokh(Kirkuk, Beit Garmal의 수도, 티그리스의 동쪽),
두 번째 종교회의(554년 Joseph)에서 6. Rewardashir, 7. Merv, 642년
Ishoyabh 종교회의에서 8. Holwan(Halah).

43) E. Sachau, 'Zur Ausbreitung des Christentums in Asien', *Abhandlungen
der Preussischen Akademie der Wissenschaft*(1919), 14-17.

(Tomothy Ⅰ, 727/28-823)에 의해 독립적인 활동이 확대되어 총대주교의 동의 없이도 새 주교 임직식을 할 수 있고, 상당한 권위를 가지고 감독 일을 할 수 있었다. 도빌리어(Dauviller)는 대주교(metropolitans)의 이런 확대된 권리의 가장 중요한 역할이 선교에 있다고 하였다.45) 수도원 역사(Historia monastica)에서 강조하는 것은 대주교구의 중요한 일이 "야만 민족에게 목자요 교사가 되며……설교자와 복음전도자가 없는 곳에 가는" 것이라고 기록하였다.46) 이렇게 네스토리안 선교는 디모데 1세의 전략에 의해 14세기까지 전 아시아에 확대되는 계기를 마련하였다. 그 결과 위구르제국 압바시드 왕조시대에 네스토리안 총대주교가 동방기독교 세계에 수장 역할을 하였다. 11세기 알비룬니(Albiruni of Khiva)는 다음과 같이 언급하였다.:

여기에 기독교 세 파인 멜키트파(Melkits)와 네스토리안(Nestorian), 야곱파(Jacobites)가 있다. 그들 중 가장 많은 수는 멜키트파와 네스

---

44) J. B. Chabot, ed. and trans. *Synodicon Orientale ou Recuil de Synodes Nestoriens*(Paris: C. Klincksieck, 1902), 363.

45) J. Dauvillier, "Les provinces Chaldéenes 'de l'extérieur' au Moyen Age" in *Mélanges otterts au R. P. Ferdinand Cavallera à l'occasion de la quarantième année de son professorat à l'Institut Catholique*(Toulouse: Bibliothèque de l'Institut Catholique, 1948), 266. 재인용. Erica C. D. Hunter, "The Church of The East in Central Asia, Faculty of Oriental Studies, Univ. of Cambridge", *The Church of The East: Life and Thought*, ed. J. F. Coakley and K. Parry, Bulletin of the John Rylands Library vol.78, no.3. Autumn 1996. Manchester Metropolitan University, 131.

46) E. A. Wallis Budge, *The book of governors: the Historia monastica of Thomas, Bishop of Marga A.D. 840*, 2 vols(London: Kegan Paul, 1893), 480.

토리안이다. 왜냐하면 그리스(Greece)와 그 인접의 나라들이 모두 멜키트파이고, 시리아와 이라크(Irak), 메소포타미아, 호라산(Khurasan)이 네스토리안이기 때문이다. 야곱파는 거의 이집트와 그 주변에 살고 있다. 네스토리안 총대주교(Catholicos)는 네스토리안 공동체의 대표자로 칼리프(Caliph)에 의해 임명되었다.[47]

1000년에 바그다드의 네스토리안 총대주교는 아시아에서 약 250명 주교와 20개의 대주교구(archbishoprics)와 인도와 중국까지 관할하였고,[48] 전 세계 2억 7천만 인구와 5천만 기독교인들 중에 1200만을 주관하였다.[49]

---

47) A. Fortescue, *The Lesser Eastern Churches*……(London, 1913), 96.

48) A. R. Vine, Ibid., 57, 112-124. 페르시아제국 때 497년 제5 바바이(Baba) 종교회의 때 서방 교회에서 동방 페르시아 교회로 완전 분리할 때는 오직 7개의 대주교 관구였었다. 그 7개 대주교 관구는 Kaskar, Nisibis, Teredon(Basra), Adiabene(Erbil, Arbela), Garamaea(Karkha), Khurasan (Merv), Atropatene(Taurisium). 1000년 압바시드제국 때의 추가된 8개 대관구는 Gundishapur(834 설립), Mosul(651), Holwan(754, 나중에 Hamadan을 포함함), Fars(아마 650년 전 Rewardashir에 설립), Herat(7세기), Arran(약 900년 Bardaa에 설립), 지금 Teheran 부근 Rai(약 778), 카스피 해 부근 Dalian(약 780년 Mukar에 설립). 그 외 페르시아제국의 외부의 대주교 관구는 China(약 636년 Chang'an에 설립), Damascus(약 7세기말 설립), Trukestan(약 781년 Samarkand에 설립), India(약 800년). Jerusalem은 네스토리안 순례자를 위해 1065년에 설립되었다.

49) *World Christian Encyclopedia*, 25.

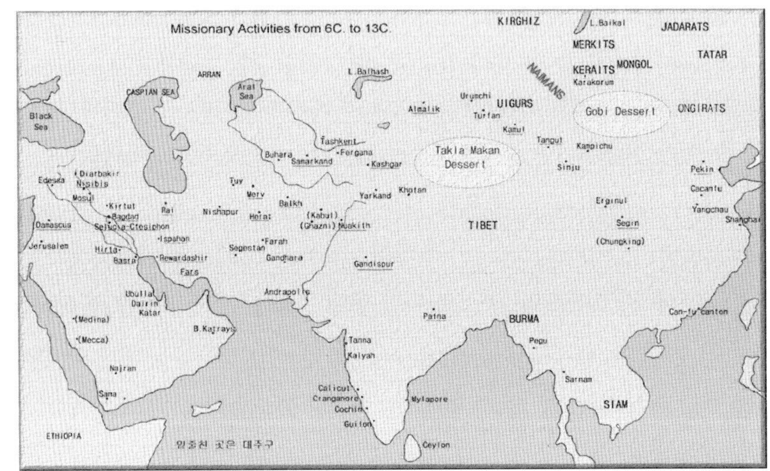

6～13C 선교활동지역

　둘째로, 압바시드 왕조 때에 몇몇의 칼리프들은 네스토리안 교회를 핍박하는 문제점을 노출시켰다는 사실이다. 칼리프 제3대 마흐디(Mahdi, 775-785)가 한때 비잔틴에게 패하자, 몇몇 교회를 파괴하도록 명령했고 추가로 기독교인들의 노예 소유를 금하였다.[50] 더구나 급진적이고 금욕적인 마니교(Manichaean) 부흥에 대하여 칼리프의 무자비한 핍박을 가져오면서 기독교 수도사들도 마니교로 혼돈되어 기독교 수도원이 핍박을 받았다.[51] 특히 기독교 여성도(女聖徒)들이

---

50) H. Putnam, *L'eglise et l'Islam sous Timothée I (780-823)* (Beirut: Dar el-Machreq, 1975), 132. 오늘날 노예금지 행위는 칭찬받겠으나, 그 당시는 상당히 경제적 괴롭힘을 받았다.

51) 무타질(Mu'tazilite) 학파의 한 무슬림 철학자는 "당신은 용서에 관한 그들의(기독교인들) 설교와, 방랑하는 수도원적 생활하는 그들의 이야기, 육식을 먹는 자를 향한 그들의 불평…… 결혼하여 절제에 대한 그들의 격려…… 가톨릭코스에 대한 그들의 찬양을 들을 때…… 당신은 그들의 종교와 *진디크인들*Zindiqs(마니교인들)과 유사점이 있음을 안다", L. E.

신앙을 버리도록 수 천 번의 채찍질을 당하였다.52) *아라비안 나이트*
(Arabian Nights)로 유명한 마흐디의 둘째 아들 제5대 칼리프 하룬
알 라쉬드(Harun al-Rashid, 785-809) 통치 때에는 기독교에 대하여
지속적으로 핍박하였고, 다시 파괴되고 타버린 교회를 재건축하라고
했지만, 가난한 기독교인들은 그중 십분의 일도 보수 및 재건축할
수 없었다.

칼리프 하룬 알라쉬드는 강제로 비무슬림인 기독교인과 유대인,
타 종교 소수파들에게 공개적으로 표시 나도록 그들만의 옷을 입도
록 하는 초기의 관례를 회복시켰다. 또한 *코란*에서 분명히 기독교인
과 유대인은 성경을 타락시켜 벌을 부과했기에(2:70; 5:16-18), 무
슬림 앞에 증인으로 설 수 없고 무슬림의 법규에 따라 그 죄만큼 벌
을 받아 신체불구자가 되어야 했다.53) 기독교인의 가정생활도 불리
하게 영향을 미쳤는데, 무슬림 여자와 결코 결혼할 수 없었다. 기독
교 여자가 무슬림과 결혼하게 되면 무슬림의 예식에 타협하거나 순
종해야 한다. 그렇지 않으면 그녀의 남편은 모든 권리를 박탈당했다.
만일 기독교 여성이 무슬림이 되면 기독교인인 남편의 부재 시 그가
돌아오기 전에 재혼할 수 있었다. 더구나 기독교 부모가 무슬림이
되면 그들의 미성년 자녀들도 무슬림으로 간주하였다.54)

Browne, *The Eclipse of Christianity in Asia from the Time of
Muhammand till the Fourteenth Century*(Cambridge: Cambridge Univ.
Press, 1933), 69.

52) A. R. Vine, *The Nestorian Churches*(London: Independent Press,
1937), 93.

53) A. S. Tritton, *The Caliphs and Their Non-Muslim Subjects*(London:
F. Cass, 1970), 186.

54) Ibid., 187, 188.

제7대 칼리프 알 마문(al-Ma'mun, 813-833) 때인 820년경에는 무슬림의 도시에서는 새 교회나 회당의 건축이 금지되기도 했다.[55] 알콰디르(al-Qadir, 991-1031) 아미르는 1012년에 기독교인들에게 구별된 옷을 입도록 했고 기독교인들을 향하여 돌로 치거나 소유를 빼앗도록 했다.[56] 1000년경에는 지난 200년 동안 유지되던 네스토리안 교사와 서기관직도 더 이상 필요치 않게 되었다. 998년 모든 지식을 집대성한 아랍어 *도서목록(圖書目錄)*이 발표되면서 아라비아 학문은 세계적인 수준에 도달했고, 기독교인들의 학술용어도 시리아어에서 아라비아어로 쓰게 되었고, 과학과 철학의 저술도 헬라어 대신 아랍어로 쓰였다. 오히려 이슬람 고유문화를 위하여 기독교가 방해가 된다는 미명하에 박해를 받게 되는 주요 요인이 되었다. 비록 압바시드 왕조 초기 때부터 네스토리안 기독교를 향한 사회적 종교적으로 괴롭힘이 있었지만, 수준 높은 지식과 고위 관직으로 인하여 오히려 풍성한 삶을 누렸다.

셋째, 압바시드 왕조의 칼리프는 작은 핍박 중에서도 기독교인들을 우대한 경우도 발생하였다는 점이다. 알 마문 칼리프는 바그다드에 '지식의 집'을 세웠는데, 그 수장이 네스토리안인 후나인 이븐 이삭(Hunain ibn Ishaq, 873 사망)이다. 이삭은 100여 권의 책을 헬라어와 시리아어에서 아랍어로 번역하였다. 이로 인하여 무슬림 눈에 네스토리안이 수준 높은 지식자로 비쳐졌다. 1000년경에 기독교 교회는 크게 부흥하였고, 기독교 평신도들은 사회적으로 두 번째 계급임에도 불구하고 교육과 행정 분야에서 높은 지위를 얻었다. 부이드 아미르시대

---

55) Ibid., 49.

56) L. E. Browne, *The Eclipse of Christianity in Asia*, 60.

(Buyids Amir, 945-1055)[57]에 '가장 저명한 통치자' 아두드('Adud, 949-983)는 기독교인 나스르 이븐 하룬(Hasr ibn-Harun)을 행정 장관(vizier)으로 임명하여 전 메소포타미아(이라크)와 페르시아(이란)의 기독교 교회들과 수도원들을 세우거나 수리하도록 권한을 주었다.[58]

넷째, 압바시드제국 당시 교회의 위축은 9세기 중반 제10대 칼리프 무타왁킬(Mutawakkil, 847-861)의 압박에서 기인했다는 사실과 네스토리안 교회 내부의 타락에 있었다는 점이다. 이는 당 제국 제16대 무종(武宗, Wu-tsung 840-846) 때 종교적 핍박으로 말미암은 네스토리안(경교) 위축 시기와 병행된다. 849년 무타왁킬은 돌연 네스토리안 총대주교 데오도시우스(Theodosius, 852-858)를 물러나게 하여 849-852년 사이에 총대주교직의 공백이 생겼다. 그리고 850년에 기독교인에게 노란 옷과 천으로 표시하는 무례한 관례를 만들었다. 네스토리안 역사가 마리(Mari)는 다음과 같이 증거한다.

> …… 그리고 알 무타왁킬은 그를(데오도시우스) 물러나게 한 한 달 후에 바그다드로 보내 감옥에 넣었다. 그리고 계속해서 교회들과 수도원들을 파괴하였다……. 그리고 기독교인이 말 타는 것을 금하였고

---

57) 다음 백 년간 제국은 국가를 통치하는 시아파 페르시아 *아미르들(amirs)*의 손에 꼭두각시 칼리프들로 순니파 아랍 무슬림들을 계승시켰다. 이때를 "페르시아 르네상스"로 페르시아 정복자 아브메드 이븐 부화아흐(Ahmad ibn-Buwayh)의 이름을 딴 부이드 기간(Buyid, 혹은 Buwayhid, 945-1055)이라고도 한다. 비록 칼리프들에게는 비극이었으나 기독교인들에게는 평화와 관용의 때였다. 이 시대의 총대주교들은 Emmanuel(938-960), Israel(962), Ededyeshu Ⅰ(963-986), Mares(987-1001), John Ⅴ(1001-1011), John Ⅵ(1013-1020), Yeshuyab Ⅳ(1021-1025), Elias Ⅰ(1028-1049), John Ⅷ(1050-1057). Vine, Ibid., 138.

58) P. K. Hitti, *History of the Arabs from Earliest Times to the Present*, 471.

142

옷에 물들이고 와이셔츠에는 점을 넣도록 하였다. 그리고 금요일에 시장에 나타나서는 안 되었다. 그리고 그들의 죽은 자의 무덤은 없애야 했고 그들의 자녀들은 학교에서 아랍어를 배워서는 안 되며 그들의 가정의 세금은 모스크에 가져가야 하며, 나무로 된 마귀의 형상은 그들의 문에 세워두어야 하며, 그들의 기도자에게 소집하는 음성은 들려지지 않도록 해야 하며, 그 장소는 예배의식의 자리로 두지 말아야 한다……[59]

조상의 무덤을 남김없이 파괴하여 강제로 손상시켰다는 것은 아시아인의 눈으로 볼 때 상당히 부끄러운 표시였다. 그러나 교회 위축의 가장 중요한 원인은 비기독교 사회의 압박보다 교회 내부의 부패에 있었다.

총대주교들에 대한 기록들은 교회적 증오와 탐욕의 이야기들로 엮어져 있었다. 총대주교 살리바자차(Salibazacha)가 금과 보석으로 화려하게 장식한 복음서의 복사본을 바이트 아브헤(Beit'Abhe)에 숨기려고 애쓴 것도 말하고 있다.[60] 또한 네스토리안 총대주교 아브라함 3세(Abraham Ⅲ, 905-937)가 그의 경쟁자 안디옥의 야곱파 총대주교를 불신임하기 위해 칼리프 알 무크타디르(al-Muqtadir, 908-932)에게 많은 뇌물을 써서 바그다드의 야곱파 주교 거주권을 박탈하도록 하였다.[61] 이에 더하여, 수도원도 부패했다. 수도사들이 비밀히 여러 부인을 얻었고,[62] 수도사들끼리 분열하거나 대립하였다.[63] 이

---

59) L. E. Browne, *The Eclipse of Christianity in Asia*, 54.

60) Thomas of Marga, *Book of Governors* 2 vols.(London: Kegan, Paul, Trench, Trench, Trubner, 1983), ed. W. Budge, 2:228-230.

61) L. E. Browne, *The Eclipse of Christianity in Asia*, 57.

62) Thomas of Marga, *Book of Governors* 2 vols, 53, 54.

미 8세기에 수도원이 쇠퇴하기 시작하여, 그 수도원 소유의 땅은 농업용으로 기부되어 수도사들은 심히 궁핍한 지경으로 몰락하였다.[64] 그런데 가장 결정적인 교회의 타락 원인은 기독교인 '압드 알 마시흐 알 킨디('Abd al-Masih al-Kindi)와 무슬림 변증가 알 하쉬미(al-Hashimi) 사이의 대화 속에 암시되어 있다. "이제 수도사들은 더 이상 정말로 선교를 하지 않는다."[65]

이슬람 왕조의 피정복 기독교인과 유대교인, 조로아스터교인을 디미스(dhimmis)라고 불렀고, 이들로 하여금 각기 페르시아 사산왕조 때의 밀레트(Millet)[66]라는 특수한 사회를 형성토록 하였다. 밀레트에 속한 자에게는 병역이 면제되었고, 다만 성인 남자에게는 인두세가 부과될 뿐이었다. 단성론과 멜키트파, 네스토리안의 성직자들은

---

63) Ibid., 2:153, 154.

64) Ibid., 2:247.

65) George Tartar, ed. and tran. *Dialogue Islamo-Chretien sous le calife Al-Mamun (813-834)* (Paris: Etudes Coraniques, Nouvelles Editions Latines, 1985), 280.

66) 밀레트 계약에는 강제적 조항과 권고적인 조항의 두 가지 종류가 있다. 강제적 조항: ① 기독교인은 이슬람교의 코란을 비난하지 못한다. ② 기독교인은 그 언행 간에 예언자 마호메트의 존엄을 모독해서는 안 된다. ③ 기독교인은 무슬림을 멸시하지 말아야 한다. ④ 기독교인은 무슬림 여자와 결혼하지 못한다. ⑤ 기독교인은 무슬림에게 전도하지 않는다. ⑥ 기독교인은 이슬람교의 적국을 돕거나 적국의 간첩을 보호하는 행동을 아니 한다. 권고적 조항: ① 기독교인의 복장은 허리에 띠를 띠므로 타인에게 기독교인임을 완전히 나타내야 한다. ② 기독교 교회당의 건축은 이슬람교 사원의 건축보다 작게 한다. ③ 기독교인은 고성으로 찬송하거나 성경 읽는 것을 삼가야 한다. ④ 기독교인의 장례는 많은 사람의 눈에 띄지 않게 지내며 곡성을 발하지 아니 한다. ⑤ 기독교인은 금주해야 하며 십자가를 사용하지 않는다. ⑥ 기독교인은 말을 타지 못한다. 단 노새나 당나귀는 탈 수 있다. 김광수, *동방기독교사*, (서울: 기독교문사, 1971), 87.

디미스(dhimmis)로 분류되어 인두세(poll tax)를 면제받아 이슬람 정부의 보호를 즐겼다.[67] 기독교 순교자는 거의 없었고 지하교회도 없었다. 기독교에 대한 처형도 없었고 일반적 대량 학살도 없었다. 네스토리안의 총대주교가 밀레트 공동체의 총대주교가 되자 상당히 정치적 영향력이 있는 인물이 되었고 부(富)를 갖게 되자 부패와 타락의 원인이 되기도 하였다.

다섯째, 위구르제국시대에 이슬람은 점점 더 확장되었기 때문에 네스토리안 기독교는 더 큰 위협을 받았다. 850년경에 자불리스탄(아프카니스탄)의 지배자가 무슬림이 되면서 이 지역은 급속도로 이슬람화되었다. 당시 바그다드의 압바시드 칼리프에게 제출한 보고서에 의하면, 10만의 투르크인이 이슬람으로 개종하였다고 한다.[68] 1042년 터키 방면에서 대대적인 이슬람교 보급운동이 일어나 사퍼의 주민 5,000-20,000명이 이슬람으로 개종했다. 페르시아 국경의 무슬림 장군들은 중앙아시아를 향한 이슬람의 선교사 대리인이 되어 투르크족의 샤마니즘(Shamanism) 자들을 인도하였다.[69] 이때에 아시아 교회의 상황은 전체적으로 악화되고 있었다. 당 제국 네스토리안은 소멸되어 갔고, 중앙아시아와 북인도는 무슬림으로 바뀌어갔고, 남인도의 도마파 기독교인들은 카스트 제도 때문에 사회적으로 고립되었다. 오직 중동(서아시아)에서만 상당히 국가적으로 조직된 기독

---

67) L. E. Browne, *The Eclipse of Christianity in Asia*, 51.

68) Luc Kwanten, Imperial Nomads, 106.

69) M. G. S. Hodgson, *The Venture of Islam*, vol.2(Chicago: Chicago University Press, 1974), 535. 아래 표는 7세기 투르키스탄제국 때에 교회가 부흥하다가 이슬람 칼리프시대 때에는 교회가 오히려 위축됨을 볼 수 있다.

교 단체가 있었으나 심히 제한되어 불안한 상태였다. 지중해 부근의 협곡을 따라 한때 비잔틴 아시아 기독교인이 있었고, 옛 멜기트파(비잔틴 정통파)와 야곱파(시리아 정통파) 기독교 공동체가 여전히 비교적 많으나 처음에는 콘스탄티노플로부터, 두 번째는 안디옥으로부터 분리되면서 관계가 불안하게 되었다.

앞에서 지적했던 대로, 네스토리안 위축의 결정적인 것은 이슬람 국가의 핍박도, 사회적 멸시도 아니었다. 다만 자체 약화된 영성에 있었다. 압바시드제국 내에서 기독교 공동체들은 디미스(밀레트) 제도하에서 선교적인 삶보다 안위한 삶으로 인해 부패되고 말았다. 페르시아 사산시대 때의 극심한 핍박 속에서도 생명력 있게 주변 이웃 지역으로 선교사를 파송한 네스토리안을 본받았다면 상황은 달라졌을 것이다.[70]

여섯째, 중앙아시아를 통치하던 투르크계 카라가니드(Karakhanid, 999-1074)에 이어 투르크계 셀죽크(Seljuks, Ghuzz Truks, Saljulq, 1038-1194)가 계승하여 통치하였다는 점이다.[71] 셀죽크(Seljuk)의

연도	410	650	820	1000	14세기
총대주교	1	1	1	1	1
대주교	6	9	19	20	25
주교	38	96	85	75	200(?)
계	45	106	105	96	226

70) 사산(Sassanids) 통치 아래 교회 성장은 무슬림 통치 아래 보다 훨씬 견고하고 현저했다고 하였다. W. G. Young, *Patriarch, Shah and Caliph. A Study of the Relationship of the Church of the East with the Sassanid Empire and the Early Caliphates with Special Reference to Available Translated Syriac Sources*(Rawalpindi, India: Christian Study Center, 1974), 49.

71) 이슬람 왕조의 연대기: 우마야드 칼리프 661-750, 압바시드 칼리프 749-1258, 사마니드 왕조 819-1005, 사파리드 왕조(Saffarids) 867-1495, 카

146

두 아들은 미카일(Mika'il, Michael)과 무사(Musa, Moses)이고 그의 손자는 다우드(Dawud, David) 등 기독교 이름을 가져서,72) 네스토리안 기독교인지도 모른다. 그 족속은 중앙아시아 부하라와 사마르칸트의 카라가니드의 용병(傭兵)이었다. 투르크식 이름인 셀죽크 손자 토그릴 베그 무함마드(Toghril Beg Muhammad, 혹은 Tuoghril, 1063년 사망)는 인도를 침입한 아프카니스탄의 투르크계 가즈나비드(Ghaznavid) 왕조73)의 도움으로 남쪽으로 이동하였다.74) 1055년에 토그릴 베그와 그의 투르크(Trukoman) 군대는 바그다드로 들어가 이슬람의 새 주인이 되었다. 토그릴의 조카 알프 아르슬란(Alp

<hr>

라카니드 왕조 922-1211, 부이드 왕조 932-1062, 호레즘샤(Qwarezmshahs) 왕조 1077-1231, 셀죽크 왕조 1038-1194, 살구리드 왕조(Salghurids) 1148-1270, 이스마일 왕조 1100-1273, 아이우비드 왕조(Ayyubids) 1169-1500, 맘룩크 왕조 1250-1517. Luc Kwanten, *A History of Central Asia, 500-1500*(Univ. of Pennsylvanis Press, 1979), 296.

72) P. K. Hitti, *History of the Arabs from Earliest Times to the Present*, 5th ed.(New York: Macmillan, 1953), 474.

73) 가즈나비드는 977년에 투르크족의 "우상 파괴자" 마흐무드(Mahmud)가 아프카니스탄 지역 가즈나(Ghazna)에다 세워 가즈니(Ghazni) 왕조의 무슬림 술탄(sultan)이 되어 지금의 아프카니스탄과 인도를 차지하였다. 그들의 앞 조상은 쿠산조(Kushan), 에프탈(Ephthal)이고 가즈나비드 다음은 구르(Ghur)조이고 13세기 조 텔리를 수도도 하는 사르타네느소이고 14세기 차가타이 칸국이 투글룩(Tughluq)왕조를 세워 인도 전역을 통일하였다. 티무르의 5대 손인 바부르(Babur, 1483-1530)가 우즈벡(Uzbek)족에게 밀려 인도에 무굴제국(Mughul) 세웠다. Sugiyama Masaaki(杉山 正明), *유목민이 본 세계사*, 63, 64.

74) 1040년에 셀죽크와 가즈나비드와의 전쟁으로 셀죽크가 승리하였다. 이에 셀죽크는 옥커스의 북쪽 카라가니드와 아프카니스탄과 펀잡(Punjab)의 가즈나비드제국 사이의 동페르시아를 처음으로 개척하여 종속이 아닌 주인이 되었다. 여기서부터 서쪽으로 압바시드의 아랍 페르시아제국을 대항하여 움직였다.

Arslan, 1063-1072)은 기독교국인 아르메니아(Armenia)를 정복하였
고, 1071년 비잔틴제국의 군대와 만지케르트(Manzikert, Malazgrit)
에서 대회전을 벌여 황제 로마누스 디오게네스(Romanus Diogenes)
를 포로로 잡으면서 서구 기독교권을 공포로 몰아넣었다.75) 술탄 말
릭크 샤(Malik Shah, 1072-1092)는 카라가니드와 가즈나비드를 셀죽
크의 통치 지역으로 만들었다. 그 후 900년간 페르시아는 투르크족
이나 몽골족의 지배를 받게 되었다.76) 셀죽크족은 압바시드제국을
정복한 후에 그들의 전임자 부이드(Buyids)처럼, 아랍의 종교와 의
식의 명칭인 칼리프는 그대로 두었다. 최고 권력자에게 *술탄*(sultans)
이라는 칭호를 부여하였다.

소아시아(Anatolia)는 셀죽크 술탄이 통치하였고, 그 수도는 니케
아(Nicaea)였다. 안디옥은 독립된 셀죽크 *아미르*(amir)가 다스렸다.
1079년 셀죽크족이 예루살렘을 관할하자 그 이후로 성지순례가 불가
능하게 되었다. 이에 십자군 원정(1095-1291)77)이 시작되어 아직 연

---

75) 다시 한번 서방의 기병대(騎兵隊)보다 아시아의 궁수(弓手)가 더 우위
임을 확인하였다. P. K. Hitti, *History of the Arabs from Earliest Times
to the Present*, 5th ed.(New York: Macmillan, 1953), 475.

76) Luc Kwanten, *Imperial Nomads*, 108.

77) 십자군의 발단은 1009년 카이로(Cairo)의 칼리프 알 하킴(al-Hakim)이 예
루살렘의 성묘(the Holy Sepulchre)교회를 파괴하는 데 있었고 200년 전
신성로마 황제 샤를마뉴(Charlemagne)와 압바시드 칼리프 하룬 알 라쉬
드(Harun al-Rashid)의 조약에 의하여 무슬림의 예루살렘에 서방에서 온
기독교 순례자들의 안전한 예배드림에 대하여 거부하는 데 있다. 10세기
초 메소포타미아(Mesopotamia)는 무슬림의 통치 500년이 지나도 시리
아의 원주민은 "명목상 무슬림이나 특성은 기독교"였다. P. K. Hitti,
Ibid., 360; 그들은 이란과 이라크보다 좀더 천천히 이슬람 사회에 적응하
였던 것이다. R. W. Bulliet, *Conversion to Islam in the Medieval
Period*(Cambridge, MA, and London: Harvard Univ. Press, 1979), 8, 23.

82, 104; 그래서 그들은 새 주인인 십자군에게 크게 감명받지 못했다. 더구나 시리아 원주민들은 십자군의 11세기 유럽 기독교 문화, 특히 과학과 의학이 압바시드의 아랍 페르시아 문화보다 더 열등하고 다소 야만적인 것에 충격을 받았다. F. Gabrielli, *Arab Historians of the Crusades*(Berkeley: Univ. of California Press, 1969), 76; 첫 십자군 (1095-1099)은 1095년 교황 우르반 2세(Urban Ⅱ, 1088-1099)가 투르크족으로부터 성지를 탈환하기 위하여 시작되었다. Williston Walker, *A History of the Christian Church*, 320; 이 십자군에 동참하는 자에게 면죄부가 주어졌다. 1097년에 "프랑크(Franks) 십자군"이 출정하여 1099년에 예루살렘을 차지했는데, 그때 예루살렘의 백성을 무자비하게 대량 학살하였다. J. B. Bury, ed. *Cambridge Medieval History*, vol.5. (Cambridge: Cambridge Univ. Press, 1957), 274, 300. 이에 에데사에서 안디옥과 예루살렘까지 일련의 기독교 라틴 왕국을 세웠고 첫 예루살렘의 라틴 왕은 볼드윈 3세(Baldwin Ⅲ, 1097-1143/4)였다. 라틴 십자군은 시리아 원주민 기독교인, 즉 네스토리안과 야곱파, 아르메니아 정교회, 그리스 정교회, 시리아 정교회, 마론파(Maronite) 등을 "로마에 순종하지 않는 사람"으로 취급하였다. 로마 교황은 기독교의 통일 회복을 위해 아시아 기독교가 돌아오도록 권하였다. 이에 마론파가 로마 가톨릭으로 흡수되었다. 1182년 "중세 역사가들 중 가장 위대한" 두로(Tyre)의 윌리암(William)에 따르면, 4만 명의 마론파가 그들의 피난처 산에서 내려와 투르크족을 대항하기 위해 십자군에 가입하였다고 한다. 마론파는 교황에게 순종하기로 하고 시리아식 의식을 유지하는 것은 허락받았다. K. S. Salibi, "The Maronite Church in the Middle Ages", in *Oriens Christianus* 42(1958), 92-104; 야곱파(Jacobites)와 아르메니아 정교는 십자군을 해방자로 환영하였고 그들의 주교들은 "라틴 교권의 속교구(屬敎區)"로 보상받았다. C. R. Condor, *The Latin Kingdom of Jerusalem A.D. 1099 to 1291* (London: Palestine Exploration Fund, 1897), 219; 두 번째 십자군 (1147-1149)은 버나드의 클레복스(Bernard of Clairvaux, 1090-1153)가 십자군 출정을 역설하길: "그리스도의 전투사로서 이교도들과 싸우는 것은 주님을 위해서다…… 죽이든지 죽음을 당하든지…… 주님을 위한 것이기 때문이다…… 악인을 처형하는 것은 살인이 아니고 말하자면 악을 죽이는 것이다." 조찬선 *기독교죄악사 상*(서울: 평단문화사, 2000), 194-196; 이에 쿠르드족(Kurd) 살라딘(Saladin, 살라흐 앗딘, 1138-1193)은 1187년 예루살렘을 이슬람식 급습(*Jihad*)으로 점령하면서 88년의 라틴 왕국은 막을 내렸고, 예루살렘의 교회의 황금 십자가를 벗겨내고 둥근 바위(the Dome

합이 안 된 무슬림들은 첫 십자군에게 패배하였다. 11세기 말 칼리프 알 카임(al-Kaim)은 총대주교 에벤예수(Ebedyeshu Ⅱ, 'Abdishu,

___

of the Rock) 왕관을 씌웠다. M. G. S. Hodgson, *The Venture of Islam*, 266-268. 세 번째 십자군(1189-1192)은 프랑스의 필립 2세(Philip Augustus Ⅱ, 1179-1223)가 예루살렘의 북쪽 해안선 아크레(Acre)를 함락하였다. 신성 로마제국의 프레드릭 바르바로사(Frederick Barbarossa, 1152-1190)는 도착하기 전 익사하였다. 사자 왕 영국의 리차드(Richard the Lion Heart, 1189-1199)는 팔레스타인 일대를 점령하자 1192년 성지 순례를 허용하는 것으로 하고 이슬람과 휴전 협정하였다. 조찬선, 174-176; 네 번째 십자군(1202-1204)은 1199년 교황 인노센트 3세(Innocent Ⅲ, 1198-1216)가 십자군 원정대를 조직하였다. 1203년 동로마제국 콘스탄티노플을 점령하면서 동방정교회를 로마 가톨릭으로 귀속시켰다. 이에 교황은 환영해 주었다. 성지에 가지도 않았다. 이 당시에 서방 기독교에 선교하는 두 단체가 설립되었는데, 1209년 프란시스코(Franciscans)와 1220/1221년 도미니카(Dominicans)이다. 이들 단체들은 십자군을 따라 무슬림들에게도 복음을 전하였다. K. S. Latourette, Ibid., 2:321, 324-329; 다섯 번째 십자군(1218-1221)은 교황 호노리우스 3세(Honorius Ⅲ, 1216-1227)에 의해 출전하여 1221년 십자군 원정군이 애굽의 다미에타(Damietta)를 점령하고 이집트를 공격하여 카이로에서 한창 어려운 싸움을 하던 중 동방에서 다윗이라는 왕이 사라센(이슬람)들을 무찌르고 진군하고 있다는 소식을 들었다. 나일 강이 범람하자 유럽으로 철수하였다. 그 다윗 왕을 나이만족의 쿠츨루크 혹은 몽골족 칭기즈칸으로 보나, 당시 서구의 기독교계의 위급함을 엿볼 수 있다. 여섯 번째 십자군(1228-1229)은 신성로마 황제 프레드릭 2세(Frederick Ⅱ)가 십자군을 진수하여 살라딘의 조카인 이집트의 무슬림 술탄 알 카밀(al-Kamil)과 군사적 대결보다 평화의 조약을 협정하여 1229년 자신이 예루살렘의 왕이 되었다. C. R. Condor, 311-315; 일곱 번째 십자군(1243-1254)은 1244년 무슬림에게 예루살렘이 점령당했다는 소식을 듣고 프랑스의 루이 9세(Louis Ⅸ, 1226-1270) 왕이 카이로(Cairo)를 공격하였으나 죄수로 잡혔다가 귀국하였다. 조찬선, Ibid., 184-185; 여덟 번째 십자군(1270-1271)은 프랑스의 루이 9세(Louis Ⅸ)가 1270년에 북부 아프리카 투니스(Tunis)에서 전염병으로 병사하였다. 영국의 에드워드 1세(Edward Ⅰ, 1272-1307)가 성지에 도착하여 10년간의 강화조약을 하였고 1291년 다시 이슬람에게로 돌아갔다.

1074-1090)를 모든 기독교계의 수장으로 간주하여 임명장까지 주었다. 이는 무슬림 지역에 살고 있는 모든 기독교, 즉 네스토리안과 야곱파, 멜키트파의 주교의 임명권도 포함되었다.[78] 더 나아가 칼리프는 총대주교를 선출하는 주교들의 권리까지 유린하여 칼리프 자신이 최고위 성직을 임명하였다.[79] 이제 종교까지 칼리프가 간섭하면서 교회는 위기에 놓이게 되었던 것이다.

제3절 위구르제국의 도시들과 네스토리안파

1. 소그드아나와 네스토리안파

위구르제국과 네스토리안 교회가 밀접한 관계를 유지하고 있었다는 증거로서 제국 도시들의 유물과 유적을 살펴보고자 한다. 5세기 헤프탈 때부터 네스토리안 선교사들을 만나면서 많은 소그드인들이 개종하였다. 이들은 중앙아시아 소그디아나 지역의 오아시스 원주민인 이란계 소그드인(Sogdian)들로 기원전 아케메네스제국을 지배하였고 동쪽으로 진출한 알렉산더 대왕의 대군을 물리친 강력한 사람들이었다. 이미 1세기부터 옛 실크로드를 따라 국제상인으로 명성을 떨쳤고 높은 수준의 문화를 꽃피웠는데, 아르메니아의 안토니(Antony, Hayton)는 소그디아나(Sogdiana) 지역에 거주하던 위구르(Uighur) 귀족들

---

78) Maris, Amri and Silbae, *De Patriachis nestorianorum commentaria*, ed. R. Gismondi(Rome, 1899), 117, 135.

79) L. E. (Browne, 1933), *The Eclipse of Christianity in Asia*, 51.

가운데 대다수가 기독교인이라고 하였다.[80] 이들을 통하여 중앙아
시아의 넓은 지역과 동쪽 중국, 북쪽 몽골 초원으로, 위구르의 속령
지였던 시베리아와 만주까지 복음이 전파되었다. 또한 유목민족[81]
인 키르기즈(Kirghiz)와 메르키트(Merkits), 케레이트(Keraits), 나이
만(Naimans), 웅구트(Onghut)에게 복음이 전하여졌다. 모세바 계곡
에서 발견된 6-8세기경 소그드인들의 직물에 아들이삭을 제물로 바치
려고 그의 목에 칼을 대는 아브라함의 모습이 대칭으로 그려져 있다.
또한 9-10세기경에 소그드인의 은제 접시에는 예수의 죽음과 부활, 승
천을 차례로 묘사하고 있고 각 그림들 밑에 돌아가면서 시리아어로
그 그림의 제목들을 기록하고 있다.[82] 특별히 네스토리안 소그인들은
시리아어(소그드어)에서 몽골어 근원이 되는 유오아문(維吾兒文)을
토대로 해서 위구르어(Uigurian)를 만들어 투르크족의 타타르어
(Tatar)에서 위구르어 성경을 번역했고 위구르어로 된 많은 기독교
문헌도 기록하였다.[83] 네스토리안 교회는 중앙아시아 민족의 역사와

---

80) S. Purchas, *Haklutus posthumus or Purchas his pilgrims*(Glasgow:
MacLehose, 1896), 309-364.

81) 금조와 서하, 티베트, 위구르시대 때의 오르혼 강 유역 중심으로의 유목
민족들은 북쪽 예니세이 강 중류의 메르키트(투메트); 그 강의 상류의
키르기즈; 그 남쪽에 나이만; 호르혼 강 하류와 바이칼 호 남쪽에 오이
라트와 메르키트; 그 동쪽에 잘라이르; 부르한 할둔 산쪽에 몽골; 케를
렌 강 중류에 타타르 등이 있었다.

82) I. Gillman & H.-J. Klimkeit, *Christians in Asia before 1500*(Ann
Arbor: University of Michigan Press, 1999), 214-215.

83) Luc Kwanten, Ibid., 99. 원래 네스토리안파에서는 시리아어가 예배에
사용되는 언어였으나, 중앙아시아로 전파되면서 소그드인(Sogdian)들이
개종하고 또 그들이 상인과 선교사로 전도하면서 소그드어로 경전과 성
구집들이 번역되었다. 또 9세기 중반 이후 투르크어를 사용하는 유목민
들의 대대적인 남하로 중앙아시아 지역에 살던 이란계 토착민들(소그드

152

종교, 문화, 언어를 탐구하는 일에 열중하였고 사전도 편찬하였다. 9세기 네스토리안 선교사 샵할리슈(Shabhalishu) 자신도 투르크어(Turkish)와 타타르어(Tartar, Mongol)로 말하였다고 한다.[84] 네스토리안의 공헌으로 위구르인들은 소그드인들의 중계로 산스크리트(Sanskrit)어 불교 경전을 위구르어로 번역하여 위구르 문화를 한 단계 높여놓았다. 그래서 수지야마 마사키가 몽골시대의 위구르족이 불교도이지 무슬림이 아니라고 한 것[85]도 위구르어로 된 불교 경전 때문일 것이다. 이렇게 소그인들은 13·14세기 몽골제국 때에도 몽골과 일체가 되어 유라시아 전역을 걸쳐 무역 활동을 하였다.[86]

총대주교 디모데 1세(780-823)가 남긴 서한에 의하면 투르크인과 티베트인 사이에 네스토리안 교리가 퍼졌으며, 티베트(Tibet)의 서부에 있는 길기트와 라다크 지방에서 발견된 암각에 보면 825-826년에 새긴 네스토리안 특유의 십자가와 함께 소그드어가 새겨져 있는 것이 발견되었다.[87] 이로 보건대 티베트 고원의 서부까지 네스토리안 기독교를 믿는 소그드인들(상인들)의 발길이 미쳤음을 볼 수 있다. 그러나 헌터(Erica C. D. Hunter)는 중앙아시아에 네스토리안 교

인)은 이 새로운 민족에 흡수 동화되면서 다시 투르크어로도 번역이 되었다: 나우(F. Nau)는 말하길 네스토리안 법학자가 완성한 판라비(鉢羅婆, Panlavi) 문자가 조선문자모(朝鮮文字母)에 기초를 놓았다고도 하였다. John Stewart, *Nestorian Missionary Enterprise*, 79.

84) A. S. Atiya, *A History of Eastern Christianity*(London: Methuen, 1968), 260.

85) Sugiyama Masaaki(杉山 正明), *유목민이 본 세계사*, 301.

86) Ibid., 61.

87) G. Uray, "Tibet's Connections with Nestorianism and Manicheism in the 8th-10th Centuries", *Conributions on Tibetan Language, History and Culture*(ed. E. Steinkellner & H. Tauscher, Wien, 1983), 399-429.

회의 언어적 문화적 매체로 시리아어로 된 매체가 유일하고 본토어로 된 것은 빈약하다고 하였다.[88]

그러나 이런 주장에 대하여 수기야마 마사키(Sugiyama Masaaki)는 다른 입장이다. 그에 의하면, 지배자들은 투르크어를, 주민들은 한어와 페르시아어(시리아어), 소그드어, 위구르어, 타타르어, 티베트어, 아라비아어, 산스크리스트어, 파리어 등을 사용했다고 논박하고 있다.[89] 수기야마 마사키의 주장이 더 설득력이 있어 보인다. 왜냐하면, 투르판 분지와 베쉬발릭 주변이 다언어 다문화 다인종 지역으로 인재공급의 보고였기 때문이다. 따라서 네스토리안의 공헌으로 중앙아시아 기독교인들은 시리아어뿐만 아니라 여러 언어들을 사용하였던 점을 분명히 해야 한다. 특히 시리아어로 된 기독교 유물에서 소그드어도 동시에 발굴되는 것을 보아 네스토리안 시리아 수도사들뿐만 아니라 소그드인들도 선교사가 되어 투르크 지역으로 복음을 전했음을 알 수 있다.[90]

---

88) Erica C. D. Hunter, "The Church of The East in Central Asia, Faculty of Oriental Studies, 130, 131.

89) Sugiyama Masaaki(杉山 正明), Ibid., 252. 300.

90) Ehsan, Yarshater, ed. *The Cambridge History of Iran*, Vol.3(1) (Cambridge University Press), 621.

2. 위구르제국의 네스토리안 교회가 있는 도시들

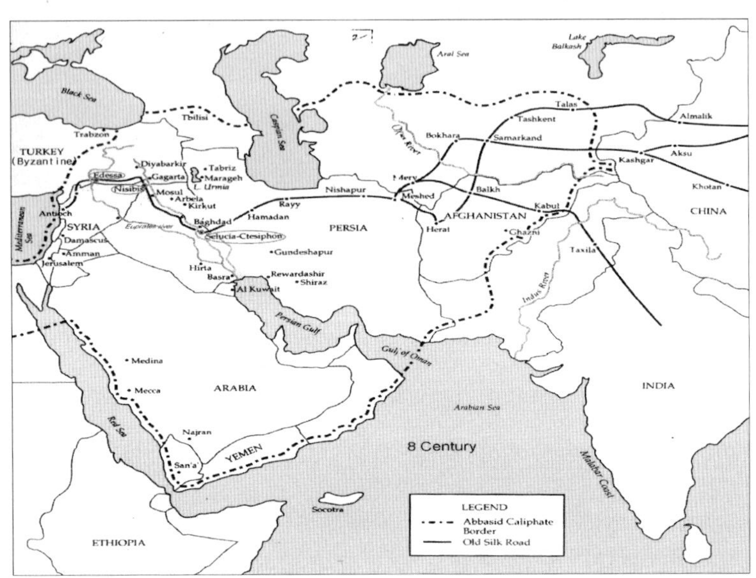

압바시드와 실크로드

토착된 네스토리안 기독교와 신흥 마니교와 함께, 투르크 계열 (Turkic) 중 가장 문명화된 위구르인들에 의해 중앙아시아의 문화의 꽃을 피웠으며, 그중 후레스코 벽화가 가장 유명하다.[91] 그들은 투르크 몽골(Turco-Mongol) 사람에게 문명화의 선도자(善導者, mentor) 혹은 교육자[92]가 되었다. 그렇다면 위구르제국 때에 네스토리안 기독교가 옛 실크로드를 따라 기독교 공동체를 건설했는데,[93] 어느 도시

---

91) Rene Grousset, *Conqueror of the World*, 201.

92) J. J. Saunders, *The History of the Mongol Conquests*(London: Routledge & Kegan Paul, 1971), 34.

에서 무슨 일을 했는지 살펴봄으로 본 논의의 전거를 마련해 보도록 할 것이다.

첫째, 1180년경에 카슈가르(Kashghar)는 대주교구가 될 정도로 이미 8-9세기에 서역남도 호탄(Khotan)과 서역남도 끝 미란에 교회와 기독교 공동체가 있었다.94) 총대주교 엘리아스 3세(Elias Ⅲ, 1176-1190)가 카슈가르(Kashgar)에 요한을 대주교로 파송하였고, 그 후계자로 사브르이쇼를 파송하였다.95) 카슈가르 대주교는 타림 분지 일대와 천산 부근의 초원 지역까지 관할했고 야르칸(Yarkand), 우룸치(Urumch, 투르판 공동체 포함), 토크막을 관할하였다. 카슈가르는 중국으로 가는 중요한 무역지로,96) 아마 소그드(Sogdian) 상인들이 사마르칸트에서 동쪽으로 여행하다 이곳에 기독교를 소개했을 것이다. 총대주교 디모데 1세(Timothy Ⅰ, 780-823) 때에 카슈가르 네스토리안 교회가 가장 활동적이었을 것이다. 1905년 콕(Albert von le Coq)의 일행이 발견한 도서관이 딸린 네스토리안 수도원인 불라이크(Bulayiq)를 발견하였는데, 타림분지 투르판 오아시스의 북쪽으로 카슈가르 대주교구 관할권이었다. 또한 블라이크 수도원 근처 수이팡에서 400-500종의 기독교 문헌을 발견했다. 8-13세기에 걸쳐 쓰인 이 문헌들은 시리아어와 소그드어, 투르크어로 된 것으로 시리아어

---

93) А. А. Раимкулов, Иванов Г. П. "Нательный Крест с Городища Кува", *Õzbekiston Moddiy Madaniyati Tarixi, 31-Nashri*(Samarqand: Типогра фия института археологии АН РУз, 2000), 161.

94) I. Gillman, & H.-J. Klimkeit, *Christians in Asia before 1500*, 223.

95) A. Mingana, *The Early Spread of Christianity in Central Asia and the Far East: A New Document*(Manchester: Manchester University Press, 1925), 29. 31.

96) Erica C. D. Hunter, "The Church of The East in Central Asia, 138.

페쉬타 성경에 번역된 구절들과 사도신경, 니케아 신경, 대영광송, 성자와 순교자들의 전기 등 다양하였다. 이 밖에도 명상생활을 강조하는 글과 하루에 일곱 차례 드리는 예배와 관련된 글, 혹은 설교집과 논설, 잠언, 은둔자의 미덕을 찬양하는 글 등도 포함되어 있다.

대진경교유행중국비(大秦景敎流行中國碑)에 따르면, 네스토리안 사제들은 수염은 기르되 정수리를 삭발하는 사제들의 외모,[97] 청빈과 금욕과 명상을 강조하는 그들의 생활방식에 대해 언급하고 있다. 하루에 일곱 번 예배를 올린다는 것[98]은 "주의 의로운 규례를 인하여 내가 하루 일곱 번씩 주를 찬양하나이다"(시편 119:164)라는 구절을 따른 것으로 네스토리안 사제들은 이를 엄격히 지켰으나, 평신도들은 하루에 네 번 하는 것이 허용되었다.[99] '목판을 두드림(擊木)은 자비와 은혜의 소리를 퍼지게 하기 위함이요'라고 했는데, 이는 네스토리안들의 독특한 의식으로, 불교의 목탁과 달리 넙적한 모양이며 헬라어로 세만트론(semantron), 시리아어로 나코샤(naqoša)라고 불렸는데, 서구 교회에서 종을 치는 것처럼 망치로 목판을 두드려 성도들에게 예배를 알렸다. 이와 같은 장면은 카라코룸을 방문했던 카르피니와 루브룩도 목격한 적이 있었다.[100]

---

97) '존수소이유외행, 삭정소이무내정(存鬚所以有外行, 削頂所以無內情), *경교비* 중에서.

98) '칠시예찬, 대비존망(七時禮讚, 大庇存亡)', *경교비* 중에서.

99) G. P. Badger, *The Nestorians and Their Rituals*(Lodon: Joseph Masters, 1852), vol.2, 16-18; John Stewart, *Nestorian Missionary Enterprise: the Story of a Church on Fire*(Edinburg: T. & T. Clark, 1928), 40.

100) P. Jackson, *The Mission of Friar William Rubruck: His Journey to the Court of the Great Khan Möngke 1253-1255*(London: The Hakluyt Society, 1990), 126-127, 189.

마르코 폴로도 투르크어로 말하는 네스토리안 기독교인이 카슈가르와 그 부근에 있었다고 하였다.101) 이 카슈가르의 대주교구는 동쪽 투르크 몽골 족속인 나이만(Naiman)과 메르키트(Merkit), 옹구트(Ongut), 케레이크(Kerait)족 가운데 개종 사역을 감당하였다.102)

두 번째, 옛 실크로드를 따라 천산남북로가 만나는 지점으로 수많은 상인과 사신들이 경유하는 투르판(Turfan)이다. 이곳은 코주 위구르 왕국(Kocho, 850-1250)의 중심으로 네스토리안의 공동생활을 한 수도원이 있었다. 르 콕 탐험대는 투르판 근교의 호초(Khocho)에서 9세기 경의 작품으로 여겨지는 벽화 두 점을 발견하였다. 하나는 설교하는 사제 그림이고 다른 하나는 여성도의 모습이다.103) 또 르 콕은 말을 타고 있는 예수가 그려진 벽화를 발견하고 그 스케치를 남기기도 했다.104) 심스 윌리암(N. Sims-Willimas)은 비록 발굴된 문헌들이 소그드어로 쓰인 문헌이라 할지라도 개인적인 이름들의 상당수가 투르크식인 것으로 보아 당시 투르판 네스토리안의 대부분은 투르크인(Turkish)들이었음을 말하여 준다고 하였다.105) 투르판(Turfan)에서

---

101) A. C. Moule, and P. Pelliot. eds. *Marco Polo: The Description of the World* 2 vols.(London: Routledge & Sons, 1938), 143.

102) J. Dauvillier, "Les provinces Chaldéenes 'de l'extérieur' au Moyen Age", 308-309.

103) 한 그림에는 곱슬머리를 한 사제가 성의를 입고 한 손에는 향이 피어오르는 향로를 들고 설교하고 있고 세 명의 신도들이 종려나무 가지를 손에 받쳐 들고 있는 모습이 묘사되어 있다. 이는 예수가 예루살렘에 입성하는 종려주일을 표현한 것으로 보인다. 또 다른 그림은 머리를 몇 다발로 꼬아 내려뜨린 여성도의 모습이다. M. Bussagli, *Central Asian Painting*(Geneva: Skira, 1979), 112-114.

104) P. Y. Saeki, *The Nestorian Documents and Relics in China*(Tokyo: Maruzen, 1937), 418.

158

실크로드를 따라서 더 동쪽으로 가면 둔황(Tun-huang)이 나오는데, 그 둔황 천불동에서 시리아어 성경구절 단편들이 발견되었다.106) 또한 네스토리안과 관련된 내용이 담긴 세 점의 티베트어 문서도 천불동에서 발견되었다. 이와 같이 네스토리안 기독교인들은 투르판 수도원에서 둔황을 거쳐 장안까지 복음을 전하였던 것이다.

세 번째, 위구르제국 때에 파미르에서 아랄 해에 흘러 들어오는 아무다리야(Amudariya, Oxus) 강과 시르다리야(Syrdariya) 강 사이에 위치하고, 오아시스 도시인 사마르칸트가 옛 실크로드의 국제적 통상로로서 중앙아시아 네스토리안의 종교 중심지로 탁월한 역할을 감당하였다.107) 사마르칸트는 다른 도시들에 교회들을 세우는 데 중심적인 역할을 했다. 이 지역을 '옥소스를 넘었던 땅'(트란속시아나), 혹은 '강 저편의 땅'(마 와라 알나흐르)이라 불렀다.108) 아무다리야와 시르다리야 중간쯤에 제라프샨(Zarafshan) 강이 흐르는데 이 유역을 '소그디아나'(Sogdiana)라고 부르는데, 현재 사마르칸트(Samarqand)가 소그디아나의 중심이다. 12세기 마리 이븐 술래이만(Mari ibn Suleiman)

---

105) N. Sims-Willimas, "Sogdian and Turkish Christians in the Turfan and Tun-huang Manuscripts", *Turfan and Tun-huang Texts: Encounter of Civilizations on the Silk Route*, ed. A. Cadonna(Fiernze: Leo S. Olschki Editore, 1992), 43-61.

106) W. Klein & J. Tuback, "Ein syrisch-christliches Fragment aus Dunhuang/China", *Zeitschrift der Morgenlündishcen Gesellschaft*, 144-1(1994), 1-13.

107) Г. И. Богомолов, Ю. Ф. Буряков, Л. И. Жукова, А. А. Мусакаева, Г. В. Шишкина, "Христианство в Средней Азии", *Из Истории Древних Культов Средней Азии Христианство*(Ташкент, 1994), 11; В. В. Бартольд, *О христианстве в Туркестане в домонгольский период*, Соч. т. 2, ч. 2(М., 1964), 275.

108) Sugiyama Masaaki(杉山 正明), *유목민이 본 세계사*, 60.

이 기록하길, 네스토리안 총대주교 디모데 1세(Timothy Ⅰ, 780-823)
가 "투르크 왕이 자기 백성과 함께 우상숭배를 버리고 기독교인이 되
었기에, 자신의 나라에 대주교 관구를 세워달라는 서한을 내게 보내왔
다"고 기술하고 있다.109) 이 서한을 보낸 '투르크의 왕'(malka
dturkaye)은 779년 알프 쿠츨루크 빌게 카간 혹은 중앙아시아 스르다
리야 중류 오트라르 부근 투르크 집단의 수령, 혹은 몽골 본토에 있던
위구르제국의 군주로 보는 입장도 있다.110) 이러한 종교 중심지인 사
마르칸트(Samarkand)는 781년에 네스토리안 대주교관구가 되었
다.111) 또한 1046년에 아불 파라좌(Абул Фараджа)는 사마르칸트에
이미 네스토리안 대교구가 있었다고 기록하였다.112) 14세기에 작성된
네스토리안의 자료에 의하면 8세기에 사마르칸트에 제21교구가 등록
되어 있었다고 하였다. 그러나 헌터(Erica C. D. Hunter)는 사마르칸
트 대주교구가 7세기 말 티베트 교구와 합병되었을 것이라고 하였
다.113) 그러나 헌터의 주장은 위의 역사적인 사실들을 고찰할 때 신빙

---

109) H. Gismondi, *Maris, Amri et Slibae de patriarchis Nestorianorum
commentaria*(Rome: C. de Luigi, 189-9), 64; A. Mingana, *The Early
Spread of Christianity in Central Asia and the Far East*, 11-12.

110) G. Uray, "Tibet's Connections with Nestorianism and Manicheism in
the 8th-10th", 403-404.

111) A. R. Vine, *The Nestorian Churches*(London: Independent Press,
1937), 57, 112-124.

112) В. В. Бартольд, *О христианстве в Туркестане в домонгольский перио
д*, 290.

113) 총대주교 디모데 1세가 마르 마론 수사에게 보낸 편지는 1989년 5월
26일 바그다드에서 서품된 갈데아교회의 마르 라파엘 비다위드(Mar
Raphael Bidawid) 총대주교에 의해 출판되었다. R. Bidawid, *Les
lettres du Patriarche Nestorien Timothee Ⅰ*(Studu e Testi 187;
Rome, 1956), 124; Erica C. D. Hunter, "The Church of The East in

160

성이 없어 보인다.

사마르칸트에서의 선교사 활동에 대해서는 박트리아(Bactria) 지역 나사(Lhasa)의 주요 경로를 따라 발견되는 돌에 시리아어로 기록된 것과 드란그스트(Drangste)와 라다크(Ladakh)에서 발견된 시리아어로 기록된 십자가 비문에 나타나 있다.114) 비문에 소그드어로 '210년에 …… 사마르칸트에서 티베트(Tibet) 칸에게 사절로 나스파른(Nos-farn)이 왔다'고 기록하고 있는데, 만일 나스파른이 기독교인이라면, 825년 4월 24일과 826년 4월 12일에 아마도 사마르칸트 대주교구를 위해 상업 활동을 위해 여행하였을 것이다.115) 사마르칸트에서 카슈가르로 가기 위해서는 꼭 지나는 페르가나 계곡에도 강력한 기독교 공동체가 있었다. 페르가나 계곡과 꾸와에서 기독교 유물이 발견되었는데, 이곳에는 기독교뿐만 아니라 이교도와 조로아스터교, 불교, 마니교도 있었다.116)

Central Asia, Faculty of Oriental Studies, Univ. of Cambridge", *The Church of The East: Life and Thought*, ed. J. F. Coakley and K. Parry, Bulletin of the John Rylands Library vol.78, no.3. Autumn 1996. Manchester Metropolitan University, 136.

114) B. Colless, 'The Nestorian province of Samaqand', *Abr Nahrain*, 24(1986), 52; Erica C. D. Hunter, "The Church of The East in Central Asia, Faculty of Oriental Studies, Univ. of Cambridge", *The Church of The East: Life and Thought*, ed. J. F. Coakley and K. Parry, Bulletin of the John Rylands Library vol.78, no.3. Autumn 1996. Manchester Metropolitan University, 136.

115) J. Dauvillier, "Les provinces Chaldéenes 'de l'extérieur' au Moyen Age" in *Mélanges offerts au R. P. Ferdinand Cavallera à l'occasion de la quarantième année de son professorat à l'Institut Catholique*(Toulouse: Bibliothèque de l'Institut Catholique, 1948), 294.

116) К. М. Байпаков, Горячева В. Д. *К вопросу о локализации Навекета*(Ленинград: Культура и искусство Киргизии. Тезисы докладов Всесоюз

무슬림이 점령한 후에는 이교도와 조로아스터교, 불교가 우상숭배 종교로 엄격하게 금지되어 그때에 꾸와 도시의 불교 사원도 완전히 파괴되었을 것이다.[117) 그러나 아랍 무슬림인들은 기독교를 좋게 생각했는데, 왜냐하면 아랍이 점령한 시리아와 이란과 압바시드 왕조의 수도 할리파타(Халифата), 즉 바그다드(Багдад)에 수만 명의 기독교인이 살면서 칼리프의 국가 공공 기관과 생활 속에서 기독교인 고위직 학자와 부자 상인과 공무원과 의사와 교사 등이 무슬림들에게 크게 영향을 미쳤기 때문이다. 에데사와 안디옥의 경우처럼, 유프라테스(Euphrates) 서부의 주요 도시에 실제적으로 네스토리안과 야곱파 기독교인이 다수파로서 의사와 변호사, 성직자, 상인, 은행원 등 중류층으로 구성되어 있었다.[118) 이와 같이, 강력한 이슬람의 도전이 있었을지라도, 실크로드를 따라 유목민족 가운데서 네스토리안 기독교인들은 곳곳에 기독교 공동체(교회) 및 수도원을 두어 복음을 전파하였던 것이다.

제4절 결 론

위구르제국시대 중앙아시아의 유목민족 가운데 네스토리안 기독교 공동체로의 개종은 자주 강한 경쟁 환경 가운데 일어났었다. 이슬람

н конферен. Эрмитаже. 1983), 74-75.

117) В. Н. Булатова, *Древняя Кува*(Ташкент, 1972), 90.

118) B. Spuler, "The Disintegration of the Caliphate in the East", et al. Holt, *Cambridge History of Islam*, vol.1(Cambridge: Cambridge Univ. Press, 1970), 154.

은 호라산과 트란속시아나의 서부 지역에서 부흥하고 있었다. 그리고 사마르칸트에서 무슬림과 네스토리안파가 경쟁하였는데, 그에 대하여는 마르코 폴로가 기록하였다.[119] 초기 위구르제국이 마니교를 국교로 삼자, 네스토리안파에게 상당히 부담을 안겨 주었다. 그리고 많은 불교 경전이 들어와 그것을 번역함으로써 위구르제국은 종교적 문화적으로 영향을 발휘하여 네스토리안을 위협하기도 하였다. 이러한 중앙아시아의 여러 종교의 환경 속에서도 총대주교 디모데 1세에 의한 네스토리안 외방대주교구 연결망(network)은 위구르제국과 그 주변 국가의 방대한 지역의 주교구를 통치할 수 있었다.[120] 스펄러 (B. Spuler)는 이 지역에 "기독교인들이 오늘보다 비교할 수 없을 정도로 많았다"고 지적하였다.[121]

동방 기독교는 초대교회부터 고난과 핍박 가운데 꾸준히 성장해 왔었다. 그러나 13세기 십자군은 기독교 세계의 선교에 대한 엄청난 힘과 자원을 세속적인 것으로 돌려놓았다.[122] 로마 가톨릭교회 안에만 구원이 있다는 사상은 아시아 모든 교회를 이단으로 몰아넣었던 것이다. 다음 장에서 논의하겠지만, 몽골제국 때에는 본격적으로 네스토리안 교회를 무너뜨리기 위한 선교전략을 세우는 로마 가톨릭의 모습을 볼 수 있다. 그리고 후기 몽골제국 때에 이슬람화된 킵착크 칸국과 일칸국, 차카타이칸국의 기독교를 향한 극심한 핍박에도 서구의 교회들은 침묵하였던 것이다. 로마 가톨릭과 아시아 교회는 그

---

119) A. C. Moule, and P. Pelliot. eds. *Marco Polo*, 144-5.

120) Erica C. D. Hunter, "The Church of The East in Central Asia", 142.

121) B. Spuler, "The Disintegration of the Caliphate in the East", 144.

122) Ruth A. Tucker, *From Jerusalem To Irian Jaya*, p.18.

들과 아무 상관이 없었던 것이다. 아티야(A. S. Atiya)는 십자군 전쟁에 대하여 다음과 같이 평가하고 있다.

> 십자군으로 인한 큰 고통은 기독교인과 무슬림 간의 미움을 싹트게 하였고, 이전의 관용은 나중에 두 배로 압박을 받게 되었고, 이제는 동방과 서방 구분 없이 모든 기독교인들에게 이슬람은 분노를 발하였다고 하였다.[123] 이렇게 함으로써 무슬림의 원리인 성전(holy war) 혹은 '알 지하드'(al-Jihād)가 부활하게 되었다.[124]

브라운(L. E. Browne)은 십자군 이후 시리아 기독교 문화가 아랍 문화로 대체되었고 시리아어는 예배의식에만 사용되었고 아랍어가 공통어가 되었다고 하였다.[125] 그러므로 로마 가톨릭은 네스토리안 교회에 큰 방해꾼이었다. 예수 그리스도가 오신 이후 천 년의 역사 동안 이루어 놓은 네스토리안 교회는 초기 몽골제국에서 다시 한번 부흥하여 전 아시아 대륙에 영향을 미쳤다.

---

123) Aziz Suryal Atiya, *Crusade, Commerce and Culture*(Bloominton: Indiana Univ. Press, 1962), 129.
124) Aziz Suryal Atiya, 131.
125) L. E. Browne, 73, 74.

제5장

몽골제국과 네스토리안파

제1절 서 론

13세기 몽골제국에서의 네스토리안파는 그 당시 전 아시아를 통치했던 몽골의 혜택을 십분 활용하였다. 마치 1세기 로마제국이 있었기에 복음이 로마로, 인도로, 아시아로 확산되었던 것과 같다. 앞 장에서 언급하였지만, 네스토리안 총대주교 디모데 1세의 외방대주교구 정책 이후 네스토리안 총대주교는 광대한 몽골제국의 모든 기독교를 다스릴 정도로 광범위한 영역을 관할하면서 중앙아시아 기독교 세계에서 로마 가톨릭 교황보다 더 큰 영향력을 행사하였다. 그럼에도 불구하고 몽골제국시대에 이룩하였던 네스토리안의 선교 업적들이 그들의 기록 부재로, 아니면 누군가 그 기록들을 폐기 처분했는지 모르겠지만, 그나마 남아 있는 자료들도 역시 상당한 편견으로 기록되어 있어 네스토리안에 대한 교회사적인 온당한 평가를 받지 못하고 있다. 그러므로 본 장에서는 몽골제국시대의 그런 편견과 왜곡에 대한 새로운 해석을 시도해보고자 한다.

먼저 초기 몽골제국 칸들의 종교 관용정책과 네스토리안 교회의 부

흥을 살펴보고자 한다. 그리고 네 개의 칸국(汗國)으로 나눠진 곳에
서 각국들과 네스토리안파와의 관계에 대하여서도 논의하고자 한다.
또한, 몽골제국의 칸국이 이슬람화되고, 로마 가톨릭교회의 정치적이
며 조직적인 방해에도 불구하고 몽골제국하에서 네스토리안 교회가
크게 확장되고 지대한 영향력을 행사하게 된 원인에 대하여도 규명해
보고자 한다. 아울러, 네스토리안 기독교의 위축 요인과 그의 강인한
생명력이 무엇이었는지에 대해서도 가능한 한 밝혀보고자 한다.

제2절 초기 몽골제국과 네스토리안 교회 부흥

1. 초기 몽골제국의 대칸(大汗)들과 네스토리안파

여기서 우리는 몽골제국의 대칸들이 네스토리안 기독교에 대하여
취한 정책들을 몇 가지로 나누어 고찰해보고자 한다. 이런 과정 속
에서, 네스토리안 교회가 어느 정도 확장되고 영향력을 행사하였는
지도 고찰할 것이다.

첫째, 몽골제국의 건국자이며 정복자[1] 칭기즈칸은 종교 관용정책을

---

[1] 칭기즈칸이 정복할 때 종교가 아니라 세속 국가였기 때문에 그가 통치할
때 모든 종교는 남아 있었다. 김종래, *유목민 이야기*(서울: 자우출판사,
2002), 195; 1167년경에 타타르족(Tartar)이 스텝의 패권을 장악하기 시
작할 때 이 패권에 도전한 사람이 칭기즈칸의 아버지 예수게이(Yesugei)이
다. 1206년 몽골족의 쿠릴타이(qurtiltai)에서 테무친을 만장일치로 몽골족
혹은 스키타이인(Scythian), 흉노(Huns, B.C. 210-400), 투르크
인, 타타르(Tartar)족의 최고지도자로 추대하였고 그때 "세계 통치자",

"몽골족의 대칸"인 칭기즈칸(Chinggis Khan, Genghis Khan, 1162-1227)이
라는 칭호가 주어졌다. J. J. Saunders, *The History of the Mongol
Conquest*(London: Routledge & Kegan Paul, 1971), 192, 193; 칸은 *연연
전*에서 "카간(可汗)은 역시 위어(魏語)로 황제와 동일하다"고 한다.
Sugiyama Masaaki(杉山 正明), *유목민이 본 세계사*(Yubokumin Kara
Mita Sekaishi). 이진복 역(서울: 학민사, 2000), 210; 칭기즈칸의 정복 시
작은 1207년 오이라트와 키르기즈를 정복하였고 1209년 티베트(Tibetan,
서하)의 탕구트(Tangut)를 정복하였다. 동쪽으로 만주의 금조(金朝, 여진,
Chin, Jin 1115-1234)의 연경(燕京, Yenching, Peking)을 1215년에 정복하
였고, 나이만의 왕자 구츨루크의 1218년 서요(西遼, 카라 키타이)를 점령하
였다. 쿠츨루크는 나이만 다양칸의 아들로 칭기즈칸에 의해 도망쳐 카라 키
타이의 구르칸을 1211년 몰아냈다. 네스토리안 기독교인 그는 부인의 영향
으로 불교로 개종한 다음 무슬림한테 불교나 기독교로 개종하라고 하였다.
김종래. Ibid., 263; 1218년 칭기즈칸이 투르크제국 호레즘(Khoresm,
Qwarezm)과의 우호관계를 위해 450명의 사절단을 보냈는데, 호레즘의 국
왕 술탄(Sultan) 모하메드(Qutb al-Din Muhammad, 1200-1220)가 오트라
르에서 이들을 몰살시켰다. 호레즘제국(1077-1231)의 건국자는 알딘 앗시
즈('Ala al-Din Atsiz, 1127-1156)로 아랄해와 카스피 해 중간의 비(非)이
슬람 투르크족들의 침범을 막아 *가지*(ghazi, 믿음의 수호자)라 불렀다. 일
아르슬란(Il-Arslan, 1156-1172) 때의 호레즘은 카라키타이 속국이 되었다.
알딘 테키쉬('Al al-Din Tekish, 1172-1200) 때에 호레즘은 독립하였고 그
의 아들 쿠틉 알 딘 무함마드(Qutb al-Din Muhammad, 1200-1220)는 1212
년에 카라키타이와 사마르칸트에서 대혈전 후 승리하여 이 지역을 지배하
게 되었다. 또 호레즘은 1215년에 가즈나비드국과 셀죽크제국의 중간에 있
는 구리드(Ghurid)제국을 정복함으로써 이란(페르시아)세계의 마지막 투
르크계제국이 되었다. 1220년에 몽골족에게 멸망받고 몽골족은 이로써 이
란(페르시아)세계로 통하는 길을 열어놓았다. 이에 칭기즈칸은 해명을 요
구하는 사신을 보냈으나, 이들마저 살해하자 이에 칭기즈칸은 1218년에 트
란속시아나를 횡단하여 1219년 이르티쉬(Irtysh) 강을 건너 우룬구
(Urungu)에 가까운 알타이(Altay) 산맥 남쪽에서 몽골군을 소집하였다.
이곳은 카를룩 투르크(Qarluq Turks)영토로 칭기즈칸 가신이 통치하고 있
었다. 그리고 칭기즈칸 사위가 된 위구르 왕 바르추크(Barchuq)와 알말릭
(Almaliq) 왕 슈크나크 테긴(Suqnaq-tegin)이 합세하였다. Rene Grousset,
Conqueror of the World. trans. Marian McKellar and Denis Sinor(New
York: The Orion Press, 1966) 216; 바르추크(Barchuq)는 천산산맥 북동

쪽 위구르를 통치한 자로 인듀크 큐트(iduq-qut, '거룩한 위엄')로 불려졌다. 1211년 봄에 칭기즈칸의 다섯째 아들로 맞아 줄 것을 요청하자, 칭기즈칸은 딸 알알튠(Al-altun)를 주었다. 바르추크는 북쪽 실크로드로 오는 유목제국의 엄청난 상품을 보호하게 되었다: Rene Grousset, Ibid., 201-203; 1219년에 이르티쉬(Irtysh) 오타르시를 공격하였고 키질쿰(Qizilgun)사막을 통과하여 1220년 2월에 "동방의 바그다드" 혹은 "이슬람의 둥근 지붕"인 가장 아름다운 부하라(Bokhara, Bukhara)를 정복하였다. B. Spuler, *History of the Mongols*(London: Routledge and Kegan Paul, 1972), 32, 33; 몽골군이 부하라를 약탈할 때, 코란(Korans)을 보고 있던 이맘 알리 잔디(imam 'Ali Zandi)가 무슬림(Moslem)인 이맘 루큰 데딘(Rukn de-Din)에게 말하길, "침묵하라", "전능하신 하나님의 바람이 불고 있고, 우리는 말할 능력이 없다"고 할 정도로 약탈과 파괴가 심하였다. Juvaini, *The History of the World-Conqueror*(The Ta'rikh-i-Jahan-gusha), trans. J. A. Boyle, vol.1(Leyden: E. J. Brill, 1912), 104; 이븐 알 아디르(Ibn al-Athir)는 부하라의 파괴의 날을 "공포의 날"이라고 썼다. 호레즘 술탄 모하메드는 결국 카스피 해 연안에서 최후를 맞이했고, 모하메드 아들 잘랄 앗 딘은 인도 쪽으로 도망갔다. 칭기즈칸은 1220년 5월에 대부분 타직(Tajiks)사람인 사마르칸트(Samarqand)에 와서 거의 50만을 살육하였다. 이곳에서 칭기즈칸은 아들들을 중심으로 수 개의 부대들을 호레즘제국 내의 다른 도시로 정벌에 파송하였다. 호레즘에는 장남 조치(Jöchi)와 차남 차가타이(Jaghatay, Chagatai)와 셋째 오고데이(Ögöddei, Ogetai)가, 페르시아에는 제베(Jebe)와 수보데이(Sübötei)가 정벌하러 진격하였다. 이에 1220년 여름 나샤프(Nasaf, 지금의 Qarshi)를 공격했다. 그리고 테르미즈(Tirmidth)와 호레즘의 수도 구르간지(Gurganj, 지금의 우르겐치Urgenj)을 공격하였다. 1221년 4월에 최종적으로 아무다리야(Amu-darya) 강을 이용하여 구르간지를 물에 잠기게 하였다. 1221년 봄 칭기즈칸의 넷째 아들 톨루이(Tolui, Touly)와 사위 토큐차르(Toquchar)와 함께 옥커스 강을 건너서 고대 박트리아(Bactria) 수도 발크(Balkh)로 진격하여 아프칸 투르키스탄(Afghan Turkestan, Khorassan, Khurassan)을 정복하였다. 그리고 아쉬카바드(Ashkabad)근처 니사(Nisa)을 공격하여 7만 명을 학살하였다. 그리고 1221년 2월 25일에 셀죽크(Seljuq) 술탄 산자르(Sanjar)의 수도이며 네스토리안 대주교좌가 있는 메르브(Merv)를 공격하였다. 이븐 알 아디르(Ibn al-Athir)에 의하면, 남녀노소 70만 명이 학살되었다고 하였다 J. J. Saunders, Ibid., 60; 그런데 제베가 큐라산의 부요한 수도이며 호레즘 정부의 마지막 중심인 니샤푸르(Nishapur)를 공격하여 7

썼고 관리 등용에는 모든 종교인들을 골고루 등용하였는데, 그중에 주목할 내용은 네스토리안 기독교인을 많이 등용하였다는 점이다. 칭기즈칸이 1204년 네스토리안 기독교가 전래된 나이만(Naimans) 지역을 정복한 후, 나이만 장군 타타통아(T'at'a-t'ong-a)를 등용하여 그의 네 아들에게 위구르어를 가르치도록 했다. 이러한 칭기즈칸의 결정은 몽골제국의 공식어가 위구르어가 되게 했다. 또한 네스토리안파 케레이트 출신 친가이(Chinqay)가 칭기즈칸의 서기관직을 타타통아와 양분해서 담당하였다. 뿐만 아니라 칭기즈칸의 후손들은 대부분 네스토리

만 명을 살육하였으나 칭기즈칸의 사위 토큐차르가 그곳에서 사망하였다. 이에 톨루이가 4월 10일에 완전히 점령하여 오직 몽골의 관습에 따라 숙련공 400명만 남기고 모두 학살하였다. 1222년 봄 오고데이는 가즈니(Ghazni)를 공격하였다. 1222년 6월 14일에 엘지기데이(Eljigidei)에 의해 헤라트(Herat)가 함락되었다. 칼라바그(Kalabagh) 전투에서 승리함으로 중동 지방 정복의 길을 열었다. 또한 1223년 코카서스(Caucasus) 지방과 킵착(Qipcaq)을 정복했다. 칭기즈칸은 1222-23년 겨울을 사마르칸트 지방에서 보내고, 1225년 봄에 몽골로 귀환하였다. 그러나 정복은 계속되어 1225년에는 러시아까지 확대되어 볼가와 드네프르(Volga and Dnepr) 강 지역과 페르시아 만부터 대서양 근처까지 점령하였다. 그리고 오고데이에 의해 1234년 금을 완전히 멸망시키고 1235년 유럽원정이 결정되었다. 1259년 몽케 칸이 남송을 공격하여 쿠빌라이 칸이 멸망시켰다. 나아가 고려, 안남과 캄보디아, 태국 등을 복속시켰다. 몽골의 지배를 피한 곳은 서유럽이 원정 중단으로 면하였고, 인도와 이집트는 더운 기후와 무역로에서 벗어나 정복 대상이 되지 않았고 일본과 자바는 섬이라 태풍으로 실패하였다. 남경태, *종횡무진 동양사*(서울: 도서출판 그린비, 2002), 223, 224; 1227년 칭기즈칸의 죽음으로 그의 정복지는 그의 세 아들에게 분배되었다. Rene Grousset, 220-261; 그가 죽을 때에는 오직 막내 톨루이(1232년 사망)만 함께하였다. 그리고 그의 장례는 기독교식이 아닌 몽골의 샤만식(shamanist ceremony)으로 하였는데 40명의 젊은 여자와 40마리의 말이 함께 희생제물이 되었다. H. H. Howorth, *History of the Mongols from the Ninth to the Nineteenth Century*, 5 vols.(1876; reprint, Taiwan: Ch'eng Wen, 1970), 1:103, 105. 톨루이가 다음 대칸이 확정되기 전까지(1227-1229) 섭정하였다.

172

안 케레이트족(Keraits)으로부터 왕자들의 부인을 얻었다.

고돈(J. Gordon)은 예배 처소에 관한 의미 있는 지적을 하고 있다. 고돈에 의하면, 칭기즈칸의 거대한 병영에는 이동식 '예배 처소'가 800여 개나 있었다고 하였다.[2] 칭기즈칸이 기록한 법인 *야사*(yasa, 혹은 yasak) 중에 네스토리안 기독교의 영향을 받은 구절들이 있다. 그중에 "모든 사람은 천지의 창조자 한 하나님을 믿어야 한다"고 하였다.[3] 바르톨드(В. В. Бартольд)는 이러한 초기 몽골제국에서 네스토리안파가 다른 종교에 비해 유리하여 무슬림들을 압박하기도 하였다고 한다.[4]

칭기즈칸은 여러 종교에 관용했으나 모든 종교에 대해 관용정책을 쓴 것은 아니었다. 칭기즈칸의 관용정책에서 제외된 사건이 1220년 있었다. 1220년 무슬림의 메카(Mecca) 순례를 비판하면서, "텡크리(Tengri)는 어느 곳에서도 볼 수 있다"고 하면서 메카순례를 금지하기도 하였다. 그러나 사마르칸트 코란 기도자(khotba)에게 알라(Allah) 이름을 부르는 것을 허락하였고, 무슬림인 술탄 모하메드의 관리인 및 아랍의 서기관들을 몽골제국의 관리로 등용하기도 하였다. 또한 1227년에 약 40명의 금(여진) 관리를 채용하여 중국의 유교적인 관료제도를 받아 들였고, 창춘(Ch'ang-ch'un)을 통해 도교도 영입하였다.[5] 이렇게 칭기즈칸은 네스토리안파와 이슬람, 유교, 도

---

2) J. Gordon, Holdcroft, *Into All the World*. 홍치모 역(서울: 바른신앙, 1991), 118.

3) A. Lobanov-Rostovsky, *Russian and Asia*(New York: Macmillam, 1933), 17.

4) В. В. Бартольд, *Сочинения Бартольда В.В.*(Москва: Издательство Наука, 1964), 315-316.

교, 몽골 사만교6) 등을 수용하여 널리 보급하였다.

두 번째, 칭기즈칸의 셋째 아들 태종 오고데이(Ogodai, 1227-124
1)7) 대칸도 아버지처럼 모든 종교를 동등하게 대하였다. 오고데이

---

5) 1222년 10월 21일에 아무다리야와 사마르칸트 사이에서 칭기즈칸과 창춘
   과 몇 일간 대담했는데, 그때 비서관 친가이(Chinqay)와 해석자 키타이
   예류아하이(Khitay Ye-lü A-hai)도 참석하였다. 1223년 4월 8일에 고별
   선물로, 도교의 지도자 세 명에게 면세를 하도록 하였다. 그 후 창춘은 칭
   기즈칸의 현인이 되었다. R. Grousset, *Conqueror of the World*, 246-260.

6) 대표적인 몽골인의 전통 풍습은 하늘에 계신 일신(一神)을 믿고 매일 예
   배한다. 이 일신에게 건강과 지혜를 빈다. 그리고 토지신인 나티게이에게
   는 어린이, 가축, 수확 등을 주관하여 헝겊조각으로 신상(神像)을 만들어
   집집마다 섬겼다. 또 토지신의 부인상인 비신상(妃神像)과 아들상인 자신
   상(子神像)도 만들어 숭배하였다. 식사에 앞서 약간의 기름을 토지신과
   비신과 자신의 입술에 바르고 고깃국을 조금 바깥에 뿌리고 그 이외의 여
   러 신령에 대접한 후에 신 일가(一家)가 대접받았다고 말하고 비로소 음
   식을 먹었다고 한다. Marco Polo, 동방견문록, 최호 역(서울: 홍신문화사,
   1999), 99.

7) 1235년 오고데이는 금을 정복한 후 제국의 수도를 오르혼 강가에 위치한
   카라코룸에 건설하였다. 이곳은 쿠빌라이가 수도를 북중국 방면으로 옮길
   때까지 거의 40년 가까이 제국의 수도가 되었다. 그러나 유목민이었던 몽
   골인들은 여전히 한 곳에 정착해서 생활하는 데에 익숙하지 않았기 때문
   에, 몇몇 지점을 돌아다니며 천막에서 생활했는데, 군주들이 머무는 천막
   을 '오르두(ordu, horde)'라 불렀다. 20세기 중반 러시아의 키실료프 조사
   대의 발굴 결과에 의하면, 카라코룸 성벽은 남북 2,500미터, 동서 1,500미
   터이고, 만안궁은 남북이 120미터이고 동서가 80미터의 규모라고 하였다.
   С. В. Киселев, ет ал. Древнемонгольские *города*(Москва: Издательство
   Наука, 1965), 123, 124: 대칸 오고데이는 봄의 첫 달(3월 21일-4월 21일)
   에 카라코룸 궁전(Qarshi, 萬安宮)에서 머물다가, 북으로 약 40킬로미터의
   게겐 차간(Gegen Chaghan, 迦堅茶寒)에서 40일간 머물다가, 6월 초에 카
   라코룸에 잠시 머물다가 동쪽으로 며칠 거리 떨어진 투즈구 발리크에서
   4-5주가량 머물렀다. 7월에 동남쪽으로 더 내려가 시라 오르두(황금빛의
   천막)에서 8월 21일경까지 머물다가, 더 남쪽으로 내려가 쿠케 나우르 호
   수 근처에서 40일 정도 머물렀다. 겨울이 되는 10월 초에 더 남쪽으로 내
   려가 웅긴 강 근처에서 한 겨울 석 달 머무른 뒤 2월 말경이 되면 다시

때의 기독교인은 주로 서방에서 끌려온 포로들이 많았다. 그들은 프랑스와 헝가리, 알란, 러시아, 그루지야, 아르메니아 등 여러 나라의 기독교인들이었다.[8] 특별히 오고데이가 네스토리안 웅구트족(汪古, Onghut) 마씨 가족[9]인 마경상(馬慶祥)[10]의 세 아들 삼달, 천민(天民), 요하난(月忽難)을 카라코룸의 관리로 임명하였다. 14세기 그의

북상하여 투즈구 발리크를 거쳐 카라코룸으로 돌아왔던 것이다. 구유크와 몽케도 이러한 계절이동의 패턴을 가졌다. 쿠빌라이가 수도를 북중국으로 옮기면서도 내몽골 금련천 부근을 여름 수도 '상도'로 삼고, 북경 지역에 겨울 수도 '대도'로 삼았다. 쿠빌라이는 매년 음력 2-3월이면 대도를 떠나 상도에 머문 뒤, 9월이 되면 다시 대도로 돌아왔다. 이는 원나라 말기까지 그대로 했다. 이 두 수도는 약 300킬로미터에 달했고, 20-25일 걸렸다. J. A. Boyle, "The Seasonal Residences of the Great Khan Ögedei", *Sprache, Geschichte und Kultur der altaischen Völker: The Mongol World Empire 1206-1307*(Berlin, 1974; London: Variorum Reprint, 1977), 145-151.

8) 그들 중에 파리 출신 포로 기욤 부시에가 있었고 기독교인 몽케의 셋째 부인 우굴카이미시의 천막에서 일하는 하녀가 포로 출신으로 러시아인과 결혼하여 세 명의 아들을 두었다. P. Jackson, tran., *The Mission of Friar William of Rubruck: His Journey to the Court of the Great Khan Möngke 1253-1255*(London: The Hakluyt Society, 1990), 213.

9) 이들은 서역에서 이주해왔다가 요금 교체기에 요동 지방으로 끌려갔으나, 후일 12세기 전반 음산 산맥 부근에 정착한 마경상(Yohanan, 月合乃, 馬慶祥)의 일족이다. 그의 부친 시리기스, 조부 바르 소마 엘리수(Bar cauma Eliso), 증조부 테무르 우게이다. 마경상의 아버지 시르기스(Sargis, 習禮吉思)는 6개 언어에 통달했고 과거에 합격했으며 선종(宣宗 1213-1223) 때 봉상부병마판관(鳳翔府兵馬判官)을 역임했고 마(馬)라는 중국식 성을 처음 썼다. 馬祖祥 選, 「禮部尙書馬公神道碑」, 元文類 권67.

10) 마경상이 금나라 위소왕(衛紹王) 때에 몽골에 사신으로 갔는데, 칭기즈칸이 그의 명석한 언변에 깊은 인상을 받아 야이첨도고날(也而添圖古捏), 즉 능사(能士)라는 별명을 주었다. 칭기즈칸은 자기 사람을 만들길 원하여 돌아가지 말 것을 청했으나 군주를 배반한즉 불충(不忠)이고 사신으로 갔다가 보고하지 않은즉 불신(不信)라고 하면서 거절했다.

후손인 마조상(馬祖常)은 마경상(馬慶祥)을 추모하는 신도비(禮部尚書馬公神道碑)에 '중국에서 태어나지 않았으나 학문과 문헌에 대한 그의 지식은 추로(鄒魯, 공자가 태어난 지방)의 선비들보다 더 뛰어났다'고 평했다.11) 이 신도비문 안에는 한어(漢語)로 음역(音譯)과 다소 다르긴 하나 네스토리안에서 사용하는 기독교인 이름12) 일부가 들어 있어 그를 통해 네스토리안파(경교)를 믿어온 집안임을 추론할 수 있다. 특히 마경상의 셋째 아들 요하난은 쿠빌라이에게까지 봉사하여 예부상서(禮部尚書)에 올랐고, 요하난의 둘째 아들 마세창(馬世昌)은 행상서성의 낭중을 역임했고, 마세창의 둘째 아들 마윤(馬潤)은 하남성 광주의 행정책임자가 되었고, 마윤의 여덟 아들 모두 과거에 합격하여 진사가 되거나 국자감에 들어갔다. 마윤의 첫째 아들 마조상(馬祖常)은 연우 초년(延祐, 1314-1320)에 행시와 회시에 수석으로, 정시(廷試)에 차석으로 합격했고, 태정(泰政) 연간(1324-1327)에는 예부상서가 되었다.13) 이처럼 마경상의 아들 요하난(月忽難) 때부터 중국식 관습과 유학에 심취하면서 웅구트족 기독교 전통이 위축되어 갔음을 알 수 있다. 그 예로 마윤의 동생 마절(馬節)이 산서성 왕옥산(王屋山)에 들어가 도사가 되었다. 또 웅구트족 출신의 관리들 가운데 조세연(趙世延)은 쿠빌라이에게 발탁되어 연우 초년(1314)에는 어사대 중승에 임명되었다. 그의 글 가운데

---

11) 馬祖祥 選, Ibid.

12) 審溫(Simeon)과 闊里吉斯(Georges), 保六賜(Paulus), 岳雄(Jahanan, Jean), 雅吉(Yakub, Jacques), 天合(Denha), 易朔(Yiso, Jesus), 祿合(Luc) 등이다. H. H. Howorth, *Into All the World*, 65.

13) 그는 원대의 대표적인 문장가로 그의 글을 모은 *석전집*(石田集)이 전해지고 있다. *元史* 권143 馬祖常傳, 3411-3413.

상당수가 도교에 관한 것들이다. 이처럼 원나라에서 활동하던 옹구트족 네스토리안은 점차 유교와 도교에 기울게 되었다.14) 따라서 오고데이시대에 네스토리안 기독교인은 소수였고 그들 중에 포로 출신이 많았다. 또한 옹구트족 네스토리안 마씨 일가가 몽골제국에서 관리로 등용되면서 신앙을 지키지 못한 것을 볼 수 있다. 아마 이것은 기독교 신앙을 지도할 지도자의 부재에서 그 원인을 찾을 수 있을 것으로 보인다.

셋째, 오고데이의 장남 정종 구유크(Guyuk, Kuyuk, 1241-1248)가 제3대 대칸이 되어 카라코룸(Karakorum)에 수도를 정하는데, 네스토리안파 어머니 투레게네(탈열가나)의 신앙으로 인하여 기독교 영향을 받았을 가능성이 크다는 사실이다.15) 구유크가 낳은 두 아들의 이름도 노아(Noah, 뇌홀)와 큐차(Khu-cha, 홀찰)인 것으로 보아 기독교 신자였던 것으로 보인다. 최초의 가톨릭 아시아 선교사인 프란체스코파 플라노 카르피니(Giovanni Plano Carpinis, Pian di Carpina, 1182-1252)에 의하면, 대칸의 개인 성직자는 네스토리안이었으며, 항상 이동하는 칸의 큰 천막 앞에 네스토리안 예배당이 있어 정해진 예배시간을 알리기 위해 공개적으로 찬송과 나무판을 두드렸다고 증거하였다.

도손(C. Dawson)은 몽골제국의 한 기독교인의 주장을 전해 주고 있는데, 대칸 자신이 기독교인이었다고 하였다.16) 또한 대칸의 가족

---

14) Ch'en Yuan, *Western and Central Asians in China under the Mongols*(Los Angeles: Univ. of California, 1966), 41-53. 110-119; P. Y. Saeki, *The Nestorian Documents and Relics in China*. 2d ed. (Tokyo: Maruzen, 1951), 480-488.

15) Luc. Kwanten, *유목민족제국사*. 송기중 역(서울: 民音社, 1984), 336.

들도 확실한 믿음을 가졌는데, 이에 대칸은 가족들을 위해 기독교
물품들을 공급해 주었다. 구유크는 네스토리안 기독교인을 많이 등
용했는데, 메르키트족 친가이(Chinkei, 鎭海)가 제국의 수석서기관
(protonotary)으로 행정 책임을 맡았다.[17] 또 네스토리안인 카닥이
구유크가 어렸을 때부터 '후견인(atabeg)'으로 돌보았다. 카르피니는
카닥을 '제국 전체를 관할하는 장관(procurator)'이라고 불렀다.[18] 바
르 헤브라에우스(Bar Hebraeus)가 말하길, 구유크의 왕실에 성자와
사제와 수도사로 가득 찼다고 하였다.[19] 카르피니(Giovanni Plano
Carpinis)[20]는 1245년 4월 6일 몽골 대칸에게 보내는 교황의 친서를
가지고 유라시아 초원을 횡단하여 카라코룸까지 방문하여 구유크를

---

16) C. Dawson, ed. *The Mission to Asia: Narratives and Letters of the
Franciscan Missionaries in Mongolia and China in the Thirteenth and
Fourteenth Centuries*(London: Sheed and Ward, 1955; repinted New
York: Harper Torchbook, 1966), 68.

17) 이슬람 측에서는 그를 퀴구르(Quigour)인이라고 잘못 말하고 있다; 친
카이의 약전(略傳)은 *元史* 권120, 鎭海傳, 2963-2964; P. D. Buell,
"Čingqai", *In the Service of the Khan*(Wiesbaden: Harrassowitz,
1993), 95-111. 친가이는 구유크의 할아버지 칭기즈칸을 도와 많은 전공
을 세워 금호패(金虎牌)와 오르혼 강 유역 '친가이성(鎭海城)'을 하사받
았었다. 친가이의 세 아들 모두 기독교 이름인 요셉(Joseph)과 바쿠스
(Bacchus), 조오지(Georges)이었고 그의 후손들은 모두 원 말(元末)까
지 주요 고위직을 역임했다.

18) Christophe Dawson, ed. *Mission to Asia: Narratives and Letters of the
Franciscan Missionaries in Mongolia and China in the Thirteenth and
Fourteenth Centuries*(London: Sheed and Ward, 1955; repinted New
York: Harper Torchbook, 1966), 46.

19) Bar Hebraeus, *The Chronography of Gregory AbÛl Faraj* trans. E. A.
W. Budge vol.2(London: Oxford University Press, 1932), 411.

20) 이탈리아인 카르피니는 앗시스의 프란시스(Francis of Assisi)의 직접적
인 제자이며 삭센 수도원장과 독일지역의 주교 일을 보았었다.

178

만나고 돌아와 *몽골인의 역사*(Historia Mongalorum)[21]를 저술하였다. 그는 1246년 7월 22일에야 제3대 대칸 구유크(Kuyuk, Guyug)의 시라 오르도(Sira Ordo, 황색 천막)에 도착하였다.[22] 카르피니의 보고서 중에 "그들 중국인(Cathay)은 자신의 문자로 된 신구약성경을 가지고 있었으며 그곳에 교회당도 서 있는 것을 보았다. 그들은 구제에 특별히 힘쓰고 있었으나 세례의식은 없었다"고 하였다.[23] 그는 대칸 구유크의 즉위식[24]인 8월 24일에 교황의 친서를 전달했고, 11

---

21) C. Dawson, ed. "a nun of Stanbrook Abbey"을 참고하라. 그의 글은 뱅상 보베의 역사전서에 수록되어 중세 유럽에 알려지게 되었다. 그와 동행했던 폴란드인 베네딕트(Benedict)의 간단한 여행을 편집한 것이 *타타르의 역사*(Historia Tartaorum)로 기록되어 있다. R. A. Sketlton et. al., *The Vinland Map and the Tartar Relation*(New Haven: Yale University Press, 1965)을 참조하라.

22) 그들은 다시 9개월을 여행하면서 눈 덮인 곳에서도 식물을 찾을 수 있는 몽골 조랑말(pony)을 타고 "생사를 알 수 없을 정도였고, 사순절(Lent) 기간도 오직 소금과 물에 탄 수수를 먹었고 ……, 주전자에 눈을 녹여 마셨다." W. W. Rockhill, trans. and ed. "Plano Carpini" in *The Journey of William of Rubruck to the Eastern Parts, 1253-55, as Narrated by Himself, with Two Accounts of the Earlier Journey of John of Pian de Carpine*(London: Hakluyt Society, 1900). 11: 그 전에 카르피니 일행은 지금의 우크라이나(Ukraine)인 북쪽 길을 따라 러시아의 몽골 군주 바투(Batu)에게로 가서 교황 친서를 전달하였으나, 바투는 그것을 대칸에게 전달하도록 명령하였다. C. Dawson, ed. *Mission to Asia: Narratives and Letters of the Franciscan Missionaries in Mongolia and China in the Thirteenth and Fourteenth Centuries*(New York: Harper Torchbook, 1966), 52.

23) H. Yule and H. Cordier, *Cathay and the Way Thither.* 4 vols: Odoric of Pordenone(London: Hakluyt Society, 1913-1916), 1:156-157.

24) 2명의 네스토리안 수사들을 포함해서 4천 명의 사절들과 대사들이 참석했는데, 그들 중에 셀죽크(Seljuk) 술탄과 러시아의 대공 야로스라브(Jaroslav: Alexander Nevski의 아버지), 중국과 고려 왕자들도 있었다.

월 13일에 그의 친서를 가지고 귀로에 올라,[25] 1247년 겨울에 리옹 (Lyons)에 있는 교황에게 보고하였다. 이 친서는 19세기까지 공개되지 않았다. 그 이유는 교황의 개종 권유를 무시하고 교황과 유럽의 군주들이 신속히 복종할 것과 직접 자신의 궁정을 찾아와 복속의 의사를 표시하라[26]는 내용을 담고 있었기 때문이다. 이와 같이 구유크 시대는 고위직의 네스토리안인 친가이와 카닥과 친기독교적인 왕실로 인해 네스토리안 기독교가 세력을 얻었다. 그래서 페르시아의 역사가 주바이니(Juvaini)는 구유크 치세에 기독교는 번영을 구가하였지만, 무슬림들은 누구도 감히 목소리를 높여 기독교인을 비판할 수

---

25) 구유크 칸은 몽골 사절들과 함께 가도록 했다. 이에 카르피니는 정중하게 거절했는데, 그 이유는 '우리 가운데 분쟁과 전쟁을 보면서 나쁜 소문을 내는 것과 우리 땅에 첩자가 되는 것과 도중에 우리를 죽일지 모른다는 두려움 때움이라'고 하였다. C. Dawson, 68. 이는 연약한 서방을 드러나는 것을 두려워했기 때문이다.

26) C. Dawson, 60-84; 이것은 교황에게 보내는 율령(律令)이다…… 당신은 우리에게 종속관계를 제안하였다…… 우리에게 기독교인이 되라고 하였다…… 이러한 요구를 우리는 이해할 수 없다. 더구나 당신은 나에게 이런 말로 편지하였다: "당신은 마자르인들(Magyars, 헝가리인)과 다른 기독교인들의 영토를 공격하였는데…… 그들의 죄가 무엇인지 나에게 말하라." 그런데 마찬가지로 당신의 이런 말들을 우리는 이해할 수 없다……. 당신이 말한 사람들(헝가리인들과 기독교인들)이 스스로 심히 건방졌고 우리 사절들을 살해하였다. 그러므로 영원한 하늘의 명령에 따라 그들은 죽임을 당하였다……. 그리고 당신이 말할 때, "나는 기독교인이고 하나님께 기도하며 심문도 하고 멸시도 한다"고 했는데, 어떻게 당신은 하나님께 기뻐하는 자와 그의 은혜를 분배한 자들을 아는가?…… 영원한 하늘의 힘에 감사하라, 해가 뜨는 데서부터 해가 지는 데까지 모든 땅은 우리에게 주어졌으며…… 이제……, 당신 스스로 군주들의 수장에게, 예외 없이 당신의 모두가 좀더 부드럽게 우리게 섬기려 와야만 하고 경의를 표해야 한다. M. Prawdin, *The Mongol Empire, Its Rise and Legacy*, trans. Eden and Cedar Paul(London: George Allen and Unwin, 1940), 280.

180

없었다고 하였다.[27] 그러나 구유크는 불교도 존중하여 티베트의 라마(Lama)를 국사(國師)로 높여서 전 제국의 불교 장관으로 삼고, 불교가 모든 종교의 근원이라고 말하였다. 또한 구유크는 북중국과 중앙아시아를 무슬림 상인 출신인 얄라바치와 마수드 벡 부자에게 위임하기도 했다. 구유크는 자주 종교토론을 열었는데, 주자니(Juzjani)가 남긴 기록에 구유크와 무슬림 이맘(imam) 누르 앗딘의 대화가 있다.

> (구유크가) "예수가 여인을 탐하지 않는 선지자라면, 어찌해서 모하메드는 아홉 명의 부인을 두었는가?"(라고 묻자, 누르 앗딘은) "다윗도 99명의 부인을 두었고, 솔로몬은 360명의 부인과 1천 명의 하녀를 두었다." (이에 구유크는) "그들은 왕이 아닌가?"라고 하자 그는 대답을 못하였다. 이에 전능하신 하나님께서 그날 밤 구유크에게 병을 내려 칼로 동맥을 끊으셨고, 그날로 그는 지옥에 떨어졌고 무슬림들은 그의 학정과 억압에서 구원을 얻었다고 하였다.[28]

서아시아 주둔 몽골군 사령관 엘지기데이가 1248년 제7차 십자군(1243-1254)에 출정한 프랑스 루이 9세에게 구유크의 어머니가 사제왕 요한의 딸로 구유크와 자신이 모두 세례교인으로 예루살렘을 탈환하는 것을 도와주겠다고 약속하였다.[29] 그러나 이것은 엘지기데이

---

27) Juvaini, *The History of the World-Conqueror*, 259.

28) 구유크가 기독교 사제와 도교 도사들의 부추김에 의해서 호레즘 지역의 무슬림 이맘(imam) 누르 앗딘을 소환하여 종교토론을 열었다. Juzjani, *A General History of the Muḥammadan Dynasties of Asia, including Hindūstān, from A. H. 194(810 A.D.), to A. H. 658(1260 A.D.), and the Irruption of the Infidel Mughals into Islām(Ṭabaḳāt-i-Nāṣirī)* trans. H. G. Raverty, vol.1-Ⅱ. (London, 1873-1881), 1160-1164.

의 당면한 적인 칼리프와의 전쟁을 앞두고 취한 전략적인 것에 불과
했다. 구유크가 기독교로 개종했다는 것은 사실이 아니며, 그 모친도
투레게네(탈열가나)로 사제왕 요한과 무관한 메르키트족 출신이었
다.30) 그러나 구유크와 그의 모친이 기독교인이라는 소식에 고무된
프랑스의 루이 9세는 이동식 예배당을 준비하여 롱주모(Andre de
Lonjumel)를 단장으로 하여 사절단을 1249년 1월 27일에 보냈다.
1248년 4월에 이미 죽은 구유크를 대신하여 대칸의 미망인에게로 갔
다가, 1251년 4월 가이사라(케사리아)에 머물고 있던 루이 9세에게
대칸 미망인의 답서를 전달했다. 이 글에서 그녀는 해마다 얼마간의
금과 은을 보낼 것과 만일 그렇지 않다면 모두를 절멸시킬 것이라는
내용이었다. 이런 사실은 엘지기데이가 종교를 얼마나 정치적으로
이용하였는지를 알려주는 것이다.

넷째, 서구에서 말하는 사제왕 요한(옹 칸, Wang-Khan)의 친형제
케레이트족 군주 자카감부(Jaqa-gambu, Jagambu)는 칭기즈칸(테무
친)과 두터운 친분을 유지하고 있었는데, 그에게는 두 딸 이바카 베키
(Ibaka-beki)와 소르각타니 베키31)(唆魯忽帖尼別吉, Sorkaktani-

---

29) 프랑스 루이 9세(Louis IX)가 네스토리안인 다윗과 마가로부터 서아시
   아 주둔 몽골군 사령관인 엘지기데이가 보낸 친서를 받았다. 그 친서에
   서는 우리가 지금 이곳에 온 것은 기독교의 이익과 안전을 위함이라고
   하면서 천하의 왕(구유크)께서는 라틴파와 헬라파, 아르메니아파, 네스
   토리안파, 야콥파 등 십자가를 향해서 기도하는 사람들 사이에 아무런
   차별이 없다고 하면서 그들을 구분하지 말고 기독교인들에게 똑같이 자
   비를 베풀 것을 말한다고 하였다.
30) Rashid ad-Din, *The Successors of Genghis Khan*, Trans. J. A. Boyle
   (New York: Columbia University Press, 1971), 18-19.
31) 소르각타니에 대한 여러 음역은 다양하다. Sorkaktani(Saunders),
   Sorghaghtani(Encyclopedia of Asian History), Sorkhakhtani or

182

beki)가 있었다. 칭기즈칸은 소르각타니를 그의 막내아들 톨루이
(Toluy, Tolui, 1190-1231/32)에게 아내로 주었다.[32] 톨루이와 소르칵
타니 베키 사이에서 큰아들 몽케(Möngke, 제4대, 헌종)와 둘째 아들 쿠
빌라이(Qubilay, 제5대, 세조), 셋째 아들 훌라구(Hülegü, 일칸국 건국
자, 페르시아의 칸), 넷째 아들 아릭 부케[33]를 낳았다.[34] 동시대에 살
았던 바르 헤브라에우스는 다음과 같이 기록하였다:

> 이제 이 여왕은 네 명의 아들들을 두었다…… 모든 왕자들은 그의 통
> 치력에 놀라워할 정도로 그녀의 아들들을 잘 훈련시켰다. 그리고 그
> 녀는 헬레나(Helena, 콘스탄틴의 아내)처럼 성실하고 진실한 기독교
> 인이었다. 그녀는 어떤 시인이 말한 것처럼 존경받았다. "내가 여인들
> 의 종족 가운데 이처럼 또 다른 여자를 본다면 나는 말하겠네, 여자
> 들의 종족은 남자들의 종족보다 훨씬 우위에 있었다고."[35]

가톨릭 수도사 카르피니는 그녀에 대하여 말하기를 "타타르족[36]

Serurkhokhantaitai(Spuler), Ssorqoqtani(Boyle), Sorghaqtani(Grousset),
Sorhatani(Moule), Siurkukteni(Howorth), Sorocan(Latin), 중국어는
Hsien-i-chuang-sheng.

32) 칭기즈칸은 이바카 베키를 자기 아내로 가졌다가 다시 그의 충실한 신
   하 주르체데이(Jürchedei)에게 주었다. B. Spuler, 22, 32, 45; 라쉬드 알
   딘(Rashid al_Din)은 자카감부의 두 번째 딸이 또 있는 것으로 기술하
   고 있다. 그 두 번째 딸은 베크투트미쉬(Bek-tutmish)로 칭기즈칸의 장
   남 조치(Jochi)의 첫째 부인이 되었다고 하였다. Rashid ad-Din, 99.

33) 루브록은 소르칵타니 베키의 막내아들 아릭 부케가 기독교인이고, 아릭
   부케의 아들 멜렉 테무르도 기독교인이라고 기록하고 있다. P. Jackson,
   tran., The Mission of Friar William of Rubruck, 223-225.

34) Rene Grousset, Conqueror of the World, 141-142.

35) Bar Hebraeus, Chronicon Ecclesiasticum, 1:398.

36) 몽골계 부족의 한 이름이 타타르(Tatar, 한자로 달단(達靼))에서 나온

가운데 이 부인은 황제의 어머니를 제외하고는 가장 명성 있고 (바투)를 제외하고는 어느 누구보다 더 강하다"고 하였다.37) 그녀의 남편 툴루이(Tolui)가 42세로 20년 일찍 죽자, 대칸 오고데이(Ogetai)는 이 과부를 그의 아들, 즉 나중에 제3대 대칸이 되는 구유크(Kuyuk)와 결혼하도록 제안하였으나 소르칵타니는 "나는 네 명의 아들들을 일으켜 세워야 한다"고 사려 깊게 사양하였다. 그녀는 몽골의 유목민족이 아닌 중국의 농부를 발견하고 현명하게도 자녀들에게 사냥과 말 타는 것을 자제시켜서 가장 모범이 되는 것이야말로 농업임을 격려했다.38) 한 세대 후에 무슬림 역사가 라쉬드 알딘(Rashid al-Din)은 다음과 같이 기록하였다:

> 그녀는 매우 지성과 능력을 가졌으며 세상의 여인들 중 훨씬 뛰어났다. …… 그녀의 아들들이 그들의 아버지에 의해 남겨졌을 때, 그들의 몇몇은 여전히 어린아이여서, 그녀는 그들의 교육에 큰 수고를 했고, 그들에게 다양한 성취와 좋은 태도를 가르쳤고 그들 가운데 조금도 싸울 틈도 허용하지 않았다. 그녀는 그들의 부인들에게도 서로서로 마음으로 사랑할 것을 지시하였다. 여기서 그녀의 지성과 능력으로 말미암아 그녀의 아들들의 위치를 그들의 사촌들 위로 올려놓았으며 그들이 칸과 황제의 반열에 이룰 수 있는 것도 그 때문이었다."39)

것인데, 유럽인들은 몽골인들을 타르타르(Tartaros)라고 하였다. 이는 라틴어로 지옥을 뜻한다.

37) C. Dawson, ed. "Plano Carpini", 26.

38) 물론 그녀의 시동생 제2대 대칸 오고데이도 농업을 격려해야 한다는 것을 알고 있었다. L. Moses and S. A. Halkovic, Jr., *Introduction to Mongolian History and Culture*(Bloomington, IN: Univ. of Indiana Press), 6, 7.

39) Rashid al-Din, *The Successors of Genghis Khan*, 168-170.

184

그녀의 영향으로 몽골제국에서 기독교는 대중화되었고, 중국과 중앙아시아에도 영향을 미쳤다. 그 후 케레이트 가문에서 몽골제국의 황후들이 나오게 되었다. 페르시아의 역사가 주베이니는 소르칵타니 베키가 일족과 친척들에게 선물을 나누어주고, 군인과 이방인들에게도 아낌없이 베풀어 그녀의 뜻에 복종하도록 만들었다. 모든 사람의 마음과 영혼 속에 그녀에 대한 애정을 심어주어서, 제3대 구유크 칸(정종)이 사망하자, 대부분 사람들은 왕국의 열쇠를 그녀의 아들인 몽케에게 맡기게 되었다고 기록하였다.[40]

1246년 오고데이의 아들 구유크가 2년 후에 죽자 그의 부인인 메르키트(Merkid)족 오굴카이미슈가 섭정하면서 오고데이 손자 시레문을 대칸으로 세우고자 했으나, 소르각타니 베키가 조치의 손자 바투와 함께 별도의 쿠릴타이를 열어 몽케를 대칸으로 지명하였다.[41] 소르칵타니 베키(Sorkaktani beki, 1252 사망)는 후에 '성녀(聖女)'로 숭배와 제사의 대상이 되기까지 했다. 이와 같이 소르칵타니 베키는 자녀들을 향한 비전 있는 교육으로 몽골제국 안에 네스토리안 기독교의 초석을 놓았다고 할 수 있다.

다섯째, 칭기즈칸의 넷째 아들 톨루이의 장남 현종 몽케(Mangu, Mongke, 1251-1260)[42]가 몽골제국의 제4대 대칸이 되었는데, 어머니인 소르각타니 베키로부터 네스토리안 기독교의 영향을 지대하게 받았다.[43] 수도사인 루브룩(Willem de Rubruk, William of Rubruck,

---

40) Juvaini, *The History of the World-Conqueror*, 552.

41) Junko Miyawaki(宮脇 淳子), *최후의 유목제국*(Saigo No Yuboku Teikoku), 조병학 역(서울: 백산출판사, 2000), 98-99.

42) Mongke는 몽골식 이름이고, 초기 서구의 작가들은 투르크식인 Mangu 라 하였다.

1215-1270)44)이 선교 목적으로 몽골 카라코롬(Karakorum)에 1254년 1월 4일에 도착하여 대칸 몽케와 여러 번 회견을 가졌다. 그는 *여행기*(Itinerarium)45)를 저술하였는데, 이 책에 의하면 대칸 몽케(Mongke, Mangu)에게는 그의 어머니 네스토리안 신앙의 영향과 1253년 아르메니아의 기독교인 왕 하이돈 1세(Haithon Ⅰ)가 방문했을 때 몽골 궁정에서 아르메니아(그러므로 단성론자) 주교에 의해 받은 세례의 증거를 표시할 만한 것은 없었다고 하였다.46) 그러나 몽케는 어머니 소르각타니와 그의 주요한 상담자 불가이(Bulghai)를 포함하여 왕실의 많은 특출한 네스토리안들의 존재에 주목하였다.47) 가장 고위직 왕실 그룹 가운데 기독교의 주요 핵심인 몽케 칸의 첫째 부인(Kutuktei 혹은 Qutuqtai)과 장남(Baltu), 그의 막내 동생 아

---

43) H. H. Howorth, *History of the Mongols*, 1:170, 171.

44) W. W. Rockhill, *The Journey of William of Rubruck*, 40-304를 참조하라.

45) 역사는 루브룩에게 친절하지 못하였다. 20년 후 마르코 폴로는 루브룩보다 더 못했지만 그의 여행 기록은 하룻밤 사이에 유명하게 되었다. 루브룩의 여행기는 250년간 무시되었다가 1589년 Richard Hakluyt에 의해 28장으로 첫 출판되었고 1625년에 완성본이 *순례자*로 나왔다.

46) J. A. Boyle, "The journey of Het'um I, King of Little Armenia, to the Court of Great Khan Mongke", in *Central Asia Journal* vol.9, no.3(Wiesbaden, 1964)을 참조하라.

47) 한때 구유크의 서기관 친가이와 함께 네스토리안 기독교인들이 몽케가 대칸되는 것을 반대했지만, 몽케의 어머니와 몽케의 중신(重臣) 볼가이(Bolghai)이도 네스토리안이었기 때문에 네스토리안에 대한 탄압까지는 받지 않았다: Bulgai(or Bolgai)는 몽케의 수석 서기관일 뿐만 아니라 재정과 가정 총무였다. W. W. Rockhill, trans. and ed. *The Journey of William of Rubruck to the Eastern Parts, 1253-55*(London: Hakluyt Society, 1900), 182; T. T. Allsen, *Mongol Imperialism. The Policies of The Grand Qan Möngke in China, Russia, and The Islamic Lands, 1251-1259*(Berkeley, Los Angeles, London: Univ. of California Press, 1987), 94, 95.

릭부케(Arikbuka, Arikh-Boke)가 기독교인이었다. 사실 이들 셋은 동맹하여 몽케가 죽자, 아릭부케를 대칸으로 세우기 위해 5년간 제5대 대칸 쿠빌라이(Khublai)와 경쟁하기도 하였다.[48] 몽케에 대한 종교적인 면은 루브룩을 통해 알 수 있는데, 한번은 대칸이 루브룩을 거대한 몽케 천막에 불러 그 자신의 종교적 신앙을 이야기했다. "…… 우리는 오직 한 하나님만 믿는다. 그러나 하나님께서 우리에게 손의 각각 다른 손가락을 주시는 것처럼…… 그는 사람들에게 다양한 길을 주신다"고 하였다. 대칸은 자신이 자랑스러운 몽골인이며 샤만주의자임을 말하고 있다. "하나님은 당신에게 성경을 주셨다. 그리고 당신은 그들을 지키지 못한다. 그는 우리에게 점쟁이들(샤만인)을 주었다. 우리는 그들이 우리에게 말한 것을 행한다. 그리고 우리는 평화롭게 산다."[49] 루브룩은 자신에게 모세와 같은 이적과 기사가 있었더라면, 이 대칸이 믿었으리라 생각하였다.[50] 이로 본건데, 몽케 대칸은 어머니 소르칵타니 베키의 기독교 영향을 강하게 받았지만, 기독교인이라기보다 보편주의자(ecumenical)이고 혼합주의자인 것을 볼 수 있다. 루브룩의 기록에 의하면, 카라코룸에 12개의 이교도 사원(아마 불교)과 2개의 무슬림 모스크, 한 개의 네스토리안 교회가 있다고 하였다.[51] 이처럼 네스토리안파는 왕실에는 강했으나, 민중에게는 영향을 못 미쳤던 것 같다.

  1254년 2월 7일 칠순절을 맞아 아르메니아인 사제 세르기우스와

---

48) W. W. Rockhill, *The Journey of William of Rubruck*, 184, 189, 224.

49) Ibid., 235.

50) 그러면서 궁전에 머무는 동안 기독교인 포로 6명에게 세례 주었다고 하였다. M. Prawdin, *The Mongol Empire, Its Rise and Legacy*, 300, 301.

51) P. Jackson, *The Mission of Friar William Rubruck*, 221.

네스토리안 사제들과 함께 십자가를 앞세우고 몽케 칸의 처소와 그 일족의 오르두를 돌면서 축도를 올리는 기회를 가지게 되었다. 먼저 첫 부인인 쿠툭타이(Kutuktei 혹은 Cotota) 천막에 들어갔다. 몽케는 네스토리안 사제들이 건네준 향을 향로 위에 놓고 그 연기를 쐬었다.[52] 그리고 방문한 모든 사제들이 돌아가면서 몽케의 잔에 축도를 올렸다. 그 다음 장남 발투(Baltu)의 천막과 몽케의 둘째 부인인 코타이의 천막, 셋째 부인인 오이라트족인 오굴카이미시[53]의 천막, 넷째 부인의 천막에 차례로 들른 뒤 교회로 돌아왔다.[54] 루브룩은 이

---

52) 필자가 사역하는 사마르칸트에 약 2만 명의 집시족 롤라족이 있는데, 향로 같은 그릇에 향기 나는 풀들을 피워 축복을 빌며 적선을 요구하는 것을 볼 수 있다. 아마 이것이 네스토리안 기독교 영향이 아닌가 싶다.

53) 루브룩은 카라코룸에서 이미 사망한 몽케의 셋째 부인 기독교인이며 오굴카이미시 사이에서 낳은 딸 키리나가 어머니의 천막을 물려받아 살고 있는 곳을 방문하였다. 오굴카이미시는 원래 몽케의 아버지 톨루이의 부인이었지만 수계혼(收繼婚) 관습에 따라 몽케에게 다시 시집오게 된 것이었다. 몽골인(타타르인)의 결혼은 남자는 부양할 능력이 있으면 100명도 아내를 얻을 수 있고, 첫 부인이 정당한 권리와 가장 높은 지위가 부여된다. 부친의 사후 생모를 제외한 부친의 아내들도, 형제들의 미망인도, 사촌자매도 아내로 얻을 수 있다. Marco Polo, 98, 99; 오굴카이미시의 아버지는 처음에 칭기즈칸과 맞서 싸우다가 후일 투항한 오이라트족의 수령 쿠투카 베키이다. P. Jackson, 178. 따라서 오이라트족은 바이칼호 동쪽의 울창한 삼림지대에 살고 있었기 때문에 초원의 유목민들과 구별되어 '삼림민'이라고 불렀다. 샤머니즘이 지배적인 그들에게 '베키'라는 칭호로 불린 수령들은 일종의 '무왕(巫王)'과 같은 존재였다. B. la. Vladimirtsov, *Obshchestvennyi stori Mongolov: Mongol'skii kochevoi feodalizm*(Leningrad: Izdalel'srvo AN SSSR, 1934), 49-51. 따라서 오굴카이미시가 기독교인은 것으로 보아 네스토리안이 오이라트족의 삼림민에게까지 전파되었음을 입증해주는 셈이다.

54) 그 다음 장남 발투(Baltu)의 천막으로 갔다. 발투는 곧바로 자리에 일어나 머리를 땅에 대고 십자가에 경의를 표했다. 그의 이런 믿음은 그의 스승이자 네스토리안 사제였던 다윗의 영향을 받았다. 그 다음 몽케의

들 네스토리안에 대하여 아래와 같이 비난하였다:

그들은 절대적으로 타락했는데, 그들은 고리대금업자이며 술주정꾼이
다: 타타르족 가운데 사는 그들 중 몇몇은 여러 부인들을 가졌고, ……
(그들이 원치 않아) 주교는 50년에 한 번 정도 방문한다. 그들 사내아
이 모두는 심지어 요람에 있을 때부터 거의 사제로 임명받는다. 그들은
중혼을 하는데, …… 그들은 자녀들과 부인들을 위해서는 애쓰고 신앙
보다 그들의 부의 증가에 더 관심이 많다. 그들 중 몇몇은 비록 그들의
타락한 삶과 기독교 신앙에서 벗어난다 할지라도 몽골 귀족의 아들들
에게 복음서와 신앙 기사를 교육시킨다. 그 이유는 투인들(Tuins, 불교
의 승려나 중) 혹은 우상숭배자들이 더 무지하기 때문이다."[55]

그리고 그들은 시리아어 성경을 읽고 예배를 올린다고 하지만, 그
언어에 대해서는 무지하다고 하였다.[56] 루브룩이 마침 부활절을 맞
이하여 네스토리안 사제들이 베푸는 성찬식에 참석하였다.[57] 오순절

둘째 부인인 코타이의 천막으로 갔다. 그녀는 기독교를 믿지 않았다. 그
다음 셋째 부인인 기독교인이며 오이라트족인 오굴카이미시의 천막으로
갔다. 그녀가 죽은 뒤 그 천막은 그의 딸인 키리나(혹은 시린)와 젊은
다른 부인이 공동으로 소유하고 있었다. 마지막으로 이교도였던 넷째 부
인의 천막에 들른 뒤 교회로 돌아왔다. C. Dawson, Ibid., *The Mission
to Asia*, 160.

55) W. W. Rockhill, *The Journey of William of Rubruck*, 144.

56) 루브룩은 말하길 또한 교회에 들어갈 때에는 마치 사라센이 하듯이 발
을 씻으며, 사라센의 관습에 따라 금요일에 고기를 먹고 축제를 연다고
하였다. 더 부끄러운 일은 사제들이 거짓말쟁이고 성직(聖職) 매매자이고
불교 승려가 네스토리안보다 더 존경받는다고 말한다. C. Dawson, *The
Mission to Asia*, 144-145.

57) 그들은 막달라 마리아의 향유(눅 7:37-38)를 가지고 빵을 구웠다고 했
고, 최후의 만찬에 쓰인 빵을 굽던 밀가루도 가지고 있다고 주장했다.
루브룩이 고해성사를 주관하였는데, 주인들이 옷이나 음식을 주지 않기

전야인 5월 30일에 기독교와 이슬람, 도교의 사제들에게 대칸의 궁정에 모이게 하여 자기 자신의 종교의 우월함을 입증하라는 취지에서 토론회를 개최하였는데, 루브룩은 네스토리안 사제들의 '이단적' 형태에 대해서 불만이 많았지만, 기독교의 우월성을 입증하는 것이 긴요하다고 생각하여 그들의 조력자로 자청하였다. 이런 토론58)이 끝난 후에 루브룩은 오히려 슬프게 기술하였다.

그들 모두 들었다 ……, 그러나 어느 누구도 "나는 믿습니다. 나는 기독교인 되길 원합니다"라고 말하지 않았다. (그리고) 끝났을 때, 사라

때문에 노예인 자신은 도둑질을 하지 않을 수 없다고 하자, 루브룩은 몽골인들도 아무 까닭 없이 재산과 가축을 빼앗아갔으니 생존을 위해 훔쳐도 된다고 하였다. 또 전쟁터에 나가 적을 죽이지 않으면 도리어 자기들이 죽을 것이기에 살인이 불가피하다고 하자, 루브룩은 그런 경우는 할 수 없지만, 상대방이 기독교인일 경우는 어떤 경우에든 살인해서는 안 된다고 강조했다. P. Jackson, *The Mission of Friar William Rubruck*, 213-216.

58) 먼저 루브룩이 도인에게 "유일신의 존재를 믿느냐"고 물었다. 도인이 대답하길 "신은 여럿이 있는데, 하늘에는 한 분의 최고신이 있고, 그분 밑에는 열 분의 신들이, 그 아래에는 하위의 신들이 있다"고 하였다. 이에 루브룩은 "그 신들 중에 어떤 신이 전능하다고 믿느냐"고 묻자, "신이라고 다 전능한 것은 아니라"고 하였다. Ibid., Jackson, 226-235. 루브룩과 불승과도 전능하신 하나님에 대한 교리에 충돌이 생겼다. 불승이 말하길 "어리석은 자는 하나님 한분만 계신다고 하나 지혜로운 자는 여러 신이 있다고 말한다, 당신의 나라에는 여러 주인이 있지 않으냐? 제일 큰 주인(몽케 칸)이 없느냐?" 루브룩이 대답하길 "당신은 어리석게 예를 들었다……, 하나님과 사람 사이에는 비교되지 않는다." "어떤 하나님이 전능하신 분이냐?" 불승은 "없다"고 대답하였다. 루브룩이 말하길 "그런데 당신의 신들 중에 어느 누구도 모든 위험으로부터 구원할 수 없다…… 더구나 사람은 두 주인을 섬길 수 없다." "그래서 당신은 어떻게 하늘과 땅의 그렇게 많은 신들을 섬길 수 있는가?" 불승은 칸에게 충성을 타협하는 것이 두려워 대답을 거절하였다. W. W. Rockhill, *The Journey of William of Rubruck*, 230-235.

센(Saracens)뿐만 아니라 네스토리안도 그들(불승)이 침묵하는 동안 큰 소리로 노래를 불렀고, 그 후에 그들 모두는 술에 만취되었다.

루브룩은 이곳 네스토리안들의 교리 가운데서 마니교(Manichaean)의 이단적인 부분을 발견하였고, 샤만교(shamanist) 미신59)이 그들의 실생활을 지배하는 것에 소름끼쳤다고 하였다. 네스토리안 사제들은 마술과 점치는 것을 정죄하는 데 게으를 뿐만 아니라, 실제로 자신들조차 칼과 재로 환자를 치료하는 데 이용하였고, 부적을 주며 다양한 형태로 점을 친다고 하였다.60) 루브룩은 1254년 7월 10일에 카라코룸을 떠나 1255년 8월에 프랑스 국왕 루이를 만나기 위해 예루살렘에 도착하였으나, 이미 무슬림에게 넘어가서 자신의 여행을 정리한 글을

---

59) 몽케의 둘째 부인 코타이의 병세가 극도로 악화되어 무당들의 노력도 허사로 돌아갔다. 그런데 사제 세르기우스는 십자가를 물그릇에 담고 거기에 잘게 썬 대황 뿌리를 섞어 놓은 뒤 그 십자가를 병자의 가슴에 댔을 때 그것이 마치 아교처럼 달라붙으면 병이 나을 것이고 떨어지면 치유되지 못한다고 하였다. 더구나 세르기우스는 그 대황을 성도 예루살렘에서 가져온 것이라고 하였다. 다행히 코타이는 대황이 섞인 물을 마시고 병세가 완화되었다. 이러한 행동에 루브룩은 불쾌하였다. 네스토리안 사제들의 이러한 주술적이고 샤만니즘적(shamanism)인 행위는 몽골의 유목민들을 상대로 전파해야 하는 특수한 상황 속에서 나름대로의 생존법을 모색한 결과로 볼 수도 있겠지만, 동시에 바그다드(Baghdad)에 있는 교단의 본부와 원활한 연락이 어려워 생기는 일탈과 타락 현상이기도 했다.

60) Ibid., 195, 219, 228-232, 242, 243; 루브룩에 의하면 기독교 사제들 사이에 주도권을 장악하기 위한 경쟁도 치열했는데, 아르메니아 출신의 수도승 세르기우스와 네스토리안 사제인 요나스 사이에 심한 반목이 벌어졌다. 그러던 중 요나스가 위종양과 비슷한 병에 걸려 심한 복통을 일으키고 피를 토하자, 세르기우스는 치료제라고 하며 이상한 약물을 주었고, 그것을 마신 요나스는 다음날 죽고 말았다고 하였다. C. Dawson, *The Mission to Asia*, 181-183.

국왕에게 보냈다. 루브룩은 몽케시대의 네스토리안 신학과 실제를 수준 높게 평가한 편이었으나, 약간의 편견을 가지고 접근하는 경향이 있다. 14세기 이후 네스토리안 기독교가 위축된 이유에 대하여 한 가지 빛을 던져주었다.

이와 같이 칭기즈칸부터 몽케까지 대칸들의 종교 관용정책에 대하여 논의하였는데, 특별히 종교적으로 네스토리안 기독교인들이 왕실과 밀접한 관계를 유지하고 있었다는 것이 특이하다.

2. 대칸 쿠빌라이와 일칸 훌라구 치세하의 네스토리안 교회

이제 쿠빌라이와 훌라구 치세하에서 야기된 주요 사건들을 중심으로 네스토리안 기독교와의 관계를 몇 가지로 나누어 살펴보고자 한다.

첫째, 칭기즈칸의 손자인 세조 쿠빌라이 칸(Kubilai Khan, Qubilai, 1260-1294)이 한족을 침공하여 원조(元朝, Yuan dynasty, 1260-1368)를 세웠다는 점에 주목할 필요가 있다.[61] 쿠빌라이는 그의 선임자들처럼 종교는 정치적인 문제로 취급하였다. "대칸(Khakan)은 (모든 사람들로부터) 순종받아야만 한다. 사람이 어떻게 하나님께 예배하는 것에 대해서는 상관이 없다"고 하였다.[62] 쿠빌라이는 어머니 왕후 소르칵타니처럼 기독교인들의 친구였으나 그녀처럼 스스로가 기독교인

---

61) 몽골 역사는 1206년의 칭기즈칸의 왕조로 거슬러 올라간다. 그리고 중국의 공식적인 역사는 남송이 1279/80에 최종 멸망하면서 시작한다. 그러나 쿠빌라이는 이미 1260년에 중국의 대부분을 다스렸다. 그리고 1368년에 명(明朝, 1368-1644)이 침입하여 원조를 멸망하였다. 이에 로마 가톨릭교회와 단절되면서 로마 가톨릭이 세운 교회는 없어졌다. 그 이유는 중국 원주민을 사제로 양성하지 못하고 외래 종교로만 머물렀기 때문이다.

62) H. H. Howorth, *History of the Mongols*, 272.

192

은 아니었다. 마르코 폴로(Marco Polo)는 쿠빌라이 칸이 기독교의 부
활제에 4복음서를 분향한 뒤 거기에 입을 맞추며, 함께 참여한 모든
귀족에게도 자신의 행동을 따르도록 명령했다고 하였다. 그런데 쿠빌
라이 칸은 무슬림, 우상숭배자(불교를 말한다), 유대교도의 주요한
성절에도 똑 같은 의식을 거행하였다.63) 몽골의 종교적 관용은 종
족으로 확대되지 않았고, 적어도 중국인은 아니었다.64) 항상 관직
에 임용 때에는 우선순위로 첫째는 몽골인이고, 둘째는 외국인
(Se-mujen)으로 중앙아시아(위구르, 탕구트, 나이만, 티베트 등)와 페
르시아, 폴로(Polo) 같은 서구인들의 고문들이고, 셋째는 만주를 포함
한 북중국인(Han-jen)이고, 넷째가 남중국인(Nan-jen)이다. 여기서
기독교인들은 상위 두 그룹이고, 하위 두 그룹은 극소수였다.65) 쿠빌

---

63) 그 이유를 묻는 질문에, 쿠빌라이 칸은 대답하길, '전 세계 사람들로부터
숭배되고 있는 네 명의 예언자가 있는데, 기독교는 예수 그리스도, 이슬
람은 모하메드, 유대교는 모세, 불교(Buddhist)는 여러 우상들 가운데
최초의 신인 사캬무니 부르칸(석가모니)으로, 이 네 사람 모두를 골고루
존경하고 숭배한다'고 했다. 그러면서 칸의 언동으로 짐작해 볼 때 기독
교를 최선 최상의 진리라고 여기고 있는데, 왜 칸은 기독교도인 되지 않
으냐가 묻자, 칸의 대답은 '불교인들은 짐이 식탁에 앉으면 술과 음료를
남의 손을 빌리지 않고 저절로 짐 앞에 이르게 하고, 예언도 하면서 기
적을 행하는데, 만일 내가 기독교에 귀의한다면, 그 불교인들이 나를 비
방할 것이고 아주 간단히 짐의 목숨을 끊을 수도 있다. 그러므로 교황에
게 가서 성자 백 명을 파견하여 불교도들의 법력을 구속하고, 기적을 행
할 수 없도록 하면, 짐은 세례를 받고, 모든 신하들도 이를 본뜰 것이며
교황의 나라를 훨씬 능가할 것'이라고 하였다. A. C. Moule and P.
Pelliot, *Marco Polo*, 201.

64) J. J. Saunders, *The History of the Mongol Conquest*, 124. 중국인은 몽
골 언어를 배우고 몽골인과 상호 결혼하는 것 혹은 군 입대하는 것을
금하였다.

65) M. Rossabi, *Khubilai Khan: His Life and Times*(Berkeley: Univ. of
California Press, 1988), 71, 72. 쿠빌라이의 계승자 티무르 올제이투 시

라이는 점성가 혹은 요술사도 자신을 돕도록 했다.[66] 또한 궁정의 특별한 의식에 모든 길을 알려줄 무당인(shamans) 고려(Korea) 여자도 데리고 왔었다.[67] 요술에 노련한 사람을 바크시[68]라 하며 다수의 사원, 승원을 갖고 있었다. 또 도교의 셴신(先生)이라는 수도승도 있었다.[69] 칸발리크(Cambaluc, Khan-baliq, Xanadu, Peking)에 거주하는 점쟁이와 점성사, 기독교인, 무슬림, 카타이인 등 약 5,000명에 달하며 각자의 천체관상의(天體觀象儀)를 가지고 일기예보도하고 미래의 일

대에 무슬림 역사가 라쉬드 알딘의 기술에 의하면, 기독교인들은 시민의 두 번째 계급으로 통치 계급 사이에 있었다: "위대한 Divan(위원회)에 여러 그룹들, Taziks과 Khitayans, Uighurs, 기독교인들의 위대한 emirs (수장들) 중 4명의 *finjans*(장관과 고관들)들은 관례이다." 가장 높은 시민 계급은 *chingsang*(고관 혹은 장관)이고, 가장 높은 군사 계급은 *taifu*(군사령관)으로 *chingsang* 보다 제2의 급이다: 당시 몽골인과 외국인은 각각 100만 명인데 북중국인과 남중국인 7000만 명으로 3%가 97%를 지배하였다. 남경태, *종횡무진 동양사*, 226.

66) 6-8월에 여름 수도 상도(上都, Shangtu)의 장엄한 석조 궁전 안 대(竹)로 만든 작은 궁전에 살 때에 비가 온다든지 구름이 낀다하면 칸은 점성사, 요술사에게 부탁하여 이들 일체의 악천후를 궁전의 상공에서 쫓아버린다고 하였다. 이들 현인들의 종족은 티베트 혹은 케스무르족이었다; 마르코 폴로도 말하길 황제가 여름 수도 상도(Shandu)에서 매년 큰 흰 암말 우유 축제 의식에 무당(shamans)들을 데리고 와 대지와 공기의 영들을 달래고 그의 통치에 축복을 가져오도록 하였다고 한다. A. C. Moule and P. Pelliot, *Marco Polo: The Description of the World*, 2 vols.(London: Routledge & Sons, 1938), 188.

67) M. Rossabi, *Khubilai Khan*, 174.

68) 전에는 빈민이 구걸을 하면 타타르 인들은 내쫓았으나 바크시가 칸에게 빈자에게 시여를 하는 것은 커다란 공덕이며, 신께서는 이러한 행위를 기뻐하실 것이라고 하자 궁정에 가서 먹을 것을 청하면 결코 거절하지 않았다고 한다. Marco Polo, *동방견문록*, 176.

69) 그들은 평생 밀기울 외에 입에 대지 않을 정도로 엄격한 금욕을 수행한다. Ibid., 111-116.

194

도 예측하였다.[70] 쿠빌라이는 개인적으로 유교에 덜 위탁하였고 좀더
조심스럽게 취급하였다.[71] 불교인을 더 선호해서 1260년 제5대 칸[72]
에 즉위하면서 티베트인(Tibetan) 불승 파스파(Phagspa Lama,
1235-1280)[73]를 국사(國師)로 임명하고, 1270년에는 그를 제사(帝師)
로 임명하였다. 더구나 그의 부인 왕후 차비(Chabi)가 불교에 열심이
어서,[74] 칸발리크(대도, 북경)[75]에 티베트식 불탑인 백탑(白塔: 大聖
壽萬安寺, 뒤에는 妙應寺)을 만들었다.[76] 또한 파스파에게 티베트어
에서 새 몽골어를 만들도록 하였는데 그것이 파스파어이다.[77] *지원변*

---

70) 김호동, *동방 기독교와 동서문명*, 177.

71) 그는 초기에 그의 주요 고문들 중에 유학자들이 있었지만, 그 권위적인
유학자들의 힘이 있는 중국의 왕실 관료정치를 결코 신뢰하지 않았다.
그는 중국어를 읽을 수 없었고 그래서 유교 고전을 읽을 수 없어 유학
을 토론하는 데 불편하였다.

72) 마르코 폴로는 제6대로 1256년에 즉위했다고 하나, 이해는 상도(上都)에
도읍을 정한 해였다. 그의 생은 1215-1294년이다.

73) 1253년 쿠빌라이가 대칸이 되기 전에 파스파를 초청했었고 곧 종교적인
고문으로 믿게 되었다. 쿠빌라이가 개인적으로 파스파로부터 종교적인
지도를 받을 때에는 티베트 성직자보다 더 낮은 자리에 앉았다고 한다.
M. Rossabi, *Khubilai Khan*, 41. 물론 공식적인 자리에서는 유교적인 관
례에 따라 불승은 더 낮은 자리에 앉았다.

74) A. Wright, *Buddhism in Chinese History*(Stanford, CA: Stanford Univ.
Press, 1959)를 참조하라.

75) 쿠빌라이는 점성사들로부터 칸발리크(칸의 수도)가 반란의 징조가 있다
고 하여 가까운 곳에 타이두(大都, 北京)를 건설하였다.

76) Sugiyama Masaaki(杉山 正明), *유목민이 본 세계사*, 56, 57.

77) Junko, Miyawaki(宮脇 淳子), *최후의 유목제국*, 160. 불승 파스파에게
그의 몽골어 문자처럼 표의 문자 중국어를 다소 음성상 발음할 수 있는
알파벳(Alphabet)으로 바꾸도록 주문하였다. 그 결과 쿠빌라이는 무척
기뻐하였고 불교승의 힘은 더했지만 결코 중국어 표의문자를 바꾸진 못
하였다. M. Rossabi, *Khubilai Khan*, 154-160.

위록(至元辨僞錄)의 기록에 의하면, 쿠빌라이가 제사에게 말하길,

오늘날 선생들은 도교(Taoists)가 최고라고 하고, 수재들은 유교 (Confucian)가 제일이라고 하고, 타르사는 메시야를 받들어 그가 하늘에서 태어났다고 하고, 다쉬만은 허공을 향해서 소리치면서 하늘에 감사를 올린다. 그러나 그 근본은 모두 불법(佛法)에 미치지 못한다.[78]

위와 같이 쿠빌라이는 불교에 호감을 가졌던 것이다. 이 당시 몽골인에게 호감을 준 불교는 전통적인 대승불교(大乘佛教, Mahayana Buddhism)가 아닌 좀더 미신적이고 비밀스런 티베트의 다양한 탄트라 불교(Tantric Buddhism)이었다. 따라서 원조에서의 불교는 포교 천 년을 전환점으로 해서 외래 종교가 아닌 중국 종교로 중국 백성들 대부분이 받아들였다.[79] 이것은 그 당시 기독교가 왕실에서만 머물러 있는 것과 대조가 된다. 쿠빌라이는 중국의 유교적 관료정치와 협력하지 않는다면, 통치가 오래가지 못한다는 것도 알고 있었다.[80] 따라서 쿠빌라이는 그의 수도에 유교사원을 지어 주고 그의 궁정을

---

78) *至元辨僞錄* 권3, 재인용, 佐伯好郎, *景教の研究* (東京文化學院 東京研究所, 1935), 87.

79) S. H. Moffett, *The Church of the East*, 456.

80) 유학자들에게는 불교가 미신적이며 지적인 것으로 받아들일 수 없었고 외래 종교이고 문명적인 것으로 받아들일 수 없었다. 사실 쿠빌라이는 궁정에 불교 영향이 있기 전에 유학자들을 신뢰하여 그의 사역에 20명의 고문단이 있었다. 그리고 그의 상속자인 아들에게 중국 사회와 문화를 변용하여 중국의 몽골 통치를 안정적이고 오래 지속할 수 있도록 유학자를 가정교사로 두었다. 그러나 그 아들은 죽었고 그 주요한 유학자 고문은 중국이 지배하는 반역에 동참하여 처형당하였다. M. Rossabi, *Khubilai Khan*, 15, 65, 131-141. 그 후 유교는 명조(明朝, Ming-dynasty) 왕조 때까지 70년간 쇠퇴하였다.

포함하여 조상숭배를 격려하였다.

원조(元朝, Yuan-dynasty) 때에 무슬림도 강한 영향을 미쳤는데, 그들은 재정과 세수입에 탁월한 능력이 있어 정부의 관료가 되었다. 페르시아의 역사가 라시드 알딘(Rashid al-Din)은 기독교인들이 코란에 "이교도들을 모두 죽여라!"는 구절을 들어 무슬림을 비방한 일화를 소개하고 있다. 쿠빌라이가 무슬림 학자에게 "신이 당신에게 이교도를 죽이라고 명령했는데 왜 죽이지 않는 것이오?"라고 하자, "아직 때가 이르지 않았고, 저희에게는 그럴 만한 힘이 없다"고 하였다. 이에 쿠빌라이가 내게는 그럴 힘이 있다고 하면서 그를 처형하라고 명령했다가 다행히 무슬림 대신들의 만류와 해명으로 위기를 벗어날 수 있었다고 한다.[81] 쿠빌라이는 12명의 대관을 선임하여 모든 속령(屬領)과 주현(州縣) 및 그 밖의 정무 일체를 맡겼는데, 그들 중에 무슬림인 아크마트가 칸에게 신임을 얻어 22년간 권력을 휘두르다 나중에 그의 7명의 아들들까지 처형당하였다.[82]

여하튼, 쿠빌라이 칸(Kubilai Khan)이 기독교보다 불교도에 더 호

---

81) W. M. Thackston, trans., *Jami'u't-tawarikh. Compendium of Chronicles*, vol.2(Harvard University, 1999), 452.

82) 아크마트는 쿠빌라이에게 총애를 획득하여 만사를 자기 뜻대로 처리할 수 있어 사형도 시킬 수 있고 관직도 임명하고 여자도 원하는 대로 언었다. 우상숭배자(불교도)와 무슬림은 부양능력에 따라 6-10명의 아내를 얻어 많은 아이를 낳아 기른다. Marco Polo, *동방견문록*, 168. 이렇게 22년간 권세를 휘두르자 원주민인 카타인 첸쿠라가 아크마트를 암살하였다. 3개월간의 상도 체재를 하고 돌아온 쿠빌라이는 그동안 진상조사를 해 보니 아크마트와 그의 7명 아들들의 만행을 보고 그들 자손의 모든 재산을 귀속시키고 무슬림이기만 하면 어떤 죄를 지어도 용서되고 무슬림이 아니면 죽여도 상관없다는 이슬람를 혐오하였고 무슬림이 아내를 얻으면 몽골인(타타르인)의 관습을 따를 것과 가축을 도살할 경우 복부를 갈라 죽일 것을 명령하였다. Ibid., 136-144.

감을 갖게 된 것은 몇 가지 이유가 있다. 첫째는, 쿠빌라이와 동생 아릭부케와 대칸을 두고 4년간(1260-1264)의 시민전쟁을 치러야 했다는 것이다. 그때 아릭부케 편에 몽케 대칸 첫째 부인이며 미망인이었던 쿠툭크(Kutuktei)[83]와 네스토리안 기독교인 불가이(Bulgai), 차가타이가(家), 오고데이가(家), 오이라트족을 비롯한 몽골 고원의 귀족들이 가담하고 있었다.[84] 결국 쿠빌라이가 이겼다. 둘째는, 그 후 20년 지나 마르코 폴로에 의하면, 몽골 동부와 만주에 근거를 둔 세례교인 나얀(Nauan, Nayan, Naian, 乃顔)[85]이 1287년 깃발 위에

83) W. W. Rockhill, *The Journey of William of Rubruck*, 184. "모든 네스토리안 사제들이 해질녘에 예배당에 모였고 목판을 치며 엄숙하게 찬송을 불렀다; 그들은 그들 교회의 제의(祭衣)를 입고 향로와 향을 준비하였다. 그런 다음 교회 정원에 기다렸다. 쿠툭크(Cotota Caten, Kutuktai Khatun)라 이름 하는 첫째 부인이…… 몇몇 다른 부인들과 함께 예배당에 들어갔고 그리고 그녀의 장남 발투(Baltu)가…… 그들은 그들 스스로 엎드리어 네스토리안의 전통에 따라 땅에 이마를 대었다고 그리고 그들은 오른 손으로 모든 형상을 건드린 후에 그들의 손에 입을 맞추었다…… 그런 다음 사제들은 더 크게 찬양했고, 그 부인의 손에 향을 주면; 그녀는 그것을 불에 넣었다…… 그 후에 이미 날이 밝았을 때에 그녀는 그녀 머리의 장식물을 벗기 시작했다…… 나는 그녀의 벗은 머리를 보았다. 그런데 그녀는 우리에게 떠나라고 말했다. 내가 떠나자마자, 나는 은 주발이 들어가는 것을 보았다. 그들이 그녀를 세례를 주었는지 안 주었는지 나는 알지 못한다." Ibid., 189, 224.

84) 소르칵타니(Sorkaktani)의 장남 대칸 몽케(Monke)는 1259년에 사망했고 셋째 아들 훌라구(Hulegu)는 페르시아 통치자가 되었다. 그런데 극동에서는 둘째 아들 쿠빌라이(Kublai)와 넷째 아들 아릭부케(Arikbuka)가 서로 계승자 권리를 주장하였다. 아릭부케는 어느 형제보다 네스토리안 어머니 소르칵타니에 더 가까웠다. 그래서 쿠빌라이를 대항하여 몽골 기독교 연맹이 아릭부케를 지원하였다. 몽케 대칸 첫째 부인 미망인 쿠툭크(Kutuktei)와 몽케의 대법관이며 주요한 고문이며 소르칵타니처럼 케레이트족이며 네스토리안인 불가이(Bulgai), 차가타이가, 오고데이가, 오이라트족을 비롯한 몽골 고원의 귀족들이 아릭부케를 지원하였다.

198

그리스도 십자가를 달고 쿠빌라이에게 반란을 일으켜 차가타이 계열
의 카이두(Kaidu) 왕[86]과 연합하였다. 그 이유는 쿠빌라이가 실제
적인 몽골인의 유목생활 전통에 반역하여 너무 중국화, 문명화하였
다는 것이다.[87] 이것은 칭기즈칸의 유훈을 거역하는 것이 되었다.
결국 쿠빌라이 대칸이 승리하였고, 나얀은 포로로 잡혀 양탄자에 꼭
묶인 다음 죽을 때까지 짓밟고 굴렸다. 이곳에 있던 무슬림(사라센)
과 우상숭배자들(불교도들), 유대교도, 기타 많은 백성과 민족들이
"보라! 당신들의 하나님의 십자가가 기독교인인 나얀을 어떻게 도왔
는지를!"라고 조롱했다고 한다.[88] 그러나 쿠빌라이 칸은 십자가를
모독한 사람들을 힐책하면서 "나얀이 선을 행하지 않고, 정의를 배
반하였기에 하나님의 십자가가 비호하지 않은 것이라"고 하였다.[89]

---

85) 마르코 폴로는 쿠빌라이 칸의 종형제라 한다. 그러나 칭기즈칸의 이부형
   제의 연하 종형제이다. 나얀은 元제국의 종실의 한 사람으로 요왕(遼王)
   이다. 나얀에 대하여는 E. P. J. Mullie, "De Mogoolse Prins Nayan", in
   Asia Major(1966), 130-131을 참조하라.

86) 칭기즈칸 둘째 아들 오고데이 손자 카이두는 오고데이 동생 톨루이와
   톨루이의 아들 몽케와 쿠빌라이의 계열에 의한 왕위계승에 자기 가족
   계열로 바꾸기 위해 결코 대칸을 인정하지 않았다. 그는 위대한 몽골인
   으로서 유럽에 침입하여 폴란드와 프러시아(Prussia), 모라비아를 정복
   함으로써 50년 동안 명성이 높았다.

87) A. C. Moule and P. Pelliot, *Marco Polo*, 192-201.

88) Ibid., 193-195.

89) 몽골 동부와 만주에 근거를 둔 나얀(Nauan, Nayan, Naian, 乃顔)이
   1287년에 쿠빌라이에게 반란을 일으켰다. 나얀은 네스토리안 세례교인으
   로 전투에서 깃발 위에 그리스도 십자가를 달고 있었다고 한다. 당시 그
   는 30살로 40만 명의 기병의 사령관이었다. 사실 나얀이 쿠빌라이와 싸
   울 때 당시 중앙아시아의 지배자인 보다 더 큰 힘이 있는 차가타이계열
   의 카이두(Kaidu) 왕과 연합하였다. 카이두는 1269년 오고데이가와 차가
   타이가와 킵차크 칸국으로부터 대칸으로 즉위한 칸이었다. 쿠빌라이는
   이미 74세 육중한 몸이었지만 평원을 가로 지르는 네 마리의 장엄한 코

이 점만 본다면 쿠빌라이는 믿음이 좋은 기독교인으로 보인다. 그럼
에도 불구하고 쿠빌라이는 기독교인을 많이 등용하는데, 쿠빌라이
칸(Kublai Khan)의 가장 초기 기독교 고문은 마가(야발라하 3세 총
대주교)와 함께 서구로 여행했던 랍반 소마(Rabban Sauma)의 아버
지 쉬반이다.[90] 좀더 능력 있는 네스토리안 고문은 서아시아 출신
이사(愛薛, Aihsueh, Ai-se, Fu-lin)로, 1273년에 점성과 의학을 담당
하는 부서를 관장했고, 일칸국의 아르군에게 사신으로 다녀오기도
했다. 1275년에 황실 도서관의 비서감(秘書監)을 관할하였고, 1289년
숭복사(崇福司, chung-fu-ssu)의 첫 장관이 되었다. 나중에 한림원
(翰林阮, Han-lin Academy)의 승지(承旨)가 되어, 그 세기가 끝날
때에 전 중국에서 학문의 심장이요 중심이 되게 하였다.[91] 그의 다
섯 아들은 모두 높은 직위에 올랐는데, 엘리야(也里牙, Elijah)와 덴

끼리들과 함께 벌 떼 같은 제국의 군대들에 둘러싸여 행진하였다. 나얀
의 군사들은 네 지방의 주민으로 초르자(여진족)와 카울리(고려), 바르
스콜(말갈), 시킨틴족으로 쿠빌라이에게 다시 충성 맹세하였다. Ibid.,
200.

90) A. C. Moule, *Christians in China before the Year 1550*(London, 1930), 94.

91) 이사는 구유크시대에 관직에 올라 쿠빌라이시대에 궁정의 의사와 천문
학자에서 쿠빌라이 대칸에게 인정받아 빠른 승진을 하여 1273년에 점성
과 의학을 담당하는 부서를 관장했다. 1275년에 황실 도서관의 비서감
(秘書監)을 관할하였다. 1289년 쿠빌라이 칸은 제국에 기독교인이 많아
지자 그 기독교인을 위한 업무를 위해 숭복사(崇福司, chung-fu-ssu)란
부서를 두어 이사를 첫 장관으로 세우고 19명의 관리인들을 그의 아래
두었다. 이사는 나중에 한림원(翰林阮, Han-lin Academy)의 승지(承旨)
가 되어 그 세기가 끝날 때에 전 중국에서 학문의 심장이요 중심이 되
게 하였다. 이사는 쿠빌라이가 거대한 불교집회를 열려고 하자 "고려가
이제 막 귀부했고 산동도 안정된 지 얼마 안 되며 강남은 아직 정복되
지 않아 천하가 피폐하다"는 이유를 들어 반대하여 관철시키기도 했다.
Ibid., 225-233.

하(腆合, Denha), 흑총(黑冢, Issa), 기와르기스(闊里吉思, George),
루가(魯合, Luke)로 기독교식 세례명을 가지고 있었다.[92]

　1277년 세르기스(Mar Sargis, Marsarchis, Hsieh-li-chi-ssu)[93] 라는
사마르칸트 출신이 진강부 총관부의 부(副) 다루가치로 임명되어 5년
간 재임하면서 그곳에 6개의 교회를 건립했고, 항주(杭州)에 한 군데
교회를 세웠다고 한다.[94] 세르기스가 어느 날 일곱 교회를 세워야 하

---

92) *元史* 권134, 愛薛傳, 3249-3250; 라쉬드 알딘은 이사가 무슬림을 억압한
　　것으로 언급하였다: 하루는 무슬림 상인들이 쿠빌라이를 알현하고 흰
　　발과 붉은 부리를 지닌 해동청 몇 마리와 흰빛 독수리 한 마리를 헌납
　　하자, 쿠빌라이는 감사의 표시로 그들에게 식사를 대접했다. 이에 그들
　　은 잘못 도살된 것(mordâr)이기 때문에 먹지 않겠다고 하자, 분노한 대
　　칸은 금후 무슬림들이 하는 식으로 목을 베어 도살하지 말고 몽골식으
　　로 배를 갈라 죽이라고 명령하고, 이를 어길 경우에는 그 처자식들도 같
　　은 방식으로 도살하라고 했다. 이 같은 칙령(yarligh)은 7년간 계속되었
　　다. 무슬림들이 배를 갈라 죽인 것을 먹지 않겠다고 하자 대칸은 무슬림
　　식으로 목을 베어 도살하는 자는 같은 방식으로 도살될 것을 명령하였
　　다. 라시드 알딘은 그와 같이 대칸을 부추킨 '사악한' 사람들 가운데 '이
　　사 타르사 켈레메치'(이사 기독교인 통역관)를 지목했다. Rashid al-Din,
　　The Successors of Genghis Khan, 293-294.
93) *지순진강지*(至順鎭江志)에 의하면, 그의 조부가 기와르기스(可里吉思)이
　　고 부친이 멜릭(滅里)이었고 외조부는 체르비(撤必)라고 하였다: 칭기즈
　　칸이 사마르칸트를 정복했을 즈음 그의 막내아들(쿠빌라이 아버지 톨루
　　이)이 병에 걸려 그 당시 뛰어난 의사 세르기스의 외조부 체르비가 샤르
　　바(舍里八, 샤르바는 당도가 높은 과즙을 끓인 뒤 꿀을 섞어서 만든 약용
　　음료수였다)를 주어 병을 낳게 해 주자, 칭기즈칸은 세르기스의 외조부를
　　궁정 샤르바치(舍里八赤)이자 기독교 타르칸으로 임명했다. 1268년에 세
　　르기스는 쿠빌라이의 부름을 받아 샤르바를 제조하여 바쳤다.
94) 마르코 폴로는 네스토리안인 마르사치스(薛里吉思, Marsarchis)가 쿠빌
　　라이 칸의 명을 받아 3년간 양자 강(키앙) 하류 강정행성의 진강부(鎭
　　江府, 찬기안푸 시)의 통치를 맡으면서, 두 개의 예배당을 건립하였다고
　　하였다. Marco Polo, *동방견문록,* 246-247; A. C. Moule, *Christians in
　　China,* 147, 148, 156.

리라는 꿈을 꾸고 관직을 사임하고 일곱 교회를 세웠다.[95] 그 외 진
강부에는 안마가(Markus)가 건립한 대광명사(大光明寺)와 그의 아
들 엘리야가 건립한 대법흥사(大法興寺)도 있었다.[96] 양쯔 강
(Yangtze)과 대운하가 교차하는 난킹(Naking)과 상하이(Shanghai)
의 중간 칭키앙(Chinkiang, Quengianfu)을 중심으로 네스토리안 교회
가 활동하였다.[97] 그 도시 주변의 인구는 400,000-700,000명이고 기독
교인은 2,421명이었다.[98]

칸의 서구 고문들 중 유일한 유럽인(European)인 마르코 폴로
(Marco Polo, 1265-1323)[99]는 1275년에 중국 궁정에 도착하였다. 마
르코 폴로가 오기 전 아버지 니콜로 폴로와 그 아우 마페오가 처음
쿠빌라이 칸을 만날 때(1265/66년경) 친서를 주었는데, 그곳에서 칸
은 우상숭배자들의 모임이 악마에 속한다고 논증할 만한 역량을 갖
춘 현자 100명을 파견해 줄 것을 원했다.[100] 또한 예루살렘의 성묘

---

95) 대흥국사(大興國寺)와, 운산사(雲山寺), 취명산사(聚明山寺), 사도안사
(四瀆安寺), 고안사(高安寺), 감천사(甘泉寺), 대보흥사(大普興寺)이다.
至順鎭江志, 권9, 9a(臺北: 華文書籍 印行); Ibid., 147-149.

96) *至順鎭江志*, 권9, 9v, 18r; 권19, 11r(臺北: 華文書籍 印行)을 참조하라.

97) A. C. Moule and P. Pelliot, *Marco Polo*, 263.

98) 그러나 쿠빌라이가 죽은 후, 1309부터 1333 사이에 불교도가 제국의 궁
정에 압력을 넣어 기독교인에게 교회를 넘겨주도록 강요하였다. A. C.
Moule, *Christians in China before the Year 1550*, 151-155.

99) 가장 좋은 영어 번역판은 A. C. Moule and P. Pelliot, *Marco Polo: The
Description of the World*, 2 vols.(London: Routledge & Sons, 1938);
H. Yule 것을 개정한 H. Cordier, *The Book of Ser Marco Polo*, 3d ed.,
rev., 2 vols.(London: Murray, 1903)을 참고하라.

100) 이들이 와서 기독교의 신앙과 종교가 우상숭배자들 것보다 더 좋고 다른
모든 종교보다 진실한 것이 증명이 되면 나와 나의 모든 유력자들도 교
회의 사람이 될 것이라고 하였다. A. C. Moule and P. Pelliot, Ibid., 79;

(省墓)에 있는 램프의 성유(聖油)를 약간 가져오라고 했다. 이에 니콜로 일행은 3년 반(1275년) 만에 케멘푸(開平府, 上都)에 머물고 있는 쿠빌라이 칸에게 교황으로부터 받은 신임장과 친서, 예루살렘에서 가져온 성유를 헌상했다. 칸이 성유를 가져오도록 한 것은 대칸의 어머니 소르칵타니 베키(Sorqaqtani Beki)가 이것을 열망하고 있었기 때문이다.101) 칸의 신임을 받았던 유일한 유럽인으로서 그의 위치는 몽골제국 통치 기간 동안 서구의 창문 역할을 하였고, 그 유용성으로 말할 것 같으면 유일무이하였다. 마르코 폴로는 여행을 하면서 네스토리안 기독교인들의 존재에 대하여 자세하게 기록하였다.102) 켄잔푸(京兆府. 지금의 西安)와 쿤킨(漢中), 야치 왕국(昆明),

---

현자 100명에 대해서는 교황 클레멘스 4세가 1268년 11월 사망하는 바람에 새 교황 그레고리 10세(Gregory X)가 1271년 9월에 즉위하여 니콜로 형제를 불러 칸에게 보낼 친서를 몇 장 작성했는데, 그중의 하나는 타타르인의 군주 아바가(Abaka, 훌라구 왕의 장남)에게 이들이 무사히 갈 수 있도록 보호를 부탁했다. 또한 도미니카(Dominican) 선교사 니콜라스(Nicholas of Vicenza)와 훌라 기리에르모(William of Trioli) 두 사제를 보냈다. 그런데 라이아스에 도착해보니 바빌론의 술탄인 분도크다리(이집트 맘룩크 제4대 술탄)가 아르메니아를 침입하여 노략질을 하고 있는 중이라 그만 두 사제는 몹시 두려워하여 되돌아가고 말았다고 한다. Marco Polo, 동방견문록, 20, 21.

101) Ibid., *동방견문록*, 16-18.

102) 켄잔푸(京兆府. 지금의 西安)는 쿠빌라이 대칸의 둘째 아들 망갈라이가 지배하고 있다. 주민은 우상숭배자(불교도을 말한다)이고 극소수의 무슬림과 투르크 몽골인(Turko-Mongol) 네스토리안이 있다. 쿤킨(漢中)의 주민은 우상숭배자이고 극소수의 무슬림과 투르크인 네스토리안이 있다. 마얀마로 가는 통로의 야치 왕국(昆明)의 주민은 가지각색이며 무슬림과 우상숭배자(불교인), 적은 수의 네스토리안이 있다. 중국의 운남성의 카라잔의 왕은 쿠빌라이 다섯째 코가친이다. 파잔푸(북경의 남방 130km 지점에 있는 河間府)의 주민은 우상숭배자이며 약간의 기독교인와 예배당도 하나가 있다. Ibid., 190, 199, 202, 203; 대(大) 만지

파잔푸, 강소성의 파우긴(寶應縣), 얀구이(강소성 강도현의 揚州), 호북성 사얀푸(襄陽府), 킨사이(절강성의 杭州, Hangchow), 푸주(福州, Fugiu, Foochow, Fuzhou) 등으로 각지에 흩어져 사는 기독교인들은 모두 70만 명 이상으로 추측된다고 하였다.103) 펠리오트(P.

(蠻子: 남송인) 국의 국왕은 팍푸르(남송의 경종(慶宗))이다. 1268년 쿠빌라이 칸은 바얀 친산 장군을 보내 만지를 정벌하게 하였다. 강소성의 파우긴(寶應縣)의 주민은 우상숭배자로서 약간의 투르크인 네스토리안과 예배당이 있다. 얀구이(강소성 강도현의 揚州)에 칸의 12명의 중신 한 사람이 주재하고 있고 마르코도 3년간 행정일을 맡았다고 하였다. 호북성 사얀푸(襄陽府)는 만지국의 다른 모든 지방이 항복한 뒤에도 3년 동안 저항했는데, 니콜로와 마페오, 마르코가 투석기(投石機)를 제안하자 쿠빌라이 칸이 허락하여 알란인과 네스토리안인으로 300파운드의 큰 돌을 날려 보낼 수 있는 기계와 돌을 만들어 제1발을 성내에 날려 보내자 결국 성문을 열고 항복을 받았다. Ibid., 240-243; 킨사이(절강성의 杭州, Hangchow)의 시민은 160만 가구가 살며 네스토리안 예배당은 하나뿐이다. 이들 시민들은 주로 우상숭배자로 개고기라든가 그 밖에 우리 기독교인이라면 절대로 먹지 않을 부정한 동물의 고기를 먹는다. 이 지방은 아이가 태어나면 탄생한 날 · 간지 · 시각 · 28수(宿) · 9요성(曜星)을 기록해 둔 다음, 여행을 하거나 혼담이 생길 때 점성사에게 가서 판단을 받는다. Ibid., 257, 262, 266; 푸주(福州, Fugiu, Foochow, Fuzhou)는 만지 9지구의 하나인 콘차 왕국의 수도이다. 시민은 우상숭배자이나 기독교인도 약간 살고 있다. 마르코와 그의 숙부인 마페오가 푸주에 머물고 있을 때 기독교인를 만났는데, 그들이 읽고 있는 것이 시편임을 알았다. 그들의 예배당에는 70명의 사도(使徒) 중 3명를 그린 화상(畵像)이 걸려 있었다. 이 세 명의 사도로부터 그리스도의 가르침을 전해 듣고 그 후로 700년 동안 이 교리를 믿어왔으나 오랫동안 그들을 가르치지 않았다고 하였다. A. C. Moule and P. Pelliot, *Marco Polo*, 347; 이에 마르코와 마페오의 제안으로 쿠빌라이 칸에게 가서 기독교인의 교법과 교리에 정해진 모든 의식을 행해도 좋다는 문서를 교부받았다. 그들이 700년 동안 믿어 왔다고 한 것은 당 제국의 아나본(Alopen) 일행이 들어온 때부터 생각할 수 있다. 또한 세 명의 사도는 아다이(Addai)와 아가이(Aggai), 마리(Mari)를 추측케 한다.

103) Marco Polo, *동방견문록*, 273-278.

Pelliot)가 주장하길, 이 기간 네스토리안 교회는 지속적으로 동쪽과 남쪽으로, 인도와 중국으로 확대되고 있었고, 네스토리안 선교사 대주교구도 한층 독립적인 구조로 성장 유지되고 있었다고 하였다.[104] 최종적으로 쿠빌라이 칸의 통치 때에 (외방)대주교구가 새 몽골제국의 수도 북경(Peking)에 세워졌다.[105]

이와 같이 고위직에 오른 네스토리안파는 원 제국에서도 훌륭한 일들을 감당하였다. 이 당시 웅구트족 쉬반, 서아시아 출신 이사와 그의 다섯 아들들, 사마르칸트 출신 세르기스, 유럽인 마르코 폴로 등 모두 중국인들이 아닌 외국인들이었다. 이들을 통해 교회도 세워지고 기독교의 영향력이 확대되었다.

둘째, 1251년 칭기즈칸(Genghis-Khan)의 손자 몽케가 제4대 대칸이 되었을 때, 그의 첫째 동생 쿠빌라이에게 중국을, 그의 셋째 동생 훌라구(Hulegu, Hulaku, 대략 1217-1265)에게 페르시아 지역을 맡겼다. 1254년 10월 19일 훌라구가 알말릭과 투르키스탄, 사마르칸트, 케슈, 칼샨, 레마벤드, 라이, 맨문디쯔, 아람하마단 등지를 침략하였을 때,[106] 그 선봉에 선 몽골군의 사령관은 케드부카(Ked-Buka)로서, '황소'라는 별명을 가진 네스토리안 기독교인이었다.[107] 이 원정

---

104) P. Pelliot, *Recherches sur les Chrétiens d'Asie Centrale et d'extrême Orient*, 2 vols., ed. J. Dauviller and L. Hambis(Paris: Imprimerie Nationale, 1973, 1983), 1:8.

105) 선교사 대주교구들은 그들 지역의 새 주교를 서품할 수 있는 능력을 부여받았고 선교사 주교들은 현지 성직자들 중에 선출하여 보조할 부주교 직책을 주었다. J. Dauvillier, *Histoire et institutions des Églises orientales au Moyen Age*(London: Variorum Reprints, 1983), 7:28.

106) 마르코 폴로는 훌라구가 1255년에 몽골군으로 압바시드 바그다드를 함락시킨 후 칼리프가 보관한 금을 발견하고 놀랐는데, 칼리프를 그 금이 있는 탑에 가두고 굶겨 죽였다고 한다. Marco Polo, 36-38.

으로 네스토리안파는 그들 고향인 시리아와 페르시아로 되돌아온 것
이다.[108] 이렇게 45년간(1251-1295년) 페르시아 일칸국(Ilkhan, '종
속적인 칸')은 기독교 신앙의 중심지가 되었다.[109] 이 기간은 가장
기억할 만한 시기로서 네스토리안파의[110] 르네상스(renaissance)로
불릴 만하였다.[111]

1258년 2월에 두 번째로 바그다드에 들어간 훌라구는 칼리프에게
무조건적인 항복을 원했으나 거절하여 일주일간 도시 전체를 약탈하
고 주민들을 학살하였으나 이미 피난처(교회)를 얻었던 기독교인들은

---

107) Ked-Buka 혹은 Ket-Buka(Cambridge), Kitbuka, Kitubuka(Howorth)
은 나이만 혹은 케레이트 사람이라고도 한다. H. H. Howorth, *History
of the Mongols*, 1:210; 때로는 1299년 몽골 궁전에 방문했던 아르메니
아 왕자라고도 한다. "그는 우리 구주 탄생을 경배하러 갔던 세 왕들
중의 종족에 속하여서 기독교를 사랑하였다"고 한다. Ibid., 3:150.

108) 여기서는 위구르, 나이만, 케레이트가 아니라 투르크, 조오지인, 알란인,
아르메니아아인을 말한다. J. J. Saunders, *The History of the Mongol
Conquest*, 108.

109) 일칸국의 계승자는 Hulegu(1256-1265), 새 콘스탄틴; Abaka(1265-1282),
협조; Teguder-Ahamd(1282-1284), 첫 번째 경고; Arghun(1284-1291),
(소망)의 정점; Kaikhatu(1291-1295), 중용; Baidu(1295), 양면;
Ghazan(Mahmud, 1295-1304), 어두운 그림자.

110) 네스토리안 교단의 분포로는 1. 총대주교좌: 바그다드, 셀류키아 크테
시폰, 모술, 코차네스, 마라가; 2. 대주교구: 서아시아에는 베트가르마,
보그라, 이르빌, 니시비스, 하마단, 라이, 베르다, 딜렘; 중앙아시아 및
중국은 메르브, 발흐, 사마르칸트, 카슈가르, 야르칸드, 알말릭, 둔황, 하
미, 서안, 칸발리크; 3. 주교좌는 예루살렘, 다마스쿠스, 에데사, 타브리
즈, 할완, 히라, 부칼, 하타, 베트카라지, 다린, 소코트라, 아물, 이스파한,
이스타하르, 호르무즈, 자랑, 니샤푸르, 투스, 헤라트이다. 그리고 네스
토리안 기독교의 유물이 발굴된 곳은 나지란, 사나, 타슈켄트, 코칸드,
호탄, 잇스크 쿨, 투르판, 라다크, 말라바르, 트리코말리, 숙주, 감주, 난
주, 귀호정, 안산, 양주, 진강, 항주, 아유티아이다.

111) S. H. Moffett, *A History of Christianity in Asia*, 422.

206

살아남았다.112) 그 이유는 훌라구의 왕후이자 네스토리안 신자인 도쿠즈 카툰(Dokuz Khatan)이 개인적으로 동료 성도들의 몸값을 지불하였기 때문이다.113) 1260년 훌라구는 케드부카 장군과 함께 다마스쿠스의 항복을 받았고, 아르메니아의 왕 헤툼(Hethoum of Lesser)과 안디옥의 보헤문드(Count Bohemund)의 두 공국의 기독교 통치자들과 함께 지중해 연안을 휩쓸었다. 훌라구는 이집트를 공격하다가 대칸 몽케(Mangu, 憲宗)의 부보를 듣고 케드부카 장군과 2만 명의 군대만 남겨 두고 회군함으로써 이집트에서는 이슬람문화의 자취가 그대로 보존될 수 있었다.114) 사운더(J. J. Saunders)는 말하길, "1241년 오고데이(Ogetai)가 죽자 기독교 유럽이 구원받았고 1259년 몽케(Mongke)가 죽자 무슬림 아시아가 건짐 받았다"고 하였다.115)

---

112) H. H. Howorth, *History of the Mongols*, 3:126; J. A. Boyle, *The Saljuq and Mongol Periods, vol.5 in The Cambridge History of Iran* (Cambridge: Cambridge Univ. Press, 1968), 348. 압바시드('Abbasid) 마지막 칼리프는 융단에 말려 말발에 짓밟혀 죽음을 당하였다. 이에 칼리프의 역사는 5세기 전 "(우마야드, Umayyads)에게 괴롭히며 고통을 주었던 것처럼 압바시드 왕조는 맹렬하게 왔으나 적절하지 않는 때에 멸망하였다." Muir, *The Caliphate, Its Rise, Decline, and Fall*, rev. ed. (Edinburgh: Grant, 1924), 592.

113) J. M. Fiey, "Chrétiens Syrianques sous les Mongols", CSCO, vol.362, t. 44(Louvain, 1975), 22.

114) 김광수, *동방기독교사*, 94.

115) J. J. Saunders, *The History of the Mongol Conquest.*, 114; 이제 더 이상 이집트로 전진할 수 없게 된 가장 큰 원인은 이집트에 살라딘(Saladin)의 죽임 이후 이집트의 노예 용병들이 반역하여 맘룩크(Mamelukes) 투르크 왕조를 세웠기 때문이다. 사실 노예 용병의 장군은 몽골군이 남러시아를 정복했을 때 킵착크 타타르(Kipchak Tartar)가 노예로 팔았다던 몽골족이었다. 그러므로 이들 군대는 더 이상 쿠르드도 아랍도 페르시아도 이집트인도 아닌 몽골인 사령관 비바르스(Bibars, Baybars)에 의해 인도되어 맘룩크 왕조(1260-1517)를 세워 이

훌라구가 카라코룸(Karakorum) 선거에서 몽골제국의 보좌를 그의 둘째 형 쿠빌라이에게 위임하였고, 그 후에 수도를 바그다드의 북쪽 아제르바이잔(Azerbaijan) 영토인 마라가(Maragheh)에 정하고, 바그다드의 통치자로는 페르시아 역사가 주바이니(Juvaini, 1238년 사망)를 임명하였다.116) 이처럼 훌라구117)는 어머니 소르각타니 베키(Sorkaktani)와 그의 장군 케드부카, 그의 부인 도쿠즈 카툰(Doquz-khantun), 기독교 유목민 등의 네스토리안 기독교인의 절대적 도움으로 일칸을 세웠다. 바그다드의 옛 압바시드 칼리프 궁전을 네스토리안의 총대주교 마키카 2세(Makika, Machicha Ⅱ)에게 사용토록 할 정도로 총대주교에게 특별한 대우를 해주었다.118) 이 시기

집트를 통치하였다. C. Brockelmann, *History of the Islamic Peoples* (New York: Capricorn, 1960), 238, 239, 250, 288; 비바르스는 나사렛(Nazareth) 근처 골리앗(Goliath)의 스프링스(Springs, Ain Jalut)에서 수적 우세 속에서 몽골군 케드부카를 물리쳤다. 케드부카는 도망가기보다 죽음을 택하였다. 이후 100년 가까이(1261-1369) 훌라구 상속자들은 옛 페르시아 지역만 통치하게 되었다. H. H. Howorth, *History of the Mongols*, 3:169.

116) 훌라구에게 대항하는 세면은 남쪽 맘룩크 이집트와 북쪽 킵착크 칸국(금호르드)의 무슬림 서부 시리아와 중앙아시아의 차가타이 칸국(Chagatai khanate)이었다. 1261년에 훌라구와 서북 킵착크 칸국 제3대 칸 베르케(Berke, 1257-1267) 사이에 한 지방의 귀속 문제 때문에 30만과 35만으로 전쟁하였고 쌍방 많은 사상자를 냈으나 훌라구가 승리하였다. Marco Polo, *동방견문록*, 최호 역(서울: 홍신문화사, 1999), 410-417. 이에 마르코 폴로는 불가 강 중류인 우카카로 돌아 사막을 횡단하여 부하라에 도착하였다. 당시 차가타이 칸국은 제7대 바라크(Baraq, 1266-1271)가 통치하고 있었다. Ibid., 13, 14.

117) 훌라구는 바르탄(Yartan)에게 말하길, "내 어머니 역시 기독교도다. 내 마음속으로 가장 사랑하는 것은 기독교인이다"라고 했다. H. H. Howorth, *History of the Mongols*, 206.

118) A. C. Moule, *Marco Polo*, 121. 1226년 네스토리안 79대 총대주교 샬바르

를 일컬어 옛 로마제국의 *로마의 평화*(Pax Romana)와 견줄 *타타르의 평화*(the Peace of Tartan)라 부른다.[119] 이 시기에 동서 간의 여행과 교역이 자유로웠다. 도쿠즈 카툰은 늘 훌라구와 동행하였고 여행 중에도 짐마차에 휴대용 네스토리안 예배당을 운반하고 다녔다.[120] 무슬림 역사가 라쉬드 알딘(Rashid al-Din)은 다음과 같이 진술한다:

그의 왕후(도쿠즈)가 기뻐한 것은 훌레구가 (기독교인들)에게 호의를 베푼다는 것이고 새 교회를 계속적으로 세우도록 모든 물품(token)을 후원한다는 것이고 도쿠즈 카둔(Doquz-khatun)의 천막(ordu) 문에는 종들이 울러 퍼지는 예배당이 항상 있다는 것이다.[121]

예수(Salbar Jesus)는 몽골 세력을 이용하였는데, 이슬람이 지배하는 바그다드에서의 최후 총대주교였다. 무슬림 통치하 762년 이래 거의 500년간 네스토리안 총대주교가 아시아의 대부분 교회들을 다스려왔었다.

119) 이장식, *아시아고대기독교사*, 329, 330. 13세기 말 바그다드의 네스토리안 총대주교는 몽골의 평화(pax mongolica)의 혜택을 받고 있어서 중앙아시아를 지나 태평양까지 선교사 주교직의 고위성직자 네트워크(network) 확대와 재설립을 찾고 있었다.

120) H. H. Howorth, *History of the Mongols*, 1:542. Dokuz Khatun에 대해서는 페르시아 역사가 Rashid al-Din, *Jami' al-Tawarikh*을 인용하였다. 그녀는 페르시아 몽골 일칸을 재정비시켰다. 페르시아에서는 여왕이 되었다. 도쿠즈 카툰은 케레이족 웅 칸(토올릴, 혹은 사제왕 요한)의 아들 아바쿠의 딸이다. 그녀는 원래 칭기즈칸의 넷째 아들 툴루이의 부인이었으나 그가 죽자 툴루이의 셋째 아들 훌라구의 첫 부인이 되었다.

121) R. Grousset, *The Empire of the Steppes*, 357; 그녀의 천막 문 앞에는 언제나 교회가 세워져 있었고, P. Jackson, *The Mission of Friar William Rubruck: His Journey to the Court of the Great Khan Möngke 1253-1255*(London: The Hakluyt Society, 1990), 126-127, 189; 나쿠스(naqus) 소리가 들렸다고 한다. W. M. Thackston, 471-472.

1264년 바르탄(Vartan)이 훌라구 궁전에 있을 때 아르메니아와 조오지아의 기독교 왕들과 안디옥의 십자군 왕자가 배석한 자리에서 훌라구가 사적으로 밝힌 내용을 적고 있다: "나의 어머니(Sorkaktani)는 기독교인이었고 나도 기독교인들에게 많은 애착을 느꼈다",[122] "우리는 기독교를 사랑한다", "그리고 우리의 종교는 우리 궁전에서 인기 있는 데 반하여 그들(나의 조카들)은 무슬림에게 호의를 베풀고 있다"고 하였다.[123] 1261년 교황 알렉산더 4세(Alexander IV)는 훌라구가 가톨릭 세례 독법을 알려달라는 헝가리인 사절의 새 소식을 듣고 감동받아, 준비안을 만들어 가톨릭 총대주교와 함께 긴급히 한 통

---

122) Bar Hebraeus, *Chronicon Ecclesiasticum*, 419, 435, 444. Bar Hebraeus는 야곱파 시리아어로 썼다. 그의 이름에 나타나듯이 Melitene(지금 동부 터키의 Malatya)의 유대인 의사의 아들이고 그의 어머니는 그의 아랍 이름인 Abu'l Faraj라 하듯이 아랍인이다. 몽골 침입 때에 몽골 장군을 치료해서 안디옥으로 가게 되었고 그곳에서 아들은 야곱파와 네스토리안 교사들에게서 배웠다. 그는 히브리어와 시리아어, 아랍어에 유창했고 또한 헬라어와 아르메니아어, 위구르어도 알았고, 중국어도 좀 알았던 것 같다. 17세에 야곱파 수사가 되었고 온 생애 동안 네스토리안(Dyophysite)과 야곱파(Monophysite) 사이의 신학적인 중용을 찾으려고 애를 썼다. 20세에 안디옥의 야곱파 총대주교 Ignatius II에 의해 주교로 성별되었다. 그 후 Aleppo 주교가 되었고 1264년에는 동방의 마프린(maphrian)이 되었다. 그 다음 시리아 정교에서 두 번째로 높은 직인 총대주교가 되었다. 1284년에 동방에 12개의 새로운 야곱파 주교직을 재조직하였다. 그가 maphrian이었을 때 네스토리안 총대주교 Denha I(1265-1281)을 만나 "야만인 훈족 앞에 싸움에 참여하지" 않기로 동의하였다. 1286년 그의 장례식에는 그의 경쟁자 네스토리안 총대주교가 참석하였고 헬라인과 아르메니아인 행렬이 그들의 논쟁을 잊고 적의 무덤에 눈물을 흘렸다. E. A. W. Budge, *The Chronography of Gregory AbÛl Faraj*을 참조하라.

123) E. Dulaurier, "Les Mongols d'après les Histoires Arméniens", *Journal Asiatique*, 2(1860), 304.

의 편지로 응답하였다고 한다.[124]

그러나 훌라구도 정치적인 면에는 기독교인일지라도 적대한 것을 볼 수 있는데, 바그다드의 북쪽 야곱파 대주교구가 있는 타그리트(Tagrit) 기독교인들이 무슬림을 향하여 폭동을 일으켰을 때에 훌라구는 전형적인 몽골식으로 그곳에 있는 노인과 어린이를 제외한 모든 기독교인들을 죽이라는 명령을 했고, 그들의 대성당을 무슬림에게 넘겨주었다.[125] 이 기간 동안 페르시아에서 기독교인들과 무슬림들 간에 수많은 마찰이 있었다.[126] 또 훌라구의 말년에는 기독교인보다 오히려 불교도(혹은 shamanist)들을 관직에 임용하기도 하였다.[127] 1265년에 훌라구가 사망하고, 몇 개월 후 토쿠즈 카툰도 죽자, 당시 한 기독교 역사가는 다음과 같이 탄식했다:

> 그리고 그리스력 천오백칠십육 년(1265)에······ 왕 중의 왕 훌라구(Hulabu, Hulegu)가 이 세상을 떠났다. 이 사람의 지혜와 그의 위대한 혼과 그의 놀라운 행위들은 비교할 수 없다. 그리고 그해 여름 믿음의 여왕 토쿠즈 카툰(Tokuz Khatun)마저 세상을 떠나자 기독교를 승리로 이끈 이들 두 위대한 빛이 떠남으로 해서 전 세계 모든 기독교인들은 큰 슬픔에 잠겼다.[128]

같은 해에 네스토리안 총대주교 마키카 2세(Manicha Ⅱ)도 사망하

---

124) H. H. Howorth, *History of the Mongols*, 3:210.

125) Bar Hebraeus, *The Chronography of Gregory Abû'l Faraj*, 434.

126) J. M. Fiey, "Chrétiens Syrianques sous les Mongols", 35, 36.

127) A. Bausani, "Religion Under the Mongols", in *Cambridge History of Iran*, 5:540, 541.

128) Bar Hebraeus, *The Chronography of Gregory*, 419, 435, 444.

자, 중동의 모든 기독교인들에게 슬픔과 불길한 예감을 가져왔다. 새 총대주교 덴하 1세(Denha I, 1281년 사망)가 무슬림에서 기독교로 개종하는 세례식을 베풀자, 이에 무슬림들이 폭동을 일으켜 덴하 1세는 바그다드의 통치자인 주바이니(Juvaini)의 집에 피난처를 얻었다.[129] 사실 일칸은 무슬림 땅에 기독교 국가를 세운 것이나 다를 바가 없었다. 그러나 총대주교 덴하가 무슬림을 기독교로 개종시킬 때 무슬림들이 폭동을 일으킨 것으로 보아, 옛 페르시아 지역의 복음화는 아직 먼 것 같다는 인상을 받게 된다. 그러나 당시 기독교인들의 자세에도 문제가 있었던 것 같다. 150년 후에 맘룩크(Mameluke)의 역사가 마크리지(Maqrizi, 1442년 사망)는 다음과 같이 기록하였다:

> 그들은 특별한 보호와 자유로운 종교의식을 증명하는 (훌라구)의 특허장을 발부하였다. 그들은 무슬림의 금식 기간(Ramazan) 달에도 자유롭게 술을 마셨고, 그것을 개방된 거리나 무슬림(Mussulmans)의 옷에도 모스크의 문에도 엎질렀다. 그들은 거리를 가로질러 상인들을 강제로 물러나게 하였고 거절하는 자에게는 악하게 취급하였다. …… 무슬림이 불평하면 (훌라구)에 의해 임명된 정부 관리자가 와서 모욕을 주었고 그들 중 몇몇은 …… 발바닥을 때리는 벌을 주었다. 그는(훌라구) 기독교 교회를 방문하여 그들의 성직자에게 경의를 표하였다.[130]

훌라구의 장자 아바가(Abaga, Abagha, Abaka, 1265-1282)가 제2대 일칸국의 칸으로 네스토리안 기독교인이 되면서,[131] 그의 아버지

---

129) Ibid., 419.
130) H. H. Howorth, *History of the Mongols*, 3:150.
131) Ibid., 223.

훌라구처럼 기독교인을 보호하였고, 동서 간의 교섭의 문을 열어 마르코 폴로(Marco Polo)가 1271년에 중국대륙을 여행할 수 있도록 배려하였다. 당시 일칸국은 북방으로 킵착크칸국과, 남쪽으로는 이집트 맘룩크 왕조(Mameluke)와 대치하고 있었다. 이런 외교적 고립상태를 벗어나기 위해 비잔틴이나 서구 국가들과 동맹이 절실하였다. 그런 견지에서 아바가(Abaga)는 비잔틴 황제 팔레올로구스(Michael Paleologus)의 딸 마리아(Mary)와 결혼하였다.[132]

1266년 여름 혹은 1267년 초에 교황 클레멘트 4세에게 사신을 보내 자신의 친기독교적 입장을 밝혔고, 1268년 여름에 교황에게 두 번째 서신을 보내 맘룩크를 공격하자고 했고 십자군을 결성했지만 실패하였다.[133] 아바가의 부인 코타이(Kotai, Kutui)도 기독교인이어

---

132) 몽골인들은 마리아를 헬라어로 '여주인'을 뜻하는 데스포이나(despoina)라고 불렀다. 1282년 아바가가 암살되자 그녀는 콘스탄티노플로 돌아가 수녀가 되었다. 그녀는 일칸국의 정사(正史)라고 할 수 있는 *집사*에 아바가의 정처들의 명단에 올랐다. W. M. Thackston trans., *Jami'u't-tawarikh*, 515-516.

133) 1268년 여름 아바가(Abaga)는 교황에게 두 번째 서신을 몽골인 네스토리안 사제인 솔로몬과 넥페이(네구베이)를 사절로 보냈다. 그 서신에는 자신의 동생인 아지아이의 군대를 투입하여 아라곤의 야곱(James of Aragon) 왕과 비잔틴의 황제와 합세하여 맘룩크를 공격하자고 했다. 그런데 아라곤 야곱이 이끄는 십자군은 풍랑을 만나 되돌아갔고, 안디옥은 1268년 5월 18일에 맘룩크의 군주 비바르스(Bibars, Baybars)에게 함락되었다. 1271년에 영국의 국왕 에드워드 1세(Edward Ⅰ)가 십자군을 이끌고 아바가에게 합동작전을 제안하였다. 이에 아바가군이 차가타이 칸국 측의 코라산 공격으로 뒤 늦게 서부전선인 팔레스타인에 1272년 12월 11일에 도착했으나 이미 에드워드는 떠난 뒤였고, 아바가 군은 맘룩크 군에게 참패를 당했다. 1272년 3월 27일에 교황에 취임한 그레고리 10세는 성지 회복에 대한 강한 열의를 보이자, 아바가는 1274년 7월 4일 교황이 소집한 리옹 공의회에 두 명의 사신과 열네 명의 수행원을 파견하였다. 1276년 여름에 서구 출신 용병인 두 사람을 교황청에

서 아바가의 통치 기간에는 기독교인을 중용하였고 무슬림들을 배제하였다. 또한 기독교인 관리인들은 무슬림들을 무시하였다.[134] 이렇게 아바가는 아버지 훌라구와 어머니 도쿠즈 카툰, 부인 코타이와 마리아, 기독교인 고관들 등으로 인해 기독교적인 칸으로 알려지게 된 것이다. 1281년 몽골 투르계 네스토리안 총대주교 마르 야발라하 제3세(雅八 阿羅訶 磨 第三世, Mar Yaballaha Ⅲ, 1281-1317)[135]와

사신으로 보내 쿠빌라이가 이미 세례를 받았고, 이제 자기 일가족과 백성들도 함께 기독교로 개종할 것이라고 밝혔다. 1278년 4월에 교황으로 즉위한 니콜라우스 3세는 아바가와 쿠빌라이에게 사신을 보냈다. 아바가는 이들의 안전한 통행을 위해 명령서를 발부하였다. H. H. Howorth, *History of the Mongols*, 3:278, 279.

134) 무슬림이 모술(Mosul)의 기독교인 지방 총독을 고소하였을 때, 잘못 관리한 그 총독의 위구르인 보좌관도 기독교인이었다. 그는 조사하라고 명했고 그 담당자들은 거짓임을 증명하여 고발인을 처형하였다. Bar Hebraeus, *The Chronography of Gregory*, 459, 462; 또 다른 경우에 무슬림들이 네스토리안 북쪽 총대주교좌인 마라가(Maragheh)의 강물을 매년 축복하는 예수 현현절(Epiphany) 의식을 방해하려고 위협하였을 때 일칸 부인 코타이(Kotai)가 간섭하여 "기독교인들에게 그들의 창끝에 십자가를 묶고 강으로 나아가라고 말했다." 그들은 그렇게 했고 겨울의 찬 바람은 가라앉았고 얼음은 녹았었다고 하였다. Ibid., 460. 도움을 준 왕후는 아마도 아바가의 첫 번째 부인이고 그의 아들 Teguder의 어머니이다. Howorth는 제안하길 아바가의 둘째 부인 Tukuri을 훌라구의 왕후 도쿠즈의 질녀와 동일시하기에는 좀 어려움이 있다고 하였다. H. H. Howorth, *History of the Mongols*, 3:212, 265.

135) *야발라하 3세전*에 의하면 마가(Mark, Markos, 1245-1317)는 1245년에 내몽골의 코샹(Koshang)에서 태어났다. 이 코샹은 토샹(Toshang)이 잘못 표기된 것으로, 오도릭의 글의 사제왕 요한이 다스렸던 토잔(Tozan)과 동일한 지명이다. H. Yule, *The Travels of Fariar Odoric* (Michigan: William B. Eerdmans Publishing Company, 2002), 150; 이곳은 원대의 동승(東勝)에 해당되며 웅구트족이 살던 곳이었다. P. Pelliot, *Recherches sur les chrétiens d'Asie Centrale*, 251-252. 내몽골의 코샹(Koshang)은 북경(Peking) 서쪽에 있는 곳으로 Shansi라고도

214

위구르인(Uighur) 랍반 소마(Rabban Sauma, 1225-1294)[136]가 일칸 국의 위대한 기독교 지도자가 되었다.[137] 이것은 몽골인의 제국에서

한다. 마가는 그곳의 네스토리안의 부제(敎正, 副祭, Archeacon)였던 바이니엘(Bayniel)의 네 아들 가운데 막내로 출생하였다.

136) 칸발리크(Peking)에 살던 순회사제 쉬반(Shiban)과 그의 아내 케얌타 사이에서 태어났다. 쉬반은 쿠빌라이 칸(Kublai Khan)의 가장 초기의 기독교 고문이었다. A. C. Moule, *Christians in China*, 94. 오랜 기도와 금식 끝에 얻은 아들이라 바르 소마(Bar Sauma)라 하였다.

137) 두 순례자에 대한 자료는 Paul Bedjan, *Histoire de Mar Jabalaha, patriarche, et de Rabban Cauma*(Syriac text), 2d ed.(Leipzig, 1895): J. B. Chabot, *Histoire de Mar Jabalha III et du Moine Rabban Cauma*(extracted from the *Revue de l'Orient Latin*, t. 1and 2, Paris, 1895): E. A. W. Budge, *The Monks of Kublai Khan*(London: Religious Tract Society, 1928): 마가는 23세에 모든 재산과 의복을 가난한 사람들에게 나눠주고 7년 동안 수도원에서 수행을 하고 산중의 동굴로 들어가 금욕생활을 하였다. 바르 소마는 마가에게 강한 소명과 사제 길에 들어가도록 격려하였다. 마가가 30세일 때에 바르 소마에게 성도 예루살렘에 순례할 것을 제안하였다. 쿠빌라이는 바르 소마와 마가에게 예루살렘을 순례하도록 소위 여행허가증이라고 할 수 있는 패(牌)와 부(符)를 주어 그들이 지나가는 곳마다 관리자들로 하여금 백방의 편의를 제공하도록 명령하였다. 수도 칸발리크에서 다수의 공도(公道)가 지방으로 뻗어있는데, 25마일마다 얌브(驛站)가 있어 칸의 사신이 숙박도 할 수 있도록 했다. 이 얌브에는 400필 정도의 말이 사육되어 사신이 이용할 수 있다. 또 칸에게 보내는 통신 문서를 전달하는 파발꾼이 3마일마다 있고 많은 방울을 달고 있어 그 방울 소리가 가까워 오면 다음 파발꾼이 준비하여 인계받아 달린다. 이렇게 하면 10일 길도 하루면 전달된다. 칸은 주술사와 점성가들이 식수하는 자는 장수를 누릴 수 있다고 해서 공도 양쪽에 2페이스 간격으로 가로수를 심게 했다. Marco Polo, 동방견문록, 173: 그들이 가는 도중에 구유크 칸(Kuyuk Khan)의 사위와 쿠빌라이 칸의 사위를 각각 만났다. A. C. Moule, *Christians in China*, 8 n. 6: Chabot와 Budge는 말하길 쿠빌라이 칸의 사위는 Aibuga로 쿠빌라이 칸 통치하에 유명한 George 왕의 아버지이다. 그들이 코탄(Khotan)에 도착했을 때에 기독교 공동체를 발견하였고 쿠빌라이(Kublai Khan)와 중앙아시아를 지배하던 차가타이 계의 알구(1260-65/66)와 전쟁 중에 있었다. J. A. Montgomery, 35:

이에 8개월이 지연되어 다시 사막의 서쪽 가장자리에 있는 네스토리안 대주교좌가 있는 카슈가르(Kashgar)에 갔으나 이미 약탈되어 텅 비어 있었다. 네스토리안 총대주교 Elias Ⅲ(1176-1190)가 Kashgar에 대주교좌를 설치했었다. 겨우 70년 전이었다. W. Barthold, *Four Studies on the History of Central Asia*, 1:105; 그 후 소마와 마가가 아르메니아와 그루지야까지 간 그들은 예루살렘으로 내려가는 길이 살인자와 강도들로 막히자 페르시아 기독교 수도원의 네스토리안 주교의 인도로 당시 총대주교 마르 덴하(Denha, 天哈, 1266-81)에게로 갔다. 바그다드의 총대주교 자리를 떠나도록 강요받던 덴하는 아제르바이잔의 마라가(Maragheh)에 있었다. 페르시아와 이집트의 전쟁으로 그들의 영적인 곳 예루살렘에 가는 것을 방해하자 기독교 성지인 바그다드와 셀류키아 크테시폰(Seleucia Ctesiphon), 아르벨라, 니시비스(Nisibis), 니느웨(Neneveh, Mosul) 등을 방문하였다. 그들은 많은 교회들과 거룩한 유물들과 교회와 수도원들의 많은 기독교인이 있음에 놀랐다. 그들은 예루살렘의 길이 열릴 때까지 아르벨라 근처 수도원에서 기다리려고 할 때에 1280년 네스토리안 총대주교 마르 덴하는 35세인 "젊고 잘생긴 예리한 턱수염의 고위성직자"가 된 마가에게 카타이와 옹 지방(Cathay and Ong)의 대주교(metropolitan)로, 소마를 총순회사제(Visitor-General, 總巡察使)로 긴급히 임명하여 파송하였다. E. A. W. Budge, *The Monks of Kublai Khan*, 142-148; A. C. Moule, *Christians in China*, 101-103; 그들이 동방으로 돌아가던 중 중앙아시아에서 쿠빌라이와 카이두 사이의 전쟁으로 다시 타릴 수도원으로 돌아왔다. 2년 뒤 마르 덴하가 갑자기 죽자 네스토리안 고위성직자 회의에서 마가를 총대주교(宗主敎)로 임명하였다. 사실 그는 "(네스토리안 교회의 언어)인 시리아어조차 말할 수 없어" 충격을 받았다. 그러나 로마와 페르시아, 아랍의 정복자들의 통치하에 성공적으로 살아왔던 현명한 네스토리안들은 13세기에는 몽골 정복자가 세상을 통치하기에 정치적 이유로 몽골인 총대주교를 결정하였던 것이다. 그의 선출을 인정받기 위해 일칸국의 훌라구의 아들 아바가 칸에게로 갔다. 아바카는 그에게 조그만 왕관이 장식되어 있는 의자(sandali)와 태양이나 비를 막아주는 산개(shather, 몽골어로 sükür), 금으로 된 패자(paiza), 서임장(pukdana)을 주었다. 마가는 바그다드로 돌아와 마르 코케(Mar Koka)에 있는 대교회에서 1281년 11월에 즉위식을 치르고 네스토리안 총대주교가 되어 마르 야발라하 제3세(雅八 阿羅訶 磨 第三世, Mar Yaballaha Ⅲ, 1281-1317)라는 칭호를 받았다. A. C. Moule, 104; Moule은 Yaballaha Ⅰ는 몽골인이 최초로 네스토리안 총대주교가 된 위대한 사건이었다.

　1282년 4월에 아바가가 암살당한 뒤 훌라구의 7번째 아들인 테구데르(Teguder, 1282-1284)가 제3대 일칸 왕이 되었는데, 그가 이슬람으로 개종한 이후 술탄 아흐메드(Sultan Ahmad)라고 불리면서 기독교를 탄압했다. 아르메니아 연대기 작가인 하이돈(Haithon)이 말하길, 테구데르의 어머니는 쿤쿠라트족(Kunkurat) 네스토리안 쿠투이(Kutai)로, 테구데르가 니콜라이(Nicholas)라는 세례명을 받았다고 하였다.138) 이런 테구데르가 종교적, 정치적으로 갑작스런 변화하자 기독교인 몽골 장군들은 모욕으로 받아들였다. 그 이유는 대략 20년 전 아인 자루트(Ain Jalut, Springs)에서 무슬림 비바르스 맘룩크에 당한 패배와 네스토리안 장군 케드부카의 죽음을 기억하였기 때문일 것이다. 이에 당시 호라산 지방의 총독으로 가 있던 아바가 왕의 장자 아르군(Argun)을 중심으로 기독교인 몽골장군들이 모여 진정한 몽골인이 되기로 다짐하였고, 이는 곧 무력충돌로 이어졌다.139) 1284년 8월에 아르군이 테구데르를 급습하여 몽골 왕실 풍습에 따라 그를 피 흘림 없이 등을 부숴 처형하였다. 이에 아르군(Arghun, 1284-1291)140)

　　　416-420, Yaballaha Ⅱ는 1190-1221이라고 하였다.

138) Haithon은 그를 "Tangader-Mahomet"라 하였다. Haithon, *A Lytell Cronycle*(대략, 1307), 48; H. H. Howorth, 3:212, 일칸 건국자 훌라구의 6명의 부인과 12명의 첩에 Teguder는 세례 받은 자로 되어 있다 (3:280). Teguder의 경쟁자 Arghun은 Suldus부족의 부인에 의한 Hulegu의 자손으로 Kunkurat와 Suldus 부족 간의 질투에 의한 아저씨 Teguder와 조카 Arghun의 마찰이 생겼을지도 모른다.

139) H. H. Howorth, *History of the Mongols*, 3:304.

140) 아르군(阿魯渾, Arghun, 1284-1291)은 아버지 아바가 왕의 명으로 아르브르 솔에서 멀리 존 강까지 출병했다. 그런데 카이두 왕은 그의 형제 바락(차가타이의 증손자 보락)으로 하여금 아르군을 공격하도록 했

이 제4대 일칸이 되었다. 테구데르가 무슬림이 되어 기독교를 핍박할 때[141] 야곱파 유대인 역사가 바르 헤브라에우스는 테구데르에게 굉장한 아부를 하였는데, "그는 자비로운 눈으로 모든 백성을 바라보며, 특별히 기독교 신앙의 수장으로서 …… 모든 교회와 종교적 가정들과 사제들과 수사들에게 세금으로부터 자유를 주었다"고 하였다.[142] 이런 상황에서 야발라하 3세 총대주교가 아르군을 지지하며 테구데르를 비방하는 서한을 쿠빌라이에게 보냈다는 혐의를 받게 되었는데,[143] 테구데르 칸의 네스토리안 어머니 쿠투이(Kutai) 카툰의 중재로 겨우 풀려났었다.[144] 그러나 1284년 테구데르와 아르군과의 싸움에서 친기

다. 그러나 아르군이 승리했다. Marco Polo, *동방견문록*, 385-386. 얼마 지나지 않아 아바가 왕의 사망 소식을 들었다. 그러나 이미 아바가 왕의 동생이며 아르군의 삼촌인 무슬림인 테구데르가 왕위에 올랐다. 이에 아르곤은 테구데르가 몽골인(타타르인)의 법을 믿지 않고 무슬림이 된 것에 대하여 결전하였으나 아르군이 패하여 포로로 잡혔다. 그런데 테구데르가 궁전으로 돌아간 사이에 몽골장군 부가(Buka)를 비롯한 여러 귀족들이 아르군이 정당한 군주임을 인식하고 아르곤을 풀어주자, 이에 아르군은 테구데르의 총지휘관 알리낙 술탄을 살해하고 통수권을 회복하였다. Ibid., 386-399.

141) 테구데르는 불교사찰과 기독교 교회를 모스크로 바꾸도록 명령했고 이슬람으로 개종하기를 거절하는 기독교인들의 목을 베도록 선언하였다고 하였기 때문이다. H. H. Howorth, *History of the Mongols*, 3:288. Bar Hebraeus, *The Chronography of Gregory*, 614-615.

142) Ibid., 472.

143) A. C. Moule, *Christians in China*, 105. 그 이후로부터 Yaballaha는 북쪽 Maragheh에 살았다.

144) 야발라하에 대한 고발은 탕구트의 대주교 이쇼 사브란과 단성론 아르메니아의 주교 시몬이 테구데르의 재상이며 역사가 주바이니(Juvaini)의 형제인 샴스 앗 딘에게 들어갔기 때문이다. 이에 야발라하와 랍반 소마가 테구데르 궁정에서 재판에 회부되어 면직되어 40일가량 감옥에 갇혔었다.

독교적인 아르군이 승리함으로써 네스토리안 총대주교 야발라하 3세
와 교회는 위기를 넘기게 되었다.

　아르군의 부인 우룩 카툰(Uruk-Khatun)은 케레이트족 출신으로
도쿠즈 카툰(Doquz-Khatun)의 질녀이자 네스토리안파였다. 우룩 카
툰은 아들 울제이투(Oljeitu, 후에 제8대 일칸국 칸이 됨, 1306-1316)
로 하여금 세례를 받도록 하고 로마의 교황 니콜라스 4세의 이름을
따서 니콜라스(Nicolas)라는 세례명을 주었다. 아르군의 또 다른 부인
툭타니(툭탄)는 원래 아바가의 후실이었는데 역시 기독교인이었다.
이처럼 아르군의 왕실은 네스토리안 기독교가 강하였다. 바르 헤브라
에우스(Bar Hebraeus)는 1286년 죽을 때까지 페르시아와 동방의 모
든 단성론(야곱파)을 대표하는 수석대주교(marphrian)가 되었는데,
그는 당시 몽골의 종교정책에 대하여 다음과 같이 요약하였다:

> 몽골인과 함께 노예도 자유인도 없으며, 신자나 이교도도 없으며, 기
> 독교인이나 유대인도 없으며, 모든 사람들이 하나로 같은 혈통에 속
> 한 것이다. …… 그들 모두가 요구하는 것은 사람들의 힘을 결집하기
> 위해 강한 섬김과 복종을 요구했다.[145]

　아르군도 아버지 아바가의 외교정책을 계승하여 1285년에 교황과
프랑스 국왕과 앙주 가문의 샤를에게 사신을 보냈다.[146] 1287년 아르

---

145) Bar Hebraeus, *The Chronography of Gregory AbÛl Faraj*, 490.
146) 그의 첫 번째 서한에서 자기 영내에 있는 기독교인들이 면세혜택을 받
　　으며 자유로운 생활을 누리고 있다고 했다. 이어서 쿠빌라이가 통역 이
　　사를 보냈고, 이번 사설단에 이사와 함께 보가독과 멩길릭, 토머스 안
　　포시, 통역 우구에토를 파견한다고 했다. 또한 아르군의 할머니(도쿠즈

군왕은 야발라하 3세의 추천에 의하여 라반 소마(Sauma) 일행을 사신으로 파견하였다. 동시에 그에게 동로마제국을 비롯하여 이탈리아, 프랑스 및 영국 등을 아우르는 특사의 사명까지 부여하였다.[147] 1288

카툰)가 기독교인이었고, 할아버지 훌라구와 아버지 아바가는 기독교인들을 보호했으며, 자신도 그렇게 할 것이라고 밝혔다.

147) J. B. Chabot, Ibid., 185-193; 사절단은 콘스탄티노플에서 황제 안드로니커스(Andronicus)를 만났고 소피아 대성당을 참관하였다. 1287년 6월에 나폴리에 입항하여 로마로 향하던 중 교황의 서거소식을 들었다. 새 교황의 선출을 위해 모인 열두 명의 추기경 앞에서 회견을 가졌다. 네스토리안에 대해서 이단적이라고 생각했기 때문에 신학에 대하여 조심스럽게 몽골 외교관이며 사제인 소마에게 심사하였다. 사도들 가운데 어느 분이 당신네 고장에 복음을 전파했는가? 성 도마(St. Thomas)와 성 아다이(St. Adai), 성 마리(St. Mares) 등이 전파했고, 그들이 전해준 관례(rites)들을 지금까지 받들고 있다. 우리의 많은 조상들이 몽골인과 투르크인, 중국인의 땅에 가서 그들을 가르쳐왔다. 오늘날 많은 몽골인이 기독교인이다; 거기에는 세례 받고 그리스도를 고백하는 왕들과 왕후들이 있다. 그들은 막사에 그들의 교회를 가지고 있고 기독교인들에게 크게 영광 돌리는 것을 보여주고 그들 가운데 많은 사람이 개종한다…… 아무도 우리에게 교황으로부터 동양 사람에게 보내지 않았다. 그 거룩한 사도들은 앞서 우리에게 가르쳤고 그들이 우리에게 전수한 것을 오늘 여전히 유지하고 있다…… 나는 나의 믿음을 토론하거나 가르치기 위해서 먼 땅에서 온 것이 아니라 나의 주 교황과 성인들의 유물에 대한 관심과 왕과 가톨릭코스(Catholicos, 총대주교)의 서신들을 전달하기 위해서 왔다. 기뻐하다면 토론을 끝내도록 허락하소서. A. C. Moule, Ibid., 107. 더 추가적인 질문들은 다음과 같다. 총대주교의 거처는 어디인가? 바그다드이다. 당신들은 어떤 방식으로 믿는가? 나는 보이지 않고 시작도 끝도 없이 영원한 단 한 분이신 하나님, 즉 성부와 성자와 성령을 믿는다. 이 세분은 서로 동등하고 분리될 수 없으며, 처음도 마지막도, 혹은 더 젊지도 늙지도 않는다. 본질(keyanim)상 그들은 하나이나, 위격(kenomin)상으로는 셋이다. 즉 성부는 낳으신 분(the Begetter)이고, 성자는 낳아진 분(the Begotten)이며, 성령은 움직이시는 분(proceeds)이다. 최후로 이 성 삼위일체 가운데 한 분이신 성자께서 성스러운 동정녀 마리아에게서 완전한 인간의 몸을 입고 예수 그리스도로 태어나셔서, 하나님과 본체(parsopa)상 하나가 되어 세

년 아르군왕은 귀국한 사절로부터 유럽의 여러 가지 사정을 듣고 만족
하였고, 소마에게는 자기 궁전 문에 교회를 세우도록 약속하였다.[148]

상을 구원하셨다. 신성에 있어서 그분은 영원히 성부와 같고, 인성에
있어서는 그분은 마리아에게서 태어나셨다. 이 (인성과 신성의) 결합은
영원히 나누어질 수도, 혼합될 수도, 압축될 수도 없는 것입니다. 이러
한 결합을 지닌 성자는 완전한 신이며 완전한 인간이고, 두 개의 본질
과 두 개의 위격을 지니고 있으나 하나의 본체를 지니신 분이다. E. A.
W. Budge, trans. Ibid., 173-173; 랍반 소마의 마지막 답변은 양성단체
론을 믿는 네스토리안 교리의 핵심을 전달하고 있다. 그리고 로마에 있
는 교회들과 성인들의 무덤을 안내해 줄 것을 요청했다. 1287년 9월에
는 파리(Paris)에 도착하여 프랑스왕 빌립 4세(Pilip Ⅳ, 1285-1314)를
만났는데 그에 의해 파리의 교회와 종교, 문화를 일일이 소개받고 일칸
에 십자군을 지원할 것을 약속하였다. 11월에 보르도(Bordow)에서 영
국 왕 에드워드 1세(Edward Ⅰ, 1273-1307)를 만나 십자군을 지원에
대한 약속을 받았고 소마에게 미사를 요청받아 네스토리안 주교로부터
성찬식을 받은 영국 왕이 되었다. 소마는 영국 왕으로부터 많은 선물을
받았다. 1288년 2월 20일 니콜라스 4세(Nicholas Ⅳ, 1288-1292)의 교황
즉위식을 기하여 로마에 돌아와 아르군 왕과 네스토리안의 총대주교
마르 야할라하 3세의 친서를 새 교황에게 주었다. 마침 사순절 기간이
라 랍반 소마는 교황청에서 치르는 갖가지 의식을 관찰하였고, 그 자신
이 교황이 참석한 가운데 네스토리안식 미사를 거행할 때 사람들은 그
광경에 놀랐다. "언어는 다르나 그 전례는 같다."고 말했다. A. C.
Moule, 110; 이는 네스토리안과 로마 가톨릭교회와 사이의 최초의 교
섭이 된다. 랍반 소마의 서구 여행기는 *야발라하 3세전*에 기록되어 있
고, 현재 교황청에는 당시 그가 휴대하고 돌아온 서한 세 통이 보관되
어 있다. 서한의 라틴어 텍스트는 Lupprian, *Die Beziehungen*, 247-254;
영역본은 A. C. Moule, 112-115; 1288년 4월 2일자로 이 편지들 가운
데 두 통은 아르군에게 보내진 것으로 교황은 아르군에게 예루살렘이
함락되기 전이라도 속히 세례를 받으라고 권유하고 있다. 마지막 한 통
은 아르군의 부인이며 기독교인인 녹단 카툰(혹은 툭탄 카툰, 아버지
아바가의 넷째 부인이고 하다)과 아르군의 둘째 부인인 올가타이(혹은
울제테이)에게 쓴 것이다. 이와 같이 랍반 소마의 덕택에 서구의 주교
들에게 네스토리안 신학과 신앙, 의식 등을 처음 소개하면서 주님 안에
서 하나임을 발견했을 것이다. 또한 로마 가톨릭의 신앙과 기독교 유물
을 보면서 감동했을 것이다.

교회의 천막을 묶는 밧줄이 왕의 천막의 문과 너무 가까워 서로 엉킬 정도였다고 하였다. 호워스(H. H. Howorth)에 의하면, 아르군은 그의 아들 가르반다(Kharbanda)에게 세례 주는 것을 허락했고, 총대주교가 집전한 12명의 네스토리안 서품식 때 아르군 자신은 네스토리안이 종으로 사용하는 나무 판을 하사하였고, 모든 사람들에게 총대주교의 축복을 받도록 명령하면서 자신도 대열에 동참하였다고 하였다.149)

이처럼 아르군의 통치 때에 아시아에서의 네스토리안 기독교는 그 어느 때보다도 번창하였다. 몽골의 총대주교 야발라하 3세는 로마의 교황 이상의 교회의 치리권을 행사하였다. 교황은 1289년 7월 13일, 15일에 작성한 세 통의 편지를 프란체스코파 수도사 몬테코르비노를 통해서 쿠빌라이와 아르군, 야발라하에게 각각 보냈었다.150) 아르군은 1289년에 자신의 측근인 제노바 출신의 부스카렐을 통하여 교황청과 프랑스 국왕, 영국 국왕에게 일 칸의 군대가 미스르(Misr, 즉 이집트) 쪽으로 출정하면, 자신들은 이쪽에서 출정하여 다마스쿠스에서 만나자고 하였다. "만일 선한 행운의 축복이 임한다면…… 우리는 당신에게 예루살렘을 줄 것이다"라고 하였다.151) 1290년 5월 14일에 마지막 사절의

---

148) J. B. Chabot, *Histoire de Mar Jaballha III et du Moine Rabban Cauma*, 3.

149) H. H. Howorth, *History of the Mongols*, 3:355.

150) 거기에서 교황은 아르군의 요청에 따라서 선교사를 대칸의 조정에 파견하게 되었으며, 파견된 수도사들에게 보호와 지원을 요청하고 있다. A. C. Moule, *Christians in China*, 168-171.

151) 하늘에 기도며 호랑이해의 겨울 마지막 달(1291년 음력 1월)에 출정하여 봄 첫 달 15일(2월 15일)에 다마스쿠스에서 진을 치도록 하자고 하였다. A. Mostaert, *Les Lettres de 1289 et 1305 des ilkhan Aryun et Öljeitü à Philippe le Bel*(Cambridge, Mass.: Harvard University Press, 1962), 17-54; 그러나 아르군은 1289년 겨울에 카스피 해 남방의 이란 지방에서 킵차크 칸국과의 전투로 서방에 신경 쓸 여유가 없었다.

임무를 부여받은 인물은 기독교로 개종하였고, 당시 몽골의 최고위직에 있었던 차간(Chaghan)에게 맡겨졌다. 아르군이 교황에게 보낸 친서에서 일칸은 메시아의 종교로 개종하라는 교황의 권유에 대하여 몽골인의 의지에 따라서 신도(silam)가 되건 안 되건, 그것은 오로지 영원한 하늘(möngke tengri)만이 알 뿐이라고 했고, 오로지 영원한 하늘에 기도하고 올바로 생각하다면, 신도가 된 것과 마찬가지라고 했다.152) 이것으로 보아 아르군은 헌신한 기독교인이라고 평가하기 어렵다. 하지만 정치적이며 형식적으로는 기독교인이었던 것으로 보인다.

1291년 3월 10일 아르군의 죽음과 함께153) 서방의 십자군도 끝났고, 예루살렘에 세워진 라틴 왕국의 요새도 1291년 이집트 맘룩크에 의해 완전히 패망하였다. 1294년 쿠빌라이 대칸이 사망할 때, 일칸국의 통치자는 제5대 가이카투(Gaikhatu, 1291-1295)로 아르군(Arghun) 왕의 동생이며 훌라구의 손자였다. 가이카투 왕은 동료 몽골인 총대주교 야발라하 3세(Mar Taballaha)를 불러 성찬식에 참여하기도 했고, 재정적 지원도 아끼지 않았으며 패자 가운데 가장 높은 등급인 해청패(海靑牌, songqor)를 하사하기도 했다. 또한 그는 랍반 소마의 요청을 받아들여 일칸국 북쪽 수도 마라가(Maragheh) 시내에 교회를 짓도록 지원해 주었다.154)

1295년에는 가이카투왕과 그의 사촌동생 바이두(Baidu) 사이에 다툼이 일어났다. 이 내분을 틈타 무슬림 아랍인의 침략으로 가이카투

---

152) A. Mostaert & F. W. Cleaves, "Trois documents Mongols des Archives secrètes vaticanes", *Harvard Journal of Asiatic Studies*, vol.15, no.3-4(1952), 445-467.

153) 독살되었다고도 한다. Marco Polo, 동방견문록, 399.

154) R. Grousset, *The Empire of the Steppes*, 377.

왕은 시해되었으며, 기독교인들은 대량 학살당했고 교회는 불태워졌다. 그 후 바이두(Baidu) 왕이 1295년 일칸국 제6대 칸이 되어 기독교를 적극적으로 비호하였다.

바이두는 무슬림을 두려워하여 목에 십자가를 휴대하였고, 정부의 중요 요직에 기독교인들을 임명함으로써 호의를 베풀었다. 이에 무슬림들은 바이두의 계승을 무시해 왔던 불교인인 아르군의 아들 가잔(Ghazan, 1295-1304)[155]을 설득하였다. 가잔은 무슬림으로 개종한 후에 수세기 동안 원래 무슬림이었던 페르시아 백성들과 동맹을 맺고 형식상 기독교인인 바이두에 대항하였다. 이에 바이두를 살해하고 일칸국 제7대 칸위에 올랐다.[156] 이렇게 45년간(1251-1295년) 지속된 페르시아 일칸국하에서 싹이 튼 네스토리안 르네상스(renaissance)는 서서히 역사의 뒤안길로 자취를 감추는 듯했다. 그럼에도 불구하고, 역사의 전개와 흐름 속에서 네스토리안 교회의 지도자들은 제국 전체에 걸쳐 지대한 영향력을 행사했을 뿐만 아니라 끈질긴 신앙의 생명력을 이어 나갔던 것이다.

---

155) 그 선조 계열은 Genghis(1227년 사망), Tolui(1232년 사망), Hulegu (1261-1265년 통치), Abaka(1265-1282년 통치), Arghun(1284-1291년 통치), Ghazan(1295-1304년 통치). 아르군 왕이 사망하자 그의 아들 가잔이 수도에서 40일 떨어진 아르브르 솔에 있는 것을 틈타 카이카투가 왕이 되었었다.

156) Bar Hebraeus, *The Chronography of Gregory AbÛl Faraj*, 505.

제3절 후기 몽골제국과 네스토리안 교회의 위축

1. 후기 원 제국의 로마 가톨릭 선교와 네스토리안 교회

네스토리안 교회의 위축된 요인 중 하나가 로마 가톨릭의 아시아 선교에 있었다. 알센(T. T Allsen)은 1세기에 활동한 사도들과 같이 13세기 콘스탄티노플을 넘어 세계의 절반을 차지하는 아시아로 가톨릭 선교의 문이 열렸다고 하였다.[157] 그러나 원 제국에서 네스토리안 기독교가 가장 부흥하였던 시기임을 감안할 때, 알센(T. T Allsen)의 평가는 서구 중심적인 제한된 평가에 불가하다고 할 수 있다. 아울러 성경의 '남의 터 위에 건축(建築)하지 않는다'(롬 15:20)란 바울의 말이 생각난다.[158]

로마 가톨릭 선교사들[159] 중 가운데 몽골제국을 제외하면, 중국에 최초로 도착한 인물은 몬테코르비노 요한(John of Montecorvino, 孟德高維奴, 1246/7-1330)[160]이다. 그는 이미 1280년에 몽골 페르시아

---

157) 몽골제국 때를 1세기 서방의 *로마의 평화*(pax Romana)라 하듯이 아시아의 *몽골의 평화*(pax Mongolica)시대라 할 수 있다. 그 선교의 길은 몽골 페르시아를 통한 옛 실크로드와 2개의 몽골 러시아를 지나는 북쪽 길과 인도를 도는 해로이다. T. T Allsen, "Mongol Empire", in *Encyclopedia of Asian History*, 3:28.

158) 또 내가 그리스도의 이름을 부르는 곳에는 복음(福音)을 전(傳)하지 않기로 힘썼느니 이는 남의 터 위에 건축(建築)하지 아니하려 함이라.

159) 중국의 처음 프란체스코 선교에 관한 주요 자료는 몬테코르비노 요한과 페르기아 안드레(Andrew)의 편지들이다. 17세기 프란체스코 역사가 L. Wadding, *Annales Ordinis Minorum*, 8 vols.(1657)로 처음 출판되었다; A. C. Moule, 166-217.

160) 26세까지 군인과 치안판사, 의사로 황제 프레데릭 2세(Frederic II)를

로 파송된 프란체스코회 소속 수도사였다. 이탈리아(Italy)로 돌아온 후 얼마 있지 않아 대략 1290년에 프란체스코파는 동방에 있는 그들의 선교지에 교황 대리 주교구로서 북타타르와 동타타르를 조직하였다.[161] 그 후 몬테코르비노의 요한이 두 번째 선교의 장도에 오르게 되는데, 로마 교황 니콜라스 4세가 1289년 여름에 동방 각지의 군주와 기독교 각 종파의 지도자들에게 보내는 친서 26통을 가지고 파송받았다. 그는 1294년에 몽골제국의 수도인 칸발리크(Khanbaliq, Peking)에 도착했다.[162] 그해 정월 쿠빌라이[163]는 이미 80세의 나이로 사망하고 그의 손자 티무르 올제이투(Timur Oljeitu, 成宗, Cheng-tsung, 1294-1307)가 5월에 제2대 원조 칸에 즉위하였다. 몬테코르비노의 요한은 네스토리안에 대한 첫 인상을 그들은 매우 무례하였다[164]고 표현하고 있다. 1305년 1월 8일자로 된 첫 번째 편

섬겼다가 프란체스코회에 들어갔었다. A. Thomas, *Histoire de la Mission de Pekin*(Paris: Louis-Michaud, 1923), 56.

161) 그때는 훌라구의 아들 일칸 아바가(Abaka) 말기였다. S. Delacroix, *Histoire Universelle des Missions Catholiques*(Paris: Librairie Grund, n. d.), 1:181. 1320년에 세 번째 교황 대리 주교좌가 Cathay에 추가되었다.

162) 그 당시 아바가의 아들 일칸국 제5대 카이두(Kaidu)가 원조 쿠빌라이 대칸에게 반기를 들어 중앙아시아 쪽은 위험하여 1291년 페르시아의 타우리스(Tauris)를 떠나 인도양 해로를 택하여 사도 도마가 묻혀 있다고 하는 마드라스(Madras)에 13개월 머물면서 100명의 사람들에게 세례를 베풀었다.

163) 그는 아시아의 대군주로 고려(Korea)에서 유프라테스(Euphrates)까지 남쪽의 하노이(Hanoi)와 버마(Burma)까지 통치하였다.

164) 네스토리안은 로마 가톨릭 선교사 도착을 가장 불만스러워했고 경쟁자로 분리주의자로 두려워했다고 한다. 네스토리안들은 처음 5년간 몬테코르비노 요한을 심한 부담과 지독한 위협으로 비참하게 만들었고 모함하여 재판받게 하였다.

지165) 에서 몬테코르비노의 요한은 티무르 칸에게 전도했지만 실패했다고 하면서 네스토리안의 영향력이 막강해서 다른 교파들의 교회를 짓는 것과 교리 배포를 방해한다고 했다. 자신과 네스토리안(경교)과의 충돌에 대하여 다음과 같이 기술하고 있다:

> 경교인은 말로는 예수를 섬기는 것이 종교의 마지막이라고 하나 실은 성경과 완전히 멀어져 있다. 그들은 동방에서 권력과 세력을 자랑하고 있으며 자기들의 교리와 다르면 조그만 예배당일지라도 세우지 못하게 하고, 조금이라도 다른 글이 있으면 출판하지 못하게 한다……동방 각지에서 일찍이 성도가 사라졌고, 내가 이곳에 처음 왔을 때 경교의 직접적인 학대와 그들로부터 지시를 받은 자들의 모욕 등 각가지 참혹한 학대를 받아왔다. 그들은 각종의 유언비어를 날조해서 우리가 사정을 염탐하러온 도적이니, 교황이 파견한 자가 아니라는 등의 말을 퍼뜨린다.166)

몬테코르비노의 요한은 티무르 칸의 도움으로 1299년에 가장 웅장한 제국의 수도 칸발리크에 '왕실의 웅대한 크기로' 최초의 가톨릭교회를 세웠다.167) 페르시아의 술탄니아(Sultania)의 대주교 카라의 요한(John of Cara)이 전하는 내용을 보면 다음과 같다.

> 그는 하나님과 인간을 기쁘게 하면서 곧은 삶을 살았다. …… 만일 거짓 기독교인이며 이단자들인 네스토리안이 그를 방해하지 않았다면

---

165) A. C. Moule, *Christians in China*, 171-176.; K. S. Latourette, *A History of Christian Missions in China*(New York: The Macmillan Company, 1929), 68-72.

166) *中西交通史料滙篇*, 第2冊, 107.

167) K. S. Latourette, *A History of Christian Missions in China*, 71.

그는 그 나라 전체를 가톨릭으로 개종시켰을 것이다…… 그는 네스토
리안을 로마 가톨릭에 순종하게 하기 위해 많은 고통을 감수하였다.
그는 그들에게 이러한 순종 없이는 구원받을 수 없다고 하였다. 이러
한 이유로 네스토리안 분리주의자들은 그를 매우 미워하였다.[168]

이것은 로마 가톨릭이 칼케돈 공의회 이후 거의 천 년이 지났는데
도 여전히 네스토리안 교회를 이단으로 취급하고 있었다는 증거이
다. 몬테 코르비노의 요한은 웅구트족(Onguts)의 수령이며, 사제왕
요한의 후손인 네스토리안 성도를 가톨릭으로 개종시킨 일에 대하여
큰 업적으로 자랑하였다.[169] 그가 바로 티무르의 부마 조오지
(George, 기와르기스, 闊里吉思)로[170] 자기 동족들 6천 명을 가톨릭

---

168) H. Yule, and H. Cordier, *Cathay and the Way Thither*, 3:89-103.

169) 이제 자신은 이미 58세로 몸이 쇠약해졌기 때문에 자신을 도와줄 수
있는 사제들, 선교와 예배에 필요한 소품들과 물자를 보내달라고 요청
하고 있다. 그리고 신약성경과 시편을 번역했다고 하였다. 韓儒林, *元朝
史* 上冊(北京: 人民出版社, 1986), 357.

170) C. Dawson, *The Mission to Asia*, 224-231; 마르코 폴로는 사제왕 요한
(Prester John) 자손인 제6대째 기독교 왕 조오지(George, K'uo-li-ki-ssu,
1299년 사망)가 다스리는 지역을 웅(웅구트, Onguts)과 몽골이라고 하면
서 유럽에서는 구약성경의 이스라엘을 격파한 사람들의 고장인 곡과 마곡
지역이라고 했다. Marco Polo, *동방견문록*, 108-109; 1932년에 오웬 라티
모어(Owen Lattimore, 1900-89)가 현재 내몽골의 수도인 후흐호트(百靈
廟) 서북쪽 19Km의 올론 숨(몽골어로 '수많은 사원'이라는 뜻)에서 700
년 전 몽골제국시대에 이곳에 살며 네스토리안을 믿었던 웅구트족의 유물
인 십자가가 새겨져 있고 시리아어로 쓰인 17개 정도의 비석들을 발견하
였다. O. Lattimore, "A Ruined Nestorian City in Inner Mongolia", *The
Geographical Journal*, vol.84, no.6, December, 1934; 재인용, *Studies in
Frontier History: Collected Papers 1928-1958*(London: Oxford
University Press, 1962), 221-240; 조오지의 조상은 중앙아시아로 이주한
서투르키스탄의 사타부와 몽골에서 남하한 위구르 잔중을 중심으로 구성
된 유목민으로 용모가 단정하고 성질이 용맹하며 활 쏘는 기술이 능하였

228

으로 개종시켰고, 웅구트족이 사는 곳에 로마 가톨릭교회(Ecclesia Romana)를 세웠다고 하였다. 벗지(E. A. W. Budge)는 1280년에 이미 네스토리안 웅구트 주교구가 세워질 정도로 강력한 기독교 공동체가 있었다고 주장하였다.171) 루브룩의 증언에 의하면, 북중국(Cataia)의 열다섯 개 도시에 네스토리안 기독교인이 있었다고 한다. 주교구로는 세긴(Segin, 西京, 산서성의 大同)에 있었고, 네스토리안

다. 이들 네스토리안 기독교인들은 그리스 정교회의 성식(聖式)을 따랐고 승려처럼 머리를 깎았다. Marco Polo, *동방견문록*, 32-34; 몽골제국의 칸들이 이 웅구트 네스토리안에게서 자신의 황녀 또는 종실의 왕녀를 왕비로 데리고 왔던 것이다. 조오지는 칸에 종속되어 중국 북부 내몽골에 있는 텐두크(天德軍, Tenduc) 지역을 다스렸다. 그 지방의 수도는 현재 Tokto 혹은 Tung-sheng, A. C. Moule, *Christians in China*, 134; 조오지의 어머니는 쿠빌라이(Kublai)의 딸이며, 그의 아버지는 아이부카(Aibuka)로 웅구트족의 군주였다. *원사* 권118, 2924-25; 조오지는 쿠빌라이의 장남의 딸인 외사촌과 결혼하였다. 그녀가 일찍 죽자 두 번째로 티무르(Oljeitu Timur) 칸 딸인 외사촌과 결혼하였다. R. Grousset, 301; 조오지는 특출한 장군으로 수준 높은 문학을 소유한 귀족으로 유교의 고전시를 잘 지었고 독실한 네스토리안 기독교인이었다. Ch'en Yuan, 54; 티무르는 조오지 왕을 위험스런 북쪽 개척지를 감시하도록 하였다. 조오지 왕은 1298년 혹은 1299년에 티무르 군대를 지휘하다 용감히 죽었다. 조오지는 쿠빌라이 옛 경쟁자인 카이두(Kaidu)의 통투르키스탄 군대의 침입을 받고 싸우다 감옥에 들어갔고 다시 그들을 패배시키자 그들이 중앙아시아로 도망갈 때에 반란자에 의해 살해당하였다. R. Grousset, *The Empire of the Steppes*, 294; 1305년에 고당왕(高唐王)으로 추서되어, 후일 그의 공적을 기르는 비석이 세워졌다.

171) E. A. W. Budge, trans., *The Monks*, 148; 웅구트족(Ongut)이며 기독교인 차오 시흐옌(Chao Shih-yen, 1336년 사망)은 쿠빌라이 칸의 계승자 몇몇의 통치하에 "루(Lu) 지방의 군주"며 "스제크완(Szwchwan) 지방의 최고 고문"이었다. 그는 초기 기독교 신앙에서 유교를 공부하면서 점점 멀어졌고 나중에 유교를 비평하면서 도교에 빠졌고 방탕하게 되었다. Ch'en Yuan, *Western and Central Asians in China*, 3, 112-119.

들이 주도적인 역할을 했던 도시는 진강과 양주(揚州), 천주(泉州), 장주(漳州)였다.172) 오도릭의 여행기에도 양주에 네스토리안 교회가 세 군데 있다고 기록하고 있다.173) 원사(元史)에 의하면 십자사(十字寺)에서 마르 카시야(mar hasia, 馬兒哈昔, 주교 같음)와 랍반 에르케운(rabban arkagun, 列班 也里可溫, 사제 같음) 등이 예배를 관장하였는데, 1289년에 쿠빌라이에 의해 설치된 숭복사(崇福司)는 1315년에 숭복원(崇福院)으로 명칭이 변경되었다. 이 숭복원은 전국의 장교사(掌交司) 72개소를 통합하여 그 사무를 담당하였고 1320년에는 다시 숭복사로 바꾸었다.174) 이렇게 장교사의 수가 72개소에 이르렀다는 것은 기독교의 분포가 원조 치하에서 전국에 걸쳐 광범위하게 퍼져 있었음을 말해준다. 오도릭(Odoric)과 같은 시대의 작가였으며, 페르시아의 술탄니아(Sultania)의 대주교였던 카라의 요한(John of Cara)에 따르면, 1330년경에 중국의 네스토리안 기독교인 수가 3만 명에 달하였다고 한다.175)

이들 네스토리안은 매우 부유하고 …… 매우 잘 생겼고 하나님과 성
인들을 경배하기 위해 십자가들과 성상들로 교회에 치장한 멋진 예배

---

172) 佐伯好郞, *景敎の硏究*(東京文化學院 東京硏究所, 1935), 964-968.

173) H. Yule, and H. Cordier, *Cathay and the Way Thither*, 1:210.

174) *元史*, 권89, 百官·五, 2273.
　　崇福司, 秩(從)二品, 掌領馬兒哈昔列班也里可溫十字寺祭亨等事. 司使四員, 從二品; 同知二員, 從三品; 副使二員, 從四品; 司丞二員, 從五品; 經歷一員, 從六品; 都事一員, 從七品; 照磨一員, 正八品; 令史二人, 譯史, 通事, 知印各一人, 宣使二人, 至元二十六年置, 延祐二年, 改爲院, 置領院事一員, 省倂天下也里可溫掌敎司七十二所, 悉以其事歸之, 七年, 復爲司, 後庭置已上官員

175) A. C. Moule, *Christians in China before the Year 1550*(London, 1930), 251.

당을 소유하고 있었다. 그들은 황제 통치하에 갖가지 직업을 가졌고 그로부터 큰 특권을 누린다.[176]

그런데도 몬테코르비노의 요한은 원래 그리스 정교를 믿던 아란(阿蘭)인 30,000명을 로마 가톨릭으로 개종시켰다고 보고하였다. 이렇게 로마 가톨릭은 비기독교인을 전도하는 것이 아니라 네스토리안 기독교, 그리스 정교 등 타 기독교 교단 신도들을 상대로 전도했던 것을 볼 수 있다.

몬테코르비노의 요한은 1306년 2월에 보낸 두 번째 편지에서 이탈리아 상인 루칼랑고 출신의 베드로(Peter of Lucalongo)가 칸발리크에 있는 칸의 황궁 근처에 토지를 구입하여 200명이 앉을 수 있는 다른 교회를 짓는 중이라고 하였다. 그리고 작은 학교도 조직하여 7-11살 된 40명의 소년들을 데리고 와서 세례를 주고 라틴어와 로마 가톨릭 예배의식과 찬송가를 가르쳤다고 하였다.[177] 이에 교황 클레멘스 5세(Clement V)는 1307년 7월 23일에 북중국에 칸발리크 대주교구를 설치하고 몬테코르비노의 요한을 초대 대주교(archbishop)로 임명하였다.[178] 아울러 킵차크 초원에서 중국에 이르는 몽골제국 전 영역의 기독교인을 관할하는 동방 총대주교(patriarch)라는 직함도 주었다.[179] 그리고 일곱 명의 프란체스코파 수도사를 그의 보좌 주교로 보냈는데, 이들 가운데 제라르와 페레그린, 안드레 세 명만이

---

176) H. Yule, and H. Cordier, *Cathay and the Way Thither*, 3:89-103.

177) A. C. Moule, *Christians in China*, 177-181.

178) 몬테코르비노 요한은 중국에서 최초 가톨릭 대주교이자 마지막 대주교가 되었다.

179) Ibid., 188.

1313년에 칸발리크에 도착했다. 나머지 네 명은 인디아(India)의 봄베이 근처에서 무슬림들에 의해 순교하였다.[180] 1310년 10월에 피터 주교를, 1311년에 제롬과 토마스 사제를 추가로 칸발리크에 파견했다.[181] 이와 같이 권력의 중심 세력인 네스토리안 조오지가 로마 가톨릭 신자가 되면서, 네스토리안은 그 권력의 자리를 로마 가톨릭에게 내주면서 위축되기 시작하였다.

1313년에 칸발리크에 도착한 새 그룹의 지도자는 프란체스코파 주교인 안드레(Andrew of Perugia)로 자이툰(Zaitun, 천주)[182]에 중심을 두었다. 1326년 1월에 쓴 안드레의 편지에 의하면, 칸으로부터 알라파(alafa, ulufa)[183]를 받아 여덟 사람이 필요로 하는 음식과 의복을 공급받았다고 하였다. 자이툰(천주)에 아르메니아 정교회(Armenia Orthodox) 신자인 부유한 아르메니아(Armenian) 부인이 교회를 지어 헌납했다고 하였다.[184] 안드레(Andrew) 주교가 1326년에 쓴 편지에

---

180) Ibid., 191-195. 도착한 날짜는 다양하다. 1308-1318 범위이다.

181) Ibid., 67-168.

182) 자이툰은 번화한 항구도시이며 자기와 조선으로 유명하다. 1340년 무슬림 여행가 이븐 바투타(Ibn Batuta)에 의하면, 중국은 "여행자를 위해 모든 지역이 가장 즐겁고 안전하다"고 하였고 자이툰은 "세계에서 가장 큰 항구"라고 하였다. 이븐 바투타는 그 당시 이슬람의 토양과 종교적 제도와 조직에 대하여 조명해 주고 있다. H. A. R. Gibb, trans. *Ibn Battúta travels in Asia and Africa, 1325-1354*(London: George Routledge & Sons, Ltd, 1929), 27; H. Yule, and H. Cordier, *Cathay and the Way Thither*, 4:118. 그런데 이븐 바투타는 자이툰에 많은 페르시아 무슬림을 발견하였다 하면서도 안드레 주교의 주교구에 대해서는 언급하지 않았다. 이는 아직 로마 가톨릭 영향이 미약했음을 말해주고 있다.

183) 알라파란 황제가 귀족들의 전령과 대사, 군인, 갖가지 기술자, 곡예사, 거지, 온갖 계층에 속하는 다양한 사람들에게 내려주는 경비인데, 그 액수는 라틴계 여러 국왕들의 수입과 지출액보다 더 많다고 했다.

232

의하면,185) 황제의 자금을 지원받아 또 다른 수도원을 세웠고 몽골의 종교관용 정책에 감사하였다.186) 그런 와중에 비통한 소식이 전해졌는데, 1362년 중앙아시아 어느 곳에서 자이튼의 대주교 프로렌스의 제임스(James of Florence)가 순교를 당한 사건이다.187) 이제 로마 가톨릭은 확장되어 칸발릭크(북경) 대주교구와 자이튼(천주)에 주교구가 설립되었다. 하지만 중국인들의 시각에서 보면, 네스토리안은 몽골계이고, 가톨릭은 서구계통으로 인식되어 둘 다 외래 종교로 간주되었다.

1322년경에 중국을 방문한 수도사 오도릭(Odoric of Pordenone, 1265-1331)의 여행기188)에 의하면 남중국의 천주(자이튼)뿐만 아니

---

184) 몬테코르비노 요한 대주교가 그 교회를 대성당으로 지정했고 자이튼 교구의 초대 주교로 제라르(Gerard)가 되었고 제라르가 죽자, 페레그린(Peregrine)이 자이튼의 주교가 되었고, 그가 1313년에 죽자 대주교의 명령에 의해 안드레(1332년 사망) 자신이 제3대 자이튼 대성당의 책임자가 되었다. A. C. Moule, *Christians in China*, 191-195.

185) "몸은 건강하나 왕성하고 활동적인 나이는 훨씬 멀어졌고 흰 머리를 제외하면 늙은 나이에 결점과 사고, 재산에 대하여 정말로 아무것도 갖고 있지 않다".

186) "자기 종파에 따라 모든 것을 허용하였다⋯⋯ 우리는 설교하는 데 자유롭고 방해받지 않았다. 그러나 유대인(Jews)과 사라센(Saracens) 누구도 개종하지 않았다. 우상숭배자들(Buddhists) 중에 많은 수가 세례 받았지만 세례 받자마자 기독교 길로 똑바로 걷지는 않는다." H. Yule, and H. Cordier, *Cathay and the Way Thither*, 191-194.

187) Ibid., 197.

188) 오도릭은 1330년 돌아와 여행기를 기록하여, 마르코 폴로처럼 중세 유럽에 곧 인기를 얻었다. A. C. Moule, *Christians in China*, 241-247; 그는 자이튼(Zaitun)을 떠나 북경(Peking)으로 가는 길에 가장 큰 도시 항주(Hangchow)의 선교사들을 방문하였다. 남중국(오도릭은 인도 위쪽이라고 함)의 남자들은 핏기가 없으나 여자들은 "세상에서 가장 아름답다"고 하였다. H. Yule, and H. Cordier, *Cathay and the Way Thither*, 2:179, 192. 그는 북경(Peking)에서 3년간 살면서 대칸의 400명 의사 중에 8명이 기독교인이고 한 명이 무슬림이라고 하였다. 2:226.

라 항주(Cansay)와 양주에도 가톨릭교도가 있었다고 한다.[189] 오도
릭은 네스토리안을 이단이요 분리주의자라고 말하였다.[190] 몬테코르
비노의 요한이 1328년에 사망하자, 1333년 9월에 교황 요한 22세
(John XXII)는 프란체스코파(Franciscan order) 수도사이며 파리 대
학의 신학 교수인 니콜라스(Nicholas)를 후임자로 임명하고 26명의
수도사와 함께 중국으로 파견하였으나 목적지인 북경(Peking)에 도
착하지 못한 채 소식이 끊겼다. 학자들의 주장에 따르면, 1340년 차
카타이 칸국의 부잔(Buzan) 칸이 수도 알말릭(Almalik, Kuldja) 로
마 가톨릭 주교구(1320년 설립)에 니콜라스 일행을 정착하게 하였다
고도 한다.[191]

　1338년 5월에 안드레(Andrew)라는 사람이 원조 마지막 황제인
토곤 티무르(Toghan Timur, 順帝, Shunti, 1333-1368)[192]의 수비대
이며 카프카스(Caucasus) 산맥 출신인 알란인(Alans)[193] 열다섯 명
과 함께 베네딕투스 12세 교황에게 찾아와[194] 대칸의 서신을 전달

---

189) Ibid., 2:200, 210.

190) H. Yule, *The Travels of Fariar Odoric*, 80.

191) A. Thomas, *Histoire de la Mission de Pekin*(Paris: Louis-Michaud, 1923), 64.

192) 쿠빌아이 칸의 5대 손인 토곤 티무르는 14세에 제위에 올라 마지막 대칸
이 되었다. 그는 "게으르고 어리석고 우유부단"하였다. J. J. Saunders,
The History of the Mongol Conquest, 151.

193) 알란인은 원조에서는 아속(阿速, As)으로 알려진 종족이며 원래 가스
피해와 카프카스 북방에 거주하던 사람들이었다.

194) 당시 알란인(Alans)들은 북경에서 가장 큰 단일 기독교 공동체였다. H.
Yule, and H. Cordier. *Cathay and the Way Thither*, 3:179-187, 210.
John of Marignolli는 1342-1345년 사이의 북경 선교를 보고할 때 황제
를 섬겼던 알란인(Alans)은 3만 정도 된다고 하였다.

234

하였다.195) 1338년 6월 13일자 답신을 통해 교황 베네딕투스 12세는 토곤 티무르 대칸에게 제국 영내의 기독교인들의 보호와 자유로운 선교를 부탁했다.196) 그리고 1338년 12월에 니콜라 보네를 칸발리크 대주교로 임명하고, 마리그놀리 출신의 요한(John of Marignolli)을 비롯한 다수의 프란체스코파 수도사를 파견하였다. 그러나 니콜라 보네는 콘스탄티노플에 도착해서 다시 귀환해 버렸고, 마리그놀리 요한과 나머지 일행은 킵착크 칸국의 수도인 신(新) 사라이에서 우즈벡 칸(1313-1341)을 만났다. 그들은 마지막 차가타이 칸 무슬림 칭쉬(Chingshi, Jenkshi, 1334-1338)의 수도 알말릭(Almalik)을 지날 때에 알말릭의 주교 리차드(Richard)와 6명의 프란체스코 선교사들의 순교 소식을 들었다.197) 1342년 여름에 상당한 선물들과 32명의 수행원들과 함께 상도에 도착하여 티무르 대칸을 만났다.198) 마리그놀리 요한은 원나라의 상황이 날로 악화되자 만 3년이 채 못 되게 머물렀다가 1346-1347년에 귀환에 올라 1353년에 아비뇽(Avignon)

195) 그 편지에 상호 간의 사신교환과 교황이 자기에게 축복기도 해줄 것을 요청했다. 그리고 다른 편지는 몬테코르비노 요한 대신에 후임자를 보내달라는 것이다.

196) A. C. Moule, *Christians in China*, 252-254.

197) 알말릭에서의 가톨릭의 사역과 대량 학살에 대한 좀더 완전한 기록은 14세기 말 프란체스코파 Bartholomew of Pisa에 의한 성인전기에 있다. H. Yule and H. Cordier, *Cathay and the Way Thither*, 3:11-13, 31-35.

198) 마리그놀리 요한은 "위대한 대칸은 군마(軍馬)들과 교황의 선물과⋯⋯ 금과⋯⋯등을 보고 큰 기쁨으로 기뻐하였다"고 썼다. 마리그놀리 요한은 교회도 세우고 세례도 주고 설교도 할 수 있어서 그의 선교보고에 "영혼에 대한 큰 수확"을 말하나 이것에 대하여 확신 있게 지지할 증거는 거의 없다. A. C. Moule, *Christians in China*, 252-264; K. S. Latourette, *A History of Christian Missions in China*, 72.

에 들어갈 수 있었다.[199] 이렇게 마리그놀리 요한은 북경(Peking)에 머문 마지막 가톨릭 주교였고 중세 말까지 가톨릭 선교는 일단 종지부를 찍고 후일 명대 후반 예수회 선교사들이 다시 도래할 때까지 포교활동이 중단되었다.[200]

중국인은 몽골인에게 대항하기 시작하였고, 남부는 "이 야만인에게 순종하여 이 문명화된 나라를 위탁할 수 없다"는 반몽골 구호 아래에서 북부를 침략하였다.[201] 토곤 테무르는 1368년 9월에 칸발리크(Peking)를 버리고 응창(應唱)으로 도망가 그곳에서 사망하면서 몽골의 중국지배는 종말을 고하였다. 한족(중국인) 출신 주원장(朱元璋, 1328-1398)이 1367년 북진 총공격을 개시하여 북중국을 지나 중앙아시아까지 모든 몽골인들을 추적 학살하였다. 다시 북쪽에서 돌아오면서 모든 야만인(몽골 유목민) 종족들을 약탈하고 죽이고 파괴하였다. 1368년 1월에 남경에서 주원장이 황제에 즉위하고 대명(大明)이라는 국호를 선포하였다. 새 중국은 고립주의와 민족주의를 선택하여 정통 유교를 기치로 내건 명왕조(Ming dynasty, 1368-1644)를 설립하였다. 이처럼 네스토리안 기독교가 원 제국 말기에도 전국적으로 광범위하게 퍼져 있었다. 하지만 웅구트족의 수령이자 티무르 황제의 부마였던 네스토리안 조오지의 가톨릭으로의 개종, 네스토리안의 중요한 지지

---

199) 그의 연대기는 *보헤미아 연대기*에 포함되어 있다. H. Yule, and H. Cordier, *Cathay and the Way Thither*, 3:177-269.

200) 중국의 교황 주교좌는 100년 이상 동안 비거주 주교들 계승으로 계속되었다. 가장 완벽한 목록은 Joseph de Moidrey, "La hierarchie catholique en Chine, en Coree, et au Japon(1307-1914)", in *Varietes sinologiques*, no.38(Shanghai, 1914); 1307-1483년 목록은 H. Yule, and H. Cordier, 3:14.

201) M. Prawdin, *The Mongol Empire*, 386.

기반이었을 알란족 군인들 상당수의 전향은 네스토리안에게 큰 타격을 주었던 것으로 사료된다. 결국 가톨릭이나 네스토리안이나 모두 선교의 주된 대상은 토착 중국인(한인)이라기보다는 외지인일 수밖에 없었고, 이런 견지에서 칸발리크뿐만 아니라 천주, 항주, 양주 등 가톨릭 선교사들의 활동무대와 기존 네스토리안의 사역 현장이 동일할 수밖에 없었다. 이런 상황에서 어느 한 쪽의 성공은 곧 상대방의 존립기반을 위협하는 결과를 초래할 수 있었다. 더구나 명 제국이 들어서면서 네스토리안 기독교인들은 중국의 토착 종교인 유교와 도교에 흡수되었고, 이미 토착화된 불교로도 넘어갔다. 그런 분위기 속에서도, 소수의 네스토리안 교회와 교인이 명맥을 유지하고 있었다는 것을 간과되어서는 안 될 것이다.

2. 후기 몽골의 칸국들의 이슬람과 네스토리안 교회

본 논의는 후기 몽골 칸국들에서 목격된 이슬람과 네스토리안파의 관계에 대하여 고찰하고자 한다. 이 연구 과정 속에서, 이슬람과 네스토리안 기독교에 대한 오해·편견·역사적 왜곡 등을 바로 비판하고 시정하게 될 것이다.

첫째, 일칸국이 이슬람이 되면서 네스토리안 교회가 위축되기 시작하였다는 점에 주의해야 할 것이다. 일칸에서 가잔(Ghazan, 1295-1304) 칸이 처음으로 이슬람 원리로 통치하였고, 기독교인들에게는 피에이(J. M. Fiey)가 지적한 대로 '먹구름'과 같은 상황이었다.202) 무슬

---

202) 가잔은 대칸에게 종속된 일칸국이 아니라 스스로 이슬람의 제왕(Padishah-i Islam)이라 하였다. 이는 이슬람이라는 종교와 이념에 바

림인 가잔(Ghazan)이 내린 첫 칙령은 모든 기독교회와 유대인 회당(Synagogues)과 불교 사원을 파괴하라는 것이었다.203) 전통적인 종교 관용은 사라졌고, "이슬람은 다시 이란의 공식적인 종교가 되었다."204) 가잔을 즉위시킨 일등공신 나우루즈(Nauruz)는 타브리즈에 입성한 즉시 모든 교회와 불교사원과 유대교회당을 파괴하였고, 각 신자들에게 공납과 세금을 바치게 했다. *연대기*(Chronography)에 의하면, "기독교인은 감히 거리(혹은 시장)에 나타나서는 안 된다. 그러나 여자는 나가 들어가고 사고팔 수 있다. 왜냐하면 그들은 아랍 여자들과 구별되지 않기 때문이고 기독교인처럼 동일시될 수 없기 때문이다"고 하였다.205) 무슬림들은 수도 마라가(Maragheh)의 네스토리안 총대주교 관저를 파괴하였다.206) 그때 기독교인이자 아르메니아의 군주 하이톤이 나우루즈에게 거액의 뇌물을 주고 총대주교 야발라하 3세를 구해주었다.207) 아르벨라(Arbela)와 마라가(Maragheh, Maragha), 타브르즈(Tabriz), 하마단(Hamadan), 모술, 바그다드(Baghdad)에 있는 교회

탕을 둔 정치적 독립의 의지를 보여주는 것이다.

203) Luc Kwanten, *Imperial Nomads*, 269-270.

204) A. Bausani, "Religion Under the Mogols", in *The Cambridge History of Iran*, 542.

205) Bar Hebraeus, *The Chronography of Gregory AbÛl Faraj*, 507.

206) Papa(대략 315년)은 통일된 페르시아 교회의 첫 주교였고 Isaac은 410년에 대주교(catholicos)로 선언되었고 Dadyeshu(421-426)가 첫 총대주교(patriarch)가 되었다.

207) 무슬림들은 야발라하 3세를 때리고 나체로 몸을 묶어 높은 곳에 가꾸러 매달아 재로 그의 입에 가득 채웠고 양고기를 구울 때 쓰는 쇠꼬챙이로 가슴을 찔렀다. 그의 전기 작가에 따르면, 무슬림들이 소리치면서 "당신의 믿음을 버려라 무슬림이 되면 구원받을 것이다." 이에 그가 변절하는 것을 거절하자 좀더 학대한 후에 비싼 몸값을 치르는 데 동의하였다. E. A. W. Budge, trans, *Histoire de Yaballaha*, 210-225.

238

들 대부분이 파괴되었고 무슬림들에 의해서 점거되었다. 그때에 가잔은 나우루즈가 페르시아 몽골 일칸을 대항하기 위해 이집트 무슬림 맘룩크와 음모를 꾸미고 있는 것을 발견하였다. 이에 나우루즈는 1297년에 사형에 처해졌고 기독교인들은 기뻐하였다.208) 그 후 일칸은 스스로 기독교에 대하여 좀더 너그럽게 대하였지만 "테가 넓은 몽골 모자에서 무슬림 터번으로 바꾸도록 하였다."209) 가잔은 대외적으로 기독교계 서구와의 동맹정책을 계속하였다.210)

208) 가잔은 공포에 질린 총대주교 야발라하를 관저로 인도하였고 그의 전직 명예를 어느 정도 회복시켜 주었고 1281년 몽케 대칸이 총대주교에서 주었던 왕실 금 인장을 재발행하여 주었다. D. Morgan, *The Mongols*(Oxford: Basil Blackwell, 1986), 158-161; Bar Hebraeus, 507; J. A. Boyle, *The Cambridge History of Iran*(Cambridge: Cambridge Univ. Press, 1968), 382.

209) Ibid., 384.

210) 맘룩크 이집트 왕조와의 공방전이 벌어지고 있던 1302년 4월 12일에 교황 보니페스 8세(Boniface Ⅷ, 1294-1303)와 영국의 에드워드 1세(Edward Ⅰ), 아라곤의 제임스 2세(James Ⅱ of Aragon)에게 서한을 보냈는데, 과거 아르군의 경우와는 용어나 칭호 등에서 차이를 보인다. A. Mostaert & F. W. Cleaves, "Trois documents Mongols des Archives secrètes vaticanes", 467-478; 교황에게 보낸 서한을 칙령(jarligh)라고 했고, 서구 군주들을 술탄들이라고 했고 연도 표시도 이슬람력으로 하고 있고 사신으로 파송된 사람도 네스토리안은 없고 대신 무슬림들의 이름인 '앗 딘'으로 끝나는 사람들이다. 그 서한에는 자신이 이집트를 대항하는 유럽과 동맹을 위해 기독교인으로 바꾼다고 제안하였다. 이는 그의 종교가 완전히 정치적인 것으로 드러났다. J. A. Boyle, *The Cambridge History of Iran*, 386, 387; H. H. Howorth, *History of the Mongols*, 3:488; 그러한 동맹에 실패했음에 불구하고 그의 통치 말년에는 기독교에 대하여 좀더 호의를 베풀었고 총대주교에게 보물을 풍부하게 수여하였다. 그래서 페르시아에 무슬림을 확정적으로 만들어 놓은 일칸 가잔이 1304년에 사망했을 때에 기독교인들도 슬퍼하였다고 한다. J. M. Fiey, "Chrétiens Syrianques sous les Mongols", 240-254.

아르군왕의 셋째 아들이며, 가잔의 동생인 울제이투(Uljaito, Oljeitu, 1304-1316)가 일칸국 제8대 칸이 되었다. 그는 훌라구의 강력한 기독교 왕후의 질녀인 케레이트족(Kerait) 어머니 우륵 카툰(Uruk-Khatun)의 신앙적 영향으로 어렸을 때 세례를 받았다.211) 울제이투는 교회의 세금을 면제하고 여러 가지 특혜를 베풀었다. 총대주교 야발라하에게 상당한 명예를 회복시켜 주었다. 이에 무슬림들은 다른 황후 쿤저스캅(Kunjuskab)을 유인하여 왕으로 하여금 무슬림으로 전향케 하였다.212) 피에이(J. M. Fiey)는 이후 가잔의 통치가 기독교인들에게 '먹구름'이라면, 울제이투의 12년간의 통치는 '대폭풍우' 시기였다고 표현하고 있다.213)

울제이투는 먼저 네스토리안 총대주교에게 마라가(Maragheh)의 웅장한 새 수도원을 포기하도록 명령하여 무슬림에게 넘겨주었다. 그가 타브리즈(Tabriz)에 있는 교회를 모스크(mosques)로 바꾸도록 명령했으나, 그의 삼촌 나이만(Naiman) 혹은 케레이트(Kerait)의 군주의 설득으로 실행에 옮기지는 않았다.214) 그렇지만 정치적 이득을 위해서는 맘루크와의 적대관계를 생각하며 서구와의 동맹정책을 계속하였다.215) 1307년에 울제이투는 아르벨라의 기독교 왕 조오지

---

211) H. H. Howorth, 3:360, 535. 훌라구의 왕후는 Dokuz-Khatun으로 Sorkaktani의 조카 혹은 질녀다.

212) P. Y. Saeki, *The Nestorian Monument in China*, 193.

213) J. M. Fiey, "Chrétiens Syrianques sous les Mongols", 74-79: *Histoire de Yaballaha*, in E. A. W. Budge, 254-302.

214) Ibid., 257.

215) 1305년 5월 28일에 프랑스의 필립 4세에게 보낸 편지에 프랑스 국왕을 몽골식으로 이리디와란스(roi de France)라고 하였다. 몽골인들은 r발음을 잘 못해 보충 모음을 붙인다. 루스(러시아)를 우루스라고 하고 이것

(Georgia)와 그의 모든 백성에게 기독교의 신앙을 버리고 파괴될 교회들을 포기하라고 명령하였다.[216] 결국 울제이투는 1310년에 아르벨라(Arbela)의 모든 백성을 학살하였다.[217] 총대주교 야발라하는 생명을 걸고 평화를 위해 정열적으로 일하였고, 많은 생명들을 구하였다.[218] 7년 후 야발라하(Yaballaha)는 1317년 11월에 사망하였

을 중국어로 옮긴 것이 아라사(俄羅斯)라 한다. 그 편지에 카이두 반란으로 몽골제국의 내분이 그의 사망한 뒤 1303년에 그의 아들 차파르의 투항으로 마침내 북방의 킵차크 칸국이나 동방의 차가타이 칸국과의 평화를 이루고 있으며, 이에 여러 프랑스의 술탄들도 서로 화목하길 강조하고 있다. A. Mostaert, Les Lettres, 55-85.

216) L. E. Browne, *The Eclipse of Christianity*, 169: 이 칙령에 저항했던 조오지아 기독교인들의 용기는 집행하도록 보낸 몽골 장군 초반(Choban)에게 감동을 주어 나중에 시기하는 무슬림이 항상 있다 할지라도 기독교인의 보호자로 알려지게 되었다. 그런데 초반은 일칸 울제이투의 군사의 가장 최고직에 올라 "참모들 중에 사령관"(amir of amirs)이며 일칸 울제이투와 울제이투의 다른 형제(Abu Sa'id)의 사위가 되었다. H. H. Howorth, *History of the Mongols*, 3:543, 555, 567, 585, 586, 640, 641. 그는 칭기즈칸에게 구원받았던 상당한 신분인 크림(Crimean) 용사 출신이며(610), 울제이투 칸과 함께 수니파로 돌아서는 것을 거절하고 충실한 순니파 무슬림이었다.

217) 밀은 이미 끝났고…… 소금에 대하여 누가 어느 곳에서 찾겠는가? 그들은 나귀들과 개들과 흰 족제비를 이미 먹어버렸고 낡은 가죽 물질은 하나도 남은 것이 없고…… 미망인들은 그들의 손에 떠밀려져 슬픔에 잠겼고…… 그리고 거기에 무조건 어느 누구도 죽은 자를 매장하지 않았다……. 그리고 아랍 사람들이 그 요새에 들어왔고…… 그곳을 정복하였다. 그들 모두를 학살하였고…… 어느 누구도 용서하지 않았고 그들이 본 모든 사람을 포로로 유린하였다……. E. A. W. Budge, trans, *Histoire de Yaballaha*, 297, 301.

218) 청중들을 위해 일칸에 요청하여 만났으나 울제이투는 그에게 인사도 하지 않고 기진맥진하고 비탄에 잠긴 그 연로한 총대주교에게 먼저 말도 못하게 하여 "나는 몽골인을 위한 섬김도 기진맥진해졌다"하면서 다시는 궁정에 오지 않겠다고 말하고 낙담하여 떠났다. Ibid., 304.

다.219) 야발라하가 죽자, 일칸국 영내의 네스토리안은 최후의 보호막마저 잃어버리게 되었다. 기록상 마지막 네스토리안 교회 공의회를 1318년에 개최하여 아르벨라(Arbela)의 대주교인 요셉(Joseph)이 디모데 2세(Timothy Ⅱ)로 호칭을 바꾸어 총대주교가 되었다.220)

몽골 왕조 전 역사에서 계속적인 기독교 영향의 주요 계통은 네스토리안 총대주교직을 제외하면, 소르각타니(Sokaktani)에서 우륵 카툰까지 이어지는 왕실 여자들에 미쳐졌다. 일칸을 시작으로 하여 몽골제국도 서서히 막을 내리고 있었다. 그러면서 네스토리안 기독교도 함께 위축되어 갔다. 울제이투의 아들 아부사이드(Abusaid, 1316-1335)가 12세에 일칸국 제9대 칸이자 마지막 칸이 되면서 정치는 극단적인 혼란에 빠졌고, 더 이상 기독교를 보호할 의지도 없었다.221) 이런 국내의 어려운 상황에 국외적으로도 위협을 받고 있었다.222) '마지막 기독교 보호자'인 초반(Choban)도 방탕한 아들로 인하여 50년 명성의

---

219) 그의 말년에 두 가지 생기 있게 해 준 사건은 그의 오랜 친구인 이르나드진(Irnadjin) 군주와 일칸 가잔(Ghazan)의 딸인 그의 부인이 거의 무일푼인 야발라하에게 많은 선물을 남겼다는 것이고 1312년에 일칸의 *군참모들*(amirs) 회의에서 야발라하의 건을 궁정에서 배려해주도록 올렸고 울제이투는 그에게 "연금 5,000 *디나르*(dinars)와 바그다드 근처 어떤 마을의 세입"을 승인하였다. Ibid., 88.

220) 디모데 2세가 솔직하고 실제적으로 아르벨라의 재앙을 자신들의 책임으로 돌렸다고 하였다. Ibid., 262, 272.

221) 그중 하나가 위대한 역사가 Rashid al-Din로 유대교에서 이슬람으로 개종하였다. 그는 "일칸 제국의 가장 위대한 고관이며 동방의 가장 위대한 사람들 중의 하나이다." H. H. Howorth, *History of the Mongols*, 3:589.

222) 러시아 초원의 울제이투의 사촌 칸이 북서쪽에서 침략하였고 칭기즈칸의 아들 차가타이(Chagatai) 계열의 칸이 중앙아시아에서 침략하였고 이집트의 순니파(Sunnite) 술탄이 남쪽에서 위협하였다.

보람도 없이 1327년에 처형당하였다.[223] 훌라구 계열은 끝났고, 유럽과 몽골 아시아 사이의 좀더 우정적인 관계에 대한 모든 소망도 끝났다. 보일(J. A. Boyle)은 "훌라구 가계가 10년 혹은 20년간 더 오래 충분한 열정으로 유지되었다면 오늘날 중동(Middle East)은 전체적으로 다른 양상을 낳았을 것이다"라고 하였다.[224]

위와 같은 상황 속에서 1318년 교황 요한 22세(John XXII)는 일칸국의 술탄니에흐(Sultaniyeh)에 도미니크파(Dominicans) 출신의 새 대주교를 세웠다.[225] 칭기즈칸(Genghis)의 네 번째 아들 톨루이(Tolui)의 계열이며 훌라구(Hulegu)에 의해 세워진 일칸은 여섯 세대 후 1335년에 몽골제국 방계 국가 중 제일 먼저 멸망하였다. 그 후 페르시아 땅에는 칸이 없이 무하마드(Muhammad, 1336-1338)와 투가 티무르(Tugha Timur, 1338-1351), 자할 티무르(Jahar Timur)와 사티 벡(Sati Beg)과 수레멘(Sulemen)의 3인이(1339-1343), 그 다음 누실완(Nushirwan, 1344) 등이 권력을 잡았다. 이들 모두는 이슬람의 강력한 영향으로 네스토리안 교회는 더 큰 타격을 받아 예배당은 전부 이슬람의 사원으로 바뀌어졌고, 기독교인의 사유재산은 몰수되었으며 신도들은 무슬림으로 개종하지 않으면 모두 살해당해야 했다. 더욱이 14세기 후반에 티무르의 서아시아 침공과 무차별적인 주민학살로 인하여 네스토리안 교회는 더욱 위축되었다.

여기서 잠시 일칸의 네스토리안이 위축된 원인을 몇 가지로 정리할 필요가 있다. 일칸의 네스토리안이 위축된 그 첫 번째 원인은 신

---

223) J. A. Boyle, *The Cambridge History of Iran*, 409.

224) Ibid., 417.

225) J. Schmidlin, *Catholic Mission History*, trans. M. Braun(Techny, IL: Mission Press, 1933), 237.

학적인 수준이 낮은 데 있다고 할 수 있을 것이다. 시리아어와 아랍어, 몽골어 등의 성경이나 경건서적이 거의 없었고 옛날 수도원처럼 신학연구나 지도자 양육이나 선교사 파송도 없었다. 둘째로, 네스토리안이 정치와 결탁 혹은 의존하였다. 몽골 왕실에 가깝게 지내면서 보호받고 협력하여 유익을 얻었지만, 그 왕실이 네스토리안을 버리고 무슬림에 귀의함으로 오히려 핍박과 배척을 받게 되었다. 셋째로, 로마 가톨릭의 선교와 네스토리안 기독교에 대한 충분한 배려가 부족했었다. 일칸국 내 네스토리안 기독교에 대한 핍박에 대하여 한마디 언급도 하지 않으면서, 오히려 로마 가톨릭 선교사의 보호에만 관심을 기울였다.

후기 몽골 칸국들에서 목격된 이슬람과 네스토리안파의 관계에 대하여 두 번째로 고찰할 것은 킵착크 칸국이 이슬람이 되면서 그곳 지역의 네스토리안 교회가 영향을 받게 되었다는 사실이다.

바투(Batu)226)가 킵착크 칸국(1253-1346, Golden Horde, 서북 타타르국)227)을 세워 첫 칸이 되어 킵착(Kipchak) 스텝과 불가르 영토,

---

226) Batu는 돈(Don) 강에서 일리(Ili) 강까지 넓은 지역을 통치하였으나 대칸에게는 명목상 종속되었다. 그는 칭기즈칸의 장남의 상속자로 스스로 대칸이 되었으나 몽골족은 그들의 통치자를 전 왕족(쿠릴타이)에서 선출하여 선택하였다.

227) 오고데이(태종, 1229-1241) 때에 1235년 쿠릴타이를 소집하여 카스피 해와 흑해 북방의 킵차크는 카스피 해 북방의 초원으로 코만족의 땅이라는 코마니아(Comania), 코만 혹은 쿠만이라는 킵차크 초원과 러시아에 대한 원정을 결의했다. 이 원정군의 총수는 유라시아 서부 초원을 영지로 받았던 칭기즈칸의 장남 조치(Jochi, 1227년 사망)의 아들 바투(Batu)였다. 바투의 몽골군은 1236년 봄에 진군하여 1237년에 불가 강을 건너 유럽에 밀려들어갔다. 1238년에 대공 블라디미르가 죽임을 당했고, 1240년 겨울에는 러시아 기독교 어머니인 키예프(Kiev)가 잿더미가 되었다. J. J. Saunders, *The History of the Mongol Conquest*,

러시아공국(principalities)까지 확장했고, 돈(Don) 강에서 일리(Ili) 강까지 넓은 지역을 통치하였다. 교황 인노센트 4세(Innocent Ⅳ, 1243-1254)는 1236-1241년 기간 동안 킵차크 칸국(Golden Horde)의 바투(Batu)가 향한 유럽 총공세에 충격을 받았다. 그 결과 1245년 6월 제13차 리옹(Liyons) 종교회의 결의를 통하여 몽골의 위협에 대처할 방안으로 동방에 대한 정확한 정보 수집, 네스토리안 교회를 버리고 로마 가톨릭교회로 전향시키려는 의도로 프란체스코파(Franciscans, 1209년 조직)228)와 도미니크파(Dominicans, 1216년 조직)에 임무를 부여한 것이었다.229) 이후 100년간(1242-1342) 10번 정도의 가톨릭

82-84: 1241년 4월에 슐레지엔의 왕 하인리히 2세의 지휘 아래 2만 명의 독일 기사 연합군과 폴란드가 레그니차 평원에서 맞섰으나 괴멸되었고(발슈타트 전투) 이들은 계속 진격하여 아드리아 해안까지 이르렀다. 마르코 폴로는 바투의 정복지를 다음과 같이 말하고 있다; 사인(주치 우르스) 러시아, 코마니아(흑해 북부의 투르크계 유목민의 나라), 알라니아(카프카스 북부 투르크계 유목민), 라크, 멘기아르(마자르국), 지크(카프카스 남서부의 나라), 구시아(크리미아 반도의 남부 고트 족의 나라), 가자리아를 정복하였다. Marco Polo, *동방견문록*, 410; 바투는 발틱(Baltic)부터 다뉴브(Danube)까지 동유럽을 쓰러버렸다. 추격당했던 헝가리 왕 베라 4세는 동방에서 온 마자르족의 자손이었다. Sugiyama Masaaki, *유목민이 본 세계사*, 75; 이때 1241년 겨울에 바투의 삼촌 대칸 오고데이(Ogetai)가 사망했다는 소식을 듣자 1242년 봄에 유럽의 몽골군은 철수하면서 기독교 서유럽은 절체절명의 위기에서 벗어났다.

228) 로마 가톨릭교회에 개혁을 주도한 사람은 앗시스의 프란시스(Francis of Assisi)로 복음을 전파하도록 부름을 받았음을 깨닫고 실천했다. 그래서 프란체스코파(1209년 설립)가 전 세계로 퍼져나가게 되었다. 초대 교회사의 수도원들은 주로 개인 구원과 성화에 주력한 반면 프란체스코파와 도미니크파는 복음을 가지고 주변 사람들의 어려움을 돕는 일에 더욱 헌신하였다. 그러나 프란체스코파가 로마 가톨릭에 흡수됨으로써 오히려 부흥을 꾀하는 자들을 반대하는 도구로 전락하고 말았다.

229) 이 두 단체는 탈발수도회(脫髮修道會)라 하며, 가난을 맹세하였고, 오

선교사가 서로 다른 경로로 이 지역에 파송되었다.230) 바투의 장남이
며 상속자인 사르탁(Sartag, Sartak)은 기독교인이었다.231) 루브룩
(Rubruck)은 사르탁이 기독교인임을 부인하고 있지만, 13세기 역사가
들은 루브룩의 견해에 반대하는 기록을 하였다. 야곱파인 바르 헤브라

직 설교와 선교를 위한 수도회였다.

230) H. Yule and H. Cordier, *Cathay and the Way Thither.*, 1:155. 아시아를
향한 선교사 목록: 1. 프란체스코 수도사 John of Plano Carpini
(1245-1247), 2. 프란체스코 수도사 Lawrence of Portugal(1245-?), 3. 도
미니크 수도사 Anselm of Lombardy(1247-1250), 4. 도미니크 수도사
Andrew of Longumeau(1249-1251), 5. 프란체스코 수도사 William of
Rubruck(1253-1255), 6. Polo의 형제들, 첫 번째 여행은 선교사 없이 갔다
(1260-1269), 두 번째 여행은 Marco와 선교사들과 함께 떠났다
(1271-1295), 7. 프란체스코의 John of Montecorvino(1291-1328), 8. 프란
체스코 선교의 보강(1307-1311), 9. 프란체스코 수도사 Odoric of
Pordenone(1322-1328), 10. 프란체스코 John of Marignolli(1342-1346).

231) Grousset, *Empire.* 396. 그래서 프란체스코(Franciscan) 수도사 루브룩
(Wilhelm van Ruysbroeck)이 1253년 초 킵차크 칸국의 사르탁이 주둔
하는 곳에 도착하였고 그곳에서 네스토리안들을 만났다고 한다. 1253년
초에 루브룩은 프랑스왕의 친서를 지니고 킵차크 칸국의 불가 강변에
있던 바투의 막영지로 가서 바투에게 제국의 영토 안에서 선교할 수
있도록 부탁했으나, 바투는 대칸의 승인이 필요하다고 판단하여 대칸에
게 보냈다. 그곳에서 네스토리안들과 접촉한 뒤 전도에 대한 욕망과 용
기를 잃고 말았다고 한다. 그 이유를 "네스토리안들은 무지하고 어리석
으며, 그들의 성경은 시리아어로 되어 있는데, 기도 때마다 그것을 외
우나 아무도 그 뜻을 이해하지 못한다…… 그들은 부패하고 주색을 탐
하며…… 그들의 죄는 몽골이나 우상숭배자보다 더 크다." d'Ohsson,
多桑蒙古史(Historie des Mogols), 馮承鈞譯, 上冊(中華書局, 1962年),
264; 그런데 여기서 루브룩은 네스토리안에 대하여 편향된 마음을 갖
고 있다. 그에게는 네스토리안이 이단인 것이다. 그러나 유목민족 가운
데 기독교가 우상과 미신과 혼합주의로 상당히 약화된 것은 사실인 것
같다. 이런 상황에 로마 가톨릭의 선교는 기존 토착 기독교 네스토리안
에게 도움보단 큰 타격을 주었을 것이다. 그 이유는 로마 가톨릭 선교
방향이 네스토리안에서 로마 가톨릭으로 개종시키는 데 있기 때문이다.

246

에우스(Bar Hebraeus)와 아르메니아인 키라코스(Kirakos), 두 무슬림 역사가 주바이니(Juvaini)와 주자니(Juzjani)는 그가 기독교인임을 증거하고 있다.232) 바투의 동생 베르케(Berke, 1257-1267)가 제2대 킵차크 칸국의 칸이 되었는데, 칭기즈칸 계열 가운데서 최초로 몽골족 무슬림이 되었다.233) 이렇게 킵차크 칸국은 몽골제국의 첫 이슬람 국가가 되었을 뿐만 아니라 토착된 네스토리안의 영향도 미약하였다. 1380년에 톡타미쉬(Taqtamish)의 쿠데타로 킵차크 칸국(금호드르)은 멸망되었다. 칭기즈칸 첫 번째 아들인 조치의 계열이 러시아에서 여섯 세대 만에 종말을 고하였다.234) 그 후 러시아 정교회가 들어오면서

---

232) Boyle, trans. *History of the World Conqueror;* H. G. Raverty, trans. *Tabaqat-i Nasiri,* 1881.

233) W. W. Rockhill, *The Journey of William of Rubruck,* 117; 그래서 기독교인 베르케의 장군들 중에 상당히 많이 일칸국 초대 칸 훌라구(Hulegu)에게로 갔다. H. H. Howorth, *History of the Mongols,* 2:105; 1261년에 이슬람화한 베르케의 킵차크 칸국과 기독교에 의지한 일칸국의 훌라구와 대결하면서 서로의 몽골제국의 연합은 깨졌고 무슬림 이집트 맘루크가 구원받았다. J. J. Saunders, *The History of the Mongol Conquest,* 169.

234) 몽케 티무르(Mongke Temur, 1267-1280)가 제3대 킵차크 칸국의 무슬림 칸이 되었다. 몽케 티무르가 사망하자 그 계승자는 톨로부가였다. 이에 토카 몽케가 노가이(칭기즈칸의 현손)의 원조를 받아 톨로부가를 살해하고 제4대 칸이 되었다. 그러나 제위에 오른 지 얼마 안 되어 토카 몽케가 사망하자 톡타이가 추대되어 제5대 칸이 되었다. 그런데 톨로부가의 두 아들이 톡타이에게 찾아와 노가이를 소환하여 자기 아버지 톨로부가의 죽음에 관해 해명을 요구하자, 톡타이는 이것을 받아들여 노가이를 소환하려 했으나 이에 응하지 않자 20만과 15만으로 두 차례 전쟁을 하였고 6만 명의 사상자를 냈고 1차 노가이가 승리했다. 그러나 그 후 2차 결전에서는 톡타이가 이겨 노가이와 그의 네 아들도 제거되었다. Marco Polo, *동방견문록,* 418-424; 그 후 킵차크 칸국의 제9대 칸은 우즈벡(Oz-beg, Uzbek Khan, 1313-1341)이 통치하였고 그 간에서 우즈벡족, 즉 나이만과 키타이, 위구르, 카를룩, 쿨라우트, 탕구

이 지역 무슬림이 밀려났다.

셋째로, 차가타이 칸국이 이슬람화되면서 중앙아시아의 네스토리안 교회는 위축되기 시작하였다. 칭기즈칸의 둘째 아들 차가타이 (Chaghatai, 1217-1242)가 차가타이 칸국(Chaghatai Khanate)을 세웠는데, 투르키스탄과 트란속시아나 지방, 중앙아시아 사마르칸트와 부하라를 정복하였다.235) 칭기즈칸의 아들들 중에 가장 전통적인 몽골인으로서 가장 반이슬람 정서가 강하였다.236) 그 정도로 당시 차가타이 칸국 지역에는 기독교 영향이 강하였다. 그리고 500년 가까이 중앙아시아 무슬림에게 억압받아 왔던 토착 네스토리안들은 옛 실크로드 대상 길을 따라 다시 기독교 공동체들을 회복할 수 있었던 것으로 보인다. 차가타이(Chagatai) 영토에서 기독교인은 주로 위구르 (Uighurs)인들 가운데서 많은 분포를 나타내고 있었다. 19세기경 두 곳의 중세 기독교 묘지가 발견되었는데, 차가타이의 영토인 잇스크 쿨(Issyk-kul)이었다.237) 마르코 폴로가 기록한 것에 의하면,238) 사

트, 콩기라트(Qunggrad) 등의 연합족이 된다.

235) 대초원의 차가타이 몽골은 처음에는 유목민으로 존재하다 초원으로 방 랑하였고 동서 대상(caravan)길을 지배하면서 좀더 규율을 세워 투르 크어를 사용하는 도시 중심으로 정착하였다. Chagatai에 대해서는 Mirza Haydar, *Tarikj-i-Radhidi*, trans. D. Ross(1895; 재판 Delhi, India: Renaissance Publishing House, 1986), 28-50; W. Barthold, *Four Studies*, 1:114, 115; 2:8-12, 26, 30; 그러나 그 후 중앙아시아 차 가타이(Chaghatai) 칸국은 러시아 조치(Jochi)의 계열인 킵차크 칸국과 페르시아 일칸국과 중국 원 제국의 톨루이(Tolui) 계열의 부흥으로 거 의 파괴되었다. 루브룩은 발가슈(Balkash) 호수 근처에 있는 네스토리 안이 거주하는 마을을 통과하였다. 그곳은 러시아 본토와 몽골 사이의 차가타이 칸국의 영토였다. 차가타이는 기독교에 대하여서는 다정하게 이슬람에 대하여서는 아주 적대적으로 대하였다. Ibid., 1:116.

236) J. J. Saunders, *The History of the Mongol Conquest*, 74.

248

마르칸트의 주민은 기독교인과 무슬림들이라고 하였다.239) 대칸의 실
형제 차가타이(Chaghatai, 1217-1242)240)가 기독교로 개종했다고 한
다.241) 1248년에 사마르칸트에는 아르메니아 계통 왕의 형제 셈바트

237) 묘비에 1249년부터 1345년까지 시리아어와 투르크어로 새겨져 있었다.
이는 상당히 큰 네스토리안 기독교 공동체가 있었음을 증거하고 있다. A.
Mingana, *The Early Spread of Christianity in Central Asia and the Far
East: A New Document*(Manchester: Manchester University Press,
1925), 334-346. 그들 이름 중에 "8명의 부감독들(archdeacons)과 8명의
교회법률 박사와 성경 주석가, 22명의 방문자, 3명의 주석가, 46명의 학자,
2명의 설교자이며 임명된 사제"가 있었다. 중앙아시아의 기독교인은 충
분히 많은 숫자가 있었고 그들을 위해 찬송을 작곡한 카미스(Khamis)라
는 인기 있는 네스토리안 찬송 작가를 충분히 잘 알고 있던 것이다. 그
찬송의 시작은 "마리아의 아들이 우리에게 나셨네"이고 시리아어와 몽골
어로 절에 번갈아 가면서 기록하였다. 촐손(Chwolson)은 약 630개 묘비
명을 증거하고 있고 차가타이 칸국의 투르크 부족 가운데 기독교인을
"백만"으로 잡고 있다. Ibid., 334-338. 그는 1322년(셀류키드 년도 1627
년)의 비문으로부터 인용하였다: "이곳은 모든 수도원에 빛을 던져주었
던 찬양받았던 주석가요 교사인 슈리하(Shliha)의 무덤이다: 지혜자이며
존엄한 주석가인 베드로(Peter)의 아들이다. 그의 목소리는 트럼펫 소리
만큼 높았다.", "이곳은 파사크(Pasak)의 묘이다. 생전에 그의 삶의 목적
은 오직 우리 구주 예수였다.", "이곳은 아름다운 소녀 쥴리아의 묘이다.",
"이곳은 사제요 수장(首長)인 주마(Zuma)의 묘이다. 축복받은 노인이며
유명한 족장인 그는 수도원장 기와르기스(Giwargis)의 아들이다.", "이곳
은 교회 순회자인 겸손한 성도 파그 망쿠(Pag-Mangku)의 묘이다.", "이
곳은 교회 일에 매우 열심이었던 주교 타케(Take)의 묘이다."

238) Marco Polo, *동방견문록*, 76-90.

239) 마르코 폴로는 당시 사마르칸트의 지배자는 쿠빌라이 사촌(마르코 폴
로는 조카라고 함)인 카이두가 왕이었다고 한다.

240) 쿠빌라이 칸의 백부로 1241년경 사망하였다. 차가타이가 기독교로 개종
했다 함은 역사적인 사실이 아니다.

241) 사마르칸트 기독교인들은 차카타이가 기독교로 개종한 것을 기뻐하여
세례자 요한을 기념하여 교회를 건립하였다. 그런데 무슬림이 소유하고
있었던 석재로 교회당 지붕을 받치는 중앙 원주의 대좌(臺座)로 사용
했는데, 차가타이 왕이 죽자, 기독교인 보다 10배가 많은 무슬림인들이

가 통치하고 있었다. 셈바트는 그 지역 교회에서 예수의 형상과 동방
박사 세 사람의 그림을 보았다고 하면서 "사라센(무슬림)들은 기독교
인들의 핍박으로 인내하고 있다"고 할 정도로[242] 기독교가 강하였다.

역사가 주자니(Juzjani)가 1259년에 사마르칸트의 무슬림 지도자 아
쉬라프 앗 디나의 말을 인용해 기록으로 남겼다. 그 기록에 따르면, 사
마르칸트의 한 젊은 기독교인이 무슬림을 고용했다. 기독교인은 이 젊
은 무슬림에게 개종할 것을 명령했으나, 그 무슬림은 완고했다. 이에
무슬림들은 킵차크칸국(금호르드)에 있는 무슬림인 제3대 베르케
(Berke, 1257-1267) 칸에게 소송하였다. 베르케는 무슬림을 변호했고,
그 일에 참가한 모든 기독교인들의 처리를 명령했다. 이에 무슬림들은
교회를 파괴하고 그 교회에서 그 고용인은 죽임을 당했다.[243] 이 대사
건은 1257년에서 1259년 사이에 일어났다. 아마, 사마르칸트 네스토리
안들은 그 타격으로 말미암아 상당히 위축된 것으로 보인다. 또한 차
가타이 칸국의 국운이 쇠약해져 감으로 인하여 정세는 더욱 불안하였
다.[244] 차가타이 칸 무바라크(Mubarak)가 1266년에 차가타이 계열로

그 석재를 다시 돌려줄 것을 요구했고 더구나 칸의 조카뻘인 국왕이
석재를 이틀 이내에 돌려주라는 명령을 내렸다. 이때 기적이 일어났는
데, 대좌 위에 얹혀 있었던 원주가 저절로 약 3스팬가량 떠올라, 마치
초석 위에 타고 앉은 것처럼 그대로 허공에 정지했다고 한다. 니콜로,
마페오 형제는 제1차 여행 때에 이곳을 지났으나, 마르코를 동반한 제2
차 여행 때는 이곳을 지나지 않았다. 마르돌드는 마르코 폴로는 카르칸
에 간 후에 호탄에 갔다고 하면서, 아마 사마르칸트는 간적이 없고 카
슈가르에서 야르켄으로 갔다고 하였다. 그래서 사마르칸트에 대한 장은
삽입된 것이라고 하였다. В. В. Бартольд, *Сочинения Бартольда*, 318.

242) 셈바트는 키프로스 왕에게 보낸 편지에서 몽골 가운데 기독교의 진보
에 대하여 상세히 기록하였다. Ibid., 317.

243) Juzjani, *A General History of the Muhammadan Dynasties of Asia*,
1288-1290.

서는 처음으로 타슈켄트에서 이슬람을 고백하였다.245) 7대 차가타이 바라크(Baraq, 1266-1271)가 아말릭(Almaligh)을 수도로 정하고 1269년 옛 동서 투르키스탄(Turkestan)과 부합되게 두 부분으로 분리되어 동투르키스탄은 제2대 오고데이(Ogetai) 대칸의 손자인 카이두(Kaidu) 왕이 통치하였다.246) 서투르키스탄은 차가타이(Chagatai) 계

244) 1260년 차가티드(Chagatid) 칸에 의해 나라가 크게 부흥하였다. R. Grousset, *The Empire*, 326-346; 소마와 마가가 호탄(Khotan)에 도착했을 때에 기독교 공동체를 발견하였고 쿠빌라이(Kublai Khan)와 중앙아시아를 지배하던 차가타이계의 알구(1260-65/66)와 전쟁 중에 있었다. J. A. Montgomery, *The History of Yaballaha III*, 35.

245) W. Barthold, *Four Studies on the History of Central Asia*, 3 vols.(Leiden: Brill, 1952-1956), 1:125; 그리고 당시 쿠빌라이 대칸의 동의 없이 자체 통치자임을 처음으로 선언하였다. 그러나 그의 회심은 피상적이었다. 몽골인들은 여전히 아랍어를 무시하였고 코란(Koran)에 의한 통치가 아니라 칭기즈칸의 *야사*(yasa)인 몽골 법으로 하였다. 그러나 경제와 행정의 압박이 오자 몽골 전승은 평화에는 어울리지 않는 것임이 증명되었다. 전쟁을 제외한 모든 것이 비몽골인에게는 죄수취급하게 되어 점점 무슬림의 관료정치가 도입되었다. R. Grousset, *Conqueror of the World*, 326, 327. 제7대 차가타이 바라크(Baraq, 1266-1271)가 아말릭(Almaligh)을 수도로 정하고 차카타이 투르크어를 만들었다.

246) 카이두는 숙부인 쿠빌라이 대칸을 인정하지 않고 대항한 용감한 유목민 용사의 길을 걸었고 종교적으로는 몽골 조상의 샤만교(shamanism)였다. 그렇지만 카이두는 칭기즈칸 계열의 첫 3, 4세대의 전형적인 종교적 관용을 따라 기독교인과 무슬림을 보호하였다. 쿠빌라이는 여러 왕들처럼 조정에 와서 회의에 참가하라고 했으나, 카이두는 숙부인 쿠빌라이 대칸이 살해할 것이라 믿어 가지 않았다. 1268년 카이두는 카라코룸에 있는 쿠빌라이 칸의 왕자 노모 간(쿠빌라이 칸의 넷째 아들)과 사제왕 요한의 손자 조오지와 큰 전쟁을 하였다. 그러나 양 진영 다 막대한 살상만 있었지, 무승부로 끝났다. Marco Polo, *동방견문록*, 최호 역(서울: 홍신문화사, 1999), 376-382. 조오지는 결국 1298년 카이두의 군사에 의해 죽었다. 비록 그의 숙부 쿠빌라이 칸과 끊임없이 전쟁을 했지만, 쿠빌라이가 북경에서 보낸 두 수사 소마(Sauma)와 마가

열의 통치로 남았고, 그 계승자들은 그들의 통치 중심을 좀더 문명화
된 무슬림 도시인 타슈켄트(Tashkent)와 부하라(Bokhara), 특별히 사
마르칸트(Samarkand)에 두었다. 이 지역은 몽골이 들어오기 오래전 9
세기 이래 이슬람화가 진행되던 곳이었다.247) 이 지역은 옛 실크로드
지역으로 네스토리안 공동체가 많았지만,248) 다시 칸들이 무슬림이

    (Mark)를 온화하게 맞이했고 안전한 통행 서신과 함께 페르시아로 보
    냈다. 카이두는 몽골 법에 따라 제2의 대칸 오고데이의 손자로 쿠빌라
    이 보다 더 우선적인 권리를 가지나 지금은 (쿠빌라이가) 선출되었기
    에 몽골 법보다 정책에 지배받게 되었다. W. Barthold, *Four Studies
    on the History of Central Asia*, 1:124, 125. 서투르키스탄은 차가타이
    (Chagatai) 계열의 통치로 남았고 그 계승자들은 그들의 통치 중심을
    좀더 문명화된 무슬림 도시인 타슈켄트(Tashkent)와 부하라(Bokhara),
    특별히 사마르칸트(Samarkand)에 두었다. 차가타이 칸들은 행정을 무
    슬림 통치자들에게 넘겨주어 그들 무슬림 풍습에 맞게 생활과 종교를
    조정하도록 허락하였다. Ibid., 1:125, 126.

247) 그곳에 남아 있는 소수파 종교 중에 큰 도시에서는 유대교(Jews)가 기
    독교보다 더 많았지만, 10세기에 큰 네스토리안 수도원이 사마르칸트
    남부에서 발견되었고 거기에는 그 당시부터 여러 도시들의 기독교 교
    회들과 옛 실크로드를 따라 정보를 교환하였던 것이다. Ibid., 1:15, 88.

248) 중앙아시아 거쳐 중국 북부로 들어가는 옛 실크로드(Old Silk Road) 교
    역로를 따라 북서쪽에 집중되어 있는 도시에 기독교 공동체들이 있었다.
    마르코 폴로에 의하면, 카슈가르(Kashgar)의 주민은 무슬림이지만 투르
    크인 네스토리안이 자신의 교회를 가지고 있고 기독교인이 사는 지역에
    유대인도 함께 살고 있다. A. C. Moule and P. Pelliot, *Marco Polo*,
    143-181; 또한 이곳은 네스토리안 대주교구였다. H. Yule and H.
    Cordier, *The Book of Ser Marco Polo*, 1:183; 야르칸트(Yarkand)의 주
    민은 대부분 무슬림이나 약간의 네스토리안과 야곱파 기독교인이 있다.
    Marco Polo, *동방견문록*, 76-79; 탕구트(唐古, 甘肅)의 대주(大州)의 주
    민 대부분 우상숭배자이나 투르크인 가운데 네스토리안과 무슬림도 살
    고 있었다. 캄피추(甘州, Kanchou, Canpicion)는 대주(Kansu)의 수도이
    며 세 곳에 크고 아름다운 교회가 있었다. 그중 하나는 아마 쿠빌라이 칸
    의 어머니 소르각타니(Sorkaktani)가 묻힌 네스토리안 수도원일 것이다.
    A. C. Moule and P. Pelliot, *Marco Polo*, 158; 기독교인들은 태양력(太

되거나 통치를 무슬림 고관들에게 맡김으로써 네스토리안 기독교 공동체에 부담을 안겨주었던 것으로 사료된다.

1301년 카이두(Kaidu) 사망 후 동부로 분열된 동 투르키스탄의 몽골인들은 점점 서부 차가타이 칸국에 흡수되었고 무슬림의 압박에 기독교인은 점점 고통을 받게 되었다. 차가타이 칸국의 제12대 칸 타리쿠(Taliku, 1308-1309)는 무슬림을 향한 과잉호의로 그의 몽골 용사들에 의해 비난받았다. 이들 몽골 용사들은 몽골 전통 샤만이 아니면 네

陽曆)을 가지고 있으나, 우상숭배자들은 태음력(太陰曆)을 가지고 있다. 에르기눌(凉州, Ergiuul, Yunchang) 왕국은 탕구트 대주에 포함되어 있고 투르크인 네스토리안과 우상숭배자 및 무슬림들이 있다. 신구이(Silingui, Hsiningchou, 감숙성의 西寧州)는 탕구트 대주의 일부로 대부분 우상숭배자이지만 소수의 무슬림과 기독교인이 살고 있었다. Marco Polo, 동방견문록, 105-108; 이코구리스탄의 수도는 카라호조로 주민은 대부분 우상숭배자이며 네스토리안도 상당히 많았고 약간의 무슬림도 있었다. 친치 탈라스(Ghinghintalas, Barkul)의 주민은 우상숭배자와 무슬림 및 투르크인 네스토리안이 있었다. 마르코 폴로가 가진 않았지만 사물(Samul, Hami)은 1266년 페르시아 네스토리안 총대주교 덴하(Denha)가 참석하여 서품식을 한 네스토리안 주교좌였다. H. Yule and H. Cordier, *The Book of Ser Marco Polo*, 1:211; 몽골리아 초원 한가운데인 카라코룸(Karakorum)에도 교회가 있다. 루브룩이 위구르 지방을 지나다가 카얄릭(Caila) 지역에 전부 네스토리안이며, 위구르 지방에 있는 모든 도시에도 네스토리안과 무슬림(사라센)들이 섞여서 살고 있다고 하였다. P. Jackson, *The Mission of Friar William Rubruck*, 150, 165; 15세기 무슬림 역사가 미르자 하이다르(Mirza Haydar)의 기록에 의하면 1390년에 투루판(Turfan)의 네스토리안 위구르인들이 강제로 무슬림으로 개종하여 이곳을 '이슬람 보좌'(Dar-al-Islam)로 불러졌다. Mirza Haydar, *Tarikj-i-Radhidi*, 52; 1908년 러시아 조사대에 의해서 몽골 초원 거연해(居延海) 호수 부근 하라호토(黑水城)에서 네스토리안과 관련된 문서 세 점을 발견했는데, 두 점은 시리아어 기도문이고 나머지 한 점은 시리아어지만 내용은 투르크어어로 된 12-13세기의 것으로 추정된다. N. V. Pigulevskaia, "Siriiskie I Siro-tiurkskii fragmentry iz Khara-Khoto I Turfana", Sovetskoe vostokovedenie, vol.1(1940), 212-238.

스토리안일 것이다. 제14대 칸 케벡(Kebeg, Kebek, 1318-1326) 때에 발생한 열렬한 샤만교(shamanist) 추종자들의 위협에서 서투르키스탄과 북아프가니스탄(Afghanistan) 무슬림들이 보호를 받게 된다.

제15대 칸 엘치기데이(Elchigidei, Ilchigedai)는 네스토리안 기독교에 대하여 잠시나마 관용적이었던 것으로 보인다. 그는 1326년 도미니크파(Dominican) 선교사 도마(Thomas of Mancasol)의 방문을 환영하였다. 엘치기데이는 도마를 아비뇽(Avignon) 교황에게 돌려보내면서 사마르칸트에 세례요한에게 헌당할 교회를 짓도록 허락하였다. 교황 요한 22세(John XXII)는 크게 격려를 받고 도마를 사마르칸트의 주교로 임명하고 그를 중앙아시아로 급파하였다. 하지만 여행은 너무나 길어서, 칸은 이미 사망하였고, 그의 동생이 계승하였는데 더 이상 기독교인의 친구는 아니었다.[249] 제17대 칸 타마쉬린(Tamashirin, 1326-1334)은 열심 있는 무슬림이며 아랍어 이름은 알라 알딘('Ala al-Din, '위대한 신앙')이다. 그로부터 차가타이 통치자의 영역에서는 공개적으로 어떤 신앙도 고백할 수 없고 오직 이슬람만 자유가 있었다. 스풀러(B. Spuler)는 지적하길, "그 종교는 모하메드(Muhammad)에 의해 세워졌고 세 서부의 몽골 왕실에 의해 통치되었다"고 하였다. 그 세 서부의 몽골 궁정은 러시아 킵차크 칸국과 페르시아 일칸국, 중앙아시아 차가타이 칸국이다.[250]

한편 무슬림 부잔(Buzan) 칸은 1334년 짧은 기간에 통치하면서 네스토리안 기독교 교회를 재건축하게 하였고 유대인의 회당도 허용하였다. 부잔은 프란체스코회(Franciscan order)의 로마 가톨릭을 용인

---

249) W. Barthold, *Four Studies on the History of Central Asia*, 1:52.
250) B. Spuler, *The Muslim World, Part II, The Mongol Period*, 45.

254

하여 그의 수도 알말릭(Almalik, Kuldja)에 선교사 주교구 설치를 허락하였다. 파리 대학 신학교수인 대주교 니콜라스(Nicholas)[251]가 중국의 주교로 임명받았는데, 1320년 이래 주교구가 있었던 알말릭에 정착했음이 분명하다. 마지막 차가타이 칸 칭쉬(Chingshi, Jenkshi, 1334-1338)는 이슬람의 친구는 아니었다고 무슬림의 작가는 말한다. 칭쉬는 7세 아들을 프란체스코파에 맡겨 교육받고 세례 받게 하였는데, 그런 이유인지 모르나 그는 친형제에 의해 암살되고 만다. 그의 죽음 후 기독교인에 대한 대량 학살이 수도의 거리를 휩쓸었다.[252]

1346년 경쟁관계에 있는 무슬림과 몽골 당파가 다시 둘로 나뉘졌다. 나중에 두 계열은 명목상 무슬림이 되었고 초기 페르시아의 압바시드('Abbasids) 왕조처럼 투르크 통치자들의 꼭두각시가 되었다. 무슬림 역사가 미르자 하이다르(Mirza Haydar)에 따르면, "비록 (칸들)이 무슬림(Mussulmans)이 되었지만, 이들 칸들과 몽골(Moghul) 사람들은 '진정한 구원의 길'을 알지 못했다. …… 그들은 계속해서 지옥으로 가는 길로 간다"고 하였다.[253] 칭기즈칸의 두 번째 아들 차가타이(Chagatai)가 중앙아시아 칸이 된 이래 일곱 세대 후인 1338년에 멸망하였다. 이제 막 로마 가톨릭이 주교구를 두어 자리잡는 것 같았지만, 15세기 새로운 파동(티무르)이 중앙아시아를 중심으로 일어나기 시작하면서 그 자취를 감추게 된다. 로마 가톨릭교회

---

251) 그의 이름은 Jean de Botras이다. A. Thomas, *Histoire de la Mission de Pekin*, 64.

252) 알말릭에서의 가톨릭의 사역과 대량 학살에 대한 좀더 완전한 기록은 14세기 말 프란체스코파 Bartholomew of Pisa에 의한 성인전기에 있다. H. Yule and H. Cordier, *Cathay and the Way Thither*, 3:11-13, 31-35.

253) Mirza Haydar, *Tarikj-i-Radhidi*, 3.

와는 다르게, 네스토리안 기독교는 여러 가지 상황 속에서 크게 위축된 듯이 보였지만, 강인한 생명력을 바탕으로 존립할 수 있었다.

차가타이 칸국의 멸망과 함께 새로운 파동은 티무르(Timur-i-leng, Tamerlane, 1336-1405)[254]의 등장이다. 그는 사마르칸트 근처 서중앙아시아(서투르키스탄)에서 유복한 군사 가족 출신이었다.[255] 그의 아버지는 무슬림 수도원으로 은신했으나, 티무르는 군사를 일으켜 경쟁 지역을 정복하다, 서투르키스탄의 투르크 군주가 주춤할 때에, 동투르키스탄 몽골인 침입자 투그루그 티무르(Tughlugh-Timur)에게 자기의 병력을 지원하였다. 미르자 하이다르(Mirza Haydar)는 티무르가 서투르키스탄을 배반하게 된 이유에 대하여 기술하였다. 먼저 종교적인 것으로, 투그루그 티무르가 자기 백성 16만 명과 함께 몽골 샤만교(shamanist)에서 무슬림으로 개종하였기 때문이다.[256] 만즈(B. F. Manz)는 티무르가 투르크 몽골 샤마니즘에서 혼합된 수피(Sufi) 무슬림이라고 하였다.[257] 두 번째는, 정치적인 것으로, 동투르키스탄 투그루그 티무르가 칭기즈칸의 둘째 아들 차가타이 계열

---

254) 영어로 Tamerlane은 Timur-i-leng의 축약형이다. 이는 절음발이 티무르란 뜻이다. 그러나 누구도 그 앞에서 그의 이름을 부를 수 없었다. 그가 어떻게 이 이름 얻게 된 것은 애매하나, 전투로부터 왔다고 추측하고 있다.

255) 필자가 사마르칸트에서 2시간 남쪽으로 가면 샤르삽프스라는 작은 도시(5만 정도)에 가 보았는데, 그곳이 티무르가 태어난 곳으로 그가 세운 큰 건물의 유물인 43m의 망대만 남아 있었다. 아주 강력한 전통 무슬림 도시라는 인상을 받았다. 구소련 때에 천문학이 발달된 곳이기도 하다.

256) Mirza Haydar, *Tarikj-i-Radhidi*, trans. D. Ross(1895; 재판 Delhi, India: Renaissance Publishing House, 1986), 12-15.

257) B. F. Manz, *The rise and rule of Tamerlane*(New York: Cambridge Univ. Press), 17.

이라는 점이다. 티무르는 칭기즈칸 가문의 제국을 재건할 것을 맹세하여 징벌에 나섰다. 먼저 차가타이 계열의 몽골인들을 사마르칸트와 부하라(Bokhara)에서 사막과 초원으로 내쫓았다. 다시 북쪽으로 돌아 몽골 러시아인 킵차크 칸국(Golden Horde)의 남쪽 측면을 공격하였다. 1370년에 아프가니스탄(Afghanistan)을 정복하였고, 발크(Balkh)에서 스스로 칸이 되었다. 1380년에 페르시아를 원정하여 1392-1393년 일칸국을 몰락시켰다. 티무르는 중국 명조를 침략하기 위해 군력(軍力)을 모으는 중 1405년 1월에 사망하였다. 만즈(B. F. Manz)는 언급하길, 티무르는 힘들게 밭고랑을 깊이 팠으나 씨앗은 남아 있지 않고 죽음뿐이었다고 하였다.258)

티무르제국시대에 네스토리안 기독교인들은 상당한 핍박받았다.259) 티무르의 정복 중에 기독교를 향한 핍박은 1387년에 이스파한(Ispahan) 광장에서 7만 명의 기독교인의 머리를 쌓았고, 1400년에는 시바스(Sivas)에서 포로로 잡은 아르메니아 기사 4천 명을 생매장시켰다.260) 1401년에 바그다드(Baghdad)를 두 번째로 함락시킨

---

258) Ibid., 128.

259) 티무르는 아시아를 지나 중국의 서부 끝에서부터 에게해(Aegean Sea)의 기독교 요새인 서머나(Smyrna)와 인도 델리(Delhi)의 훨씬 남쪽까지의 교회와 회당(synagogues), 사원을 비교할 수 없을 정도로 파괴를 가져왔다. 1386년 티무르는 코카서스(Caucasus)의 조오지아인(Georgians)들을 대항하여 성전(聖戰)을 선포한 이후, 1393년, 1396년, 1399년, 1403년 이렇게 네 번 더 그 작은 왕국의 완고한 조오지아 고산지인들을 기독교 신앙으로부터 분리시키려고 무지막지하게 절멸시켰다. R. Grousset, Ibid., 433; 사도시대 이래 용기와 수난의 상징으로 유명한 서머나(Smyrna, 계 2:8-11) 기독교 성채(城砦)를 약탈할 때에, 그의 용사들은 고의로 기독교인 머리들을 기념물로 모았다. R. Waterfield, *Christians in Persia*(London: Allen and Unwin, 1973), 53.

260) Thomas Laurie, *Dr. Grant and The Mountain Nestorians*(Boston:

뒤, 그의 병사 각각에게 하나의 머리(어떤 역사가는 2개의 머리라고 한다)를 가져오도록 명령하였다. 이에 9만 명이 죽임을 당하였다고 한다.[261] 티무르는 기독교뿐만 아니라 힌두교인에게도 학살을 가했다. 1398년에 인도를 정복하여 10만 명의 힌두교인들을 학살했고,[262] 후에 사마르칸트를 수도로 하여 티무르제국을 건립하였다.

1318년 이후 중요한 네스토리안 중심지가 6개였고, 1360년 이후에 두 곳이 더 추가 되었고, 20년 후 티무르가 페르시아를 휩쓸어 갈 때에, "우리가 확실하게 말할 수 있는 것은 바그다드(Baghdad), 모술(Mosul), 에르빌(Erbil), 니시비스(Nisibis), 바케르다(Bakerda, Gezira), 타브리즈(Tabriz), 마라가(Maragheh)에 교회들이 있었다고만 말할 수 있다고 하였다."[263] 이 일곱 목록은 1238년 훌라구가 바그다드를 점령할 때 24개 도시에 교회들이 있는 것과 비교가 된다. 1000년에는 68개 도시에 교회들이 있었다. 따라서 결론 내릴 수 있는 것은 네스토리안 교회를 파괴하고 위축하게 한 것은 티무르의 정복과정에서 무슬림의 도움이 컸다는 것이다.[264] 무슬림들은 이미 일칸의 가잔 이후 서서히

Ground and Lincoln, 1853), 54.

261) R. Grousset, *The Empire of the Steppes*, 434.

262) Ibid., 340, 444.

263) A. R. Vine, *The Nestorian Churches*, 159. 그는 모술과 니시비스 사이의 다른 지역을 더 추가하였다. 아마도 Amadia와 Urmi, Mardis, Amida(Diabekr), Maiperkat이다.

264) 바르톨드(W. Barthold)는 티무르의 행군을 나타내는 불타는 도시들과 피의 강들, 두개골의 피라미드의 무시무시한 배경에 대한 관찰을 해 보면, "2천 명의 살아 있는 사람들의 탑은 한 사람 위에 다른 사람을 놓았고 진흙으로 발라 질식하게 하였고…… 벽돌이 된 것"에 누가 무슬림으로부터 기독교인 시체를 구별할 수 있겠는가고 반문하였다. W. Barthold, *Four Studies on the History of Central Asia*, 2:39; 브라운

네스토리안 교회의 본부부터 괴롭혀 왔던 것이다.[265]

제4절 결 론

이상의 내용을 정리하면, 13-14세기 몽골제국시대에 네스토리안 기독교는 6-7세기 투르키스탄제국시대와 같이 다시 한번 활기 있게 발전할 수 있었다. 그 이유는 첫째, 초기 몽골제국의 왕후들이 네스토리안 기독교인이었다는 점을 주지해야 할 것이다. 오고데이 부인 메르키트족 투레게네와 구유크의 부인 메르키트족 오굴카이미쉬, 톨루이의 부인이며 몽케와 쿠빌라이, 훌라구, 아릭부케의 어머니 케레

(L. E. Browne)은 기독교인의 특별한 핍박에 대한 예를 하나 더 추가했다. "한때 야곱파의 큰 중심이었던 투르아부딘(Tur'Abdin)에서, 기독교인들을 추적하여 지하 동굴로 피난한 사람들을 연기로 질식사시켰다"고 하였다. L. E. Browne, *The Eclipse of Christianity in Asia*, 172. 이와 같이 누가 기독교인이었는지, 무슬림이었는지 어떻게 알았겠는가? 또한 기독교 교회와 수도원, 학교, 병원 등을 파괴하였으나 이슬람 사원과 기관들은 보호하였다.

265) 바르 헤브라에우스(Bar Hebraeus)의 *연대기*(Chronography)에서도 슬퍼하였다: 그리고 그 당시에 외국 사람들은(몽골인들은) 그들의 손에 의해 타브리즈(Tabriz)로 밀어냈고, 거기에 있는 모든 교회들을 파괴하였고, 온 세상에서 기독교인들 가운데 큰 슬픔이 있었다. 이 당시에 특별히 바그다드에서 기독교인들은 말로 표현할 수 없을 정도 핍박과 불명예, 모욕, 수치스런 고통을 받았다. Bar Hebraeus, *The Chronography of Gregory*, 507. 여기서 바르 헤브라에우스가 언급한 것은 일칸 가잔(Gazan)의 무슬림시대일 때이다. 티무르(Tamerlane)의 참화는 아직 좀 더 있어야 했다. 카잔이 무슬림이 되면서 무슬림들이 서서히 교회를 파괴해 왔고 기독교인들을 핍박해 왔던 것이다. 그리고 티무르 이후에도 무슬림들은 더 핍박하여 네스토리안은 크게 위축되었다.

이트족 소르각타니, 몽케의 부인 쿠툭크, 훌라구의 부인 케레이트족 도쿠즈 카툰, 아바가의 쿤쿠라트족 코타이와 황제의 딸 마리아, 아르군의 부인 케레이트족 우룩카툰 등이 기독교인이었다.

둘째, 네스토리안 고관들이 많았다는 사실이다. 칭기즈칸의 타타통아와 친가이, 오고데이의 카닥과 마경상, 요하난, 엘지기데이, 구유크의 불가이, 쿠빌라이의 웅구트족 쉬반, 서아시아 출신 이사, 사마르칸트 출신 세르기스, 이탈리아 출신 마르코 폴로, 훌라구의 케드부카 등이다. 그런데 모두 유목민족 아니면 외국인이지, 중국인은 없었다.

셋째, 훌륭한 웅구트족 야발라하 3세 총대주교와 마르 소마 같은 주교가 있었다.

이와 같이 몽골제국시대에 원 제국(중국, 한국)과 일칸국(중동), 차가타이 칸국(중앙아시아), 킵착크 칸국(러시아) 등 세계 교회 역사상 한 교단이 가장 광범위한 지역에서 신앙적인 영향력을 행사하였다는 사실은 역사상 유례를 찾아보기 힘들 정도로 획기적인 일이었다.

제6장

결 론

네스토리우스는 431년 에베소 공의회에서 이단으로 정죄되었다. 이후 네스토리우스의 추종자들은 양성 기독론을 모토로 해서 안디옥의 초기 동방교회와 합쳐 네스토리안 교단을 형성하였다. 다시 네스토리안 기독교는 페르시아 사산왕조 때에 로마 가톨릭과 분리된 독립된 네스토리안 교회를 창설했다. 그 후 천 년에 가까운 세월 동안 유라시아 대륙 곳곳에 선교의 근거지를 세우며 복음을 전파하던 네스토리안 교회는 동서문명의 교류와 만남에서 지대한 공헌과 영향력을 행사하였다. 기독교와 함께 서방의 문화가 유라시아의 초원과 오아시스 및 동아시아 각지로 전파된 것, 혹은 암흑에 갇혀 있던 중세 서구사회로 하여금 동방으로 눈을 돌리게 한 데에는 그들의 역할이 결코 적지 않았다. 네스토리안 교회는 후일 아시아 각국의 문을 두드렸던 서구의 선교사들처럼 강력한 국가나 선교 후원 단체의 지원을 받지 않았다. 오히려 그들에게는 박해와 순교가 더 낯익은 단어였다. 그럼에도 불구하고 네스토리안 교회는 동서 상호 간의 무지와 편견과 환상을 무너뜨리고 문명들을 이어준 가교로서의 역사적 소명을 다했다.

천여 년의 역사를 가진 네스토리안 교회는 가장 선교적인 삶을 살았지만, 이들의 선교를 도울 체계와 조직이 빈약했던 것이 사실이다 (국가, 선교단체, 교단). 뿐만 아니라 선교를 위한 훈련이나 후원 역시 빈약했으며(신학교, 선교단체), 우수한 기독교 문화와 전통도 빈약했다(선진 문명국가). 이러한 열악한 상황 속에서도 네스토리안 교회는 복음을 전하는 사명을 다했다. 본 연구에서 강조하고자 한 것이 바로 이 점이다. 다시 말해서 서구 중심적인 교회사를 벗어나 세계사적 견지에서 네스토리안의 동방 선교의 역사를 기술하고자 했다. 그리고 각각의 장에서 역사적인 사실을 통하여 네스토리안의 역사를 새로 기술하려고 시도했다. 그 내용을 살펴보면 다음과 같다.

먼저, 2장에서는 네스토리안 교회의 태동에 대해서 논의하였다. 3-4세기 기독론 논쟁의 와중에 안디옥 학파(Schola Antiochena)와 알렉산드리아 학파(Schola Alexandria) 상호 간에 논쟁이 있었고, 결국엔 두 학파 모두 그리스도 인성과 신성을 부인하지 않았지만 그 중심된 주장의 차이, 곧 그리스도의 신성과 인성에 대한 강조점의 차이가 있었다. 그러므로 그리스도의 양성론을 주장한 네스토리우스가 정죄된 것은 교리적인 문제가 아니라 정치적인 문제에서 기인한다고 할 수 있을 것이다. 그래서 제2장에서는 바로 이 점, 곧 네스토리우스의 이단 결정의 정치적인 측면을 기술하였다.

그 내용을 간략하게 정리하면, 그 당시 데오도시우스(Theodosius) 황제는 431년 공의회에서 정치적으로 불리해진 네스토리우스의 보호를 포기함으로써 네스토리우스를 이단으로 판결하도록 관망하였다. 또한 콘스탄티노플의 대주교가 된 네스토리우스는 설교를 통하여 불건전한 많은 대중들을 자극하여 적대세력으로 만들었고, 아리안계 고트족 군 장성들과도 적대적인 관계가 되었다. 뿐만 아니라 네스토리우스의 사회 도덕적 기강확립을 위한 칙령은 민중들에게 반란을 일으키게 하였고, 수도사들의 부패에 대한 교회 개혁은 황제의 누이 아구스타 풀체리아(Augusta Pulcheria)와 마찰을 야기하게 되었다. 이렇게 정치적으로 불리한 상황에서, 시릴루스(Cyril of Alexandria)와 벌인 기독론 논쟁은 네스토리안에게 불리할 수밖에 없었다. 이러한 정치적인 이단 결정은 네스토리우스의 추종자들을 양성론자로 단정하기 어렵게 한다. 왜냐하면, 실질적으로 네스토리우스의 추종자들은 양성론을 추종하기보단 오히려 안디옥 학파의 신앙적인 분위기와 네스토리우스의 개혁적이고 선교 지향적 신앙생활을 추종한 것으로 보이기 때문이다. 이들은 교리 교육을 통한 선교보다는 다양한 선교 방법들을 동원하였다. 예를 들어, 낮은 문화수준에 머물러 있던 중앙아시아 유목민들에게 문자를 만들어 주었고, 관개수로를 통한 농경술을 전수하였고, 옛 실크로드를 통한 대상숙소까지 침투하였던 것이다.

네스토리안 교회의 중요한 결정은 제3차 공의회에서 서방 교회로부터 동방교회의 독립과 로마 가톨릭의 교황과 동방교회의 총대주교의 권한이 동등하다고 선언한 데 있다. 또한 484년 제4차 종교회의에서는 성직자의 혼인을 인정하였고, 로마 황제 지노의 *협력신조*(Henoticon)를 거절한 것이다. 이러한 결정은 로마 가톨릭교회와 네스토리안 교회가 다시는 만날 수 없는 결정적인 원인이 되었다. 여기서 주지해야 할 사실은 칼케돈의 결정이 아니라는 점이다.

그리고 네스토리안파의 신앙적인 기초인 에데사의 페르시아 학파가 니시비스로 옮겨 니시비스 학파로 발전함으로 해서 네스토리안 신학과 신앙을 선교 지향적으로 발전시키는 데 긍정적인 요인으로 작용했다는 사실을 논증하였다. 또한 497년 제5차 동방교회 공의회에서 그리스도의 양성단체설(兩性單體說)을 주장하는 네스토리우스의 입장을 지지하였고, 로마 가톨릭교회와 관련 없다는 것을 결의하였다. 498년에 페르시아 영내 교회를 대표하는 사제를 총대주교라 부르기로 하고 명실 공히 동방교회(The Church of East)에서 독자적이며 영향력 있는 교단을 세웠다. 이렇게 네스토리안 교회가 독립하기까지 사산왕조의 카바드(Kawad) 왕의 후원이 컸다. 동시에 카바드 왕이 중앙아시아 헤프탈(백훈족)에게 피난 갈 때, 두 명의 네스토리안 선교사와 함께하였는데, 그들의 선교 역량으로 헤프탈 내에 복음화가 이루어졌다. 그리고 이 일로 인하여 투르키스탄제국(돌궐) 때에 네스토리안 교회가 크게 부흥하는 데 결정적인 역할을 했다.

544년 제6차 마르 아바 공의회(Mar Aba) 때엔 옛 실크로드를 따라 여러 도시에 주교구들를 설치하여 가일층 더 중앙아시아 복음화를 앞당겼고, 결국 에프탈족(Huns)의 요청으로 549년에 네스토리안 주교를 에프탈에 세우면서 헤라트(Herat)와 사마르칸트가 대주교구가 되는 데 영향을 미쳤다. 뿐만 아니라, 복음이 몽골 지방으로도 신속하게 확산되어 타타르족, 케라이트족(Keraite), 위구르족(Uighur), 나이만족(Naimans) 및 메르키트족(Merkit)을 복음화시키는 데 큰 영향을 미쳤다. 이러한 복음화의 영향력은 수도원 운동에서 나왔다.

수도원 운동은 이집트의 은둔적 수도원이 아닌 교회개혁과 부흥을 위한 수도원 운동으로, 아브라함과 닫예수, 밥하이로 이어지면서 넓은 지역을 통치했던 초스로에스 1세(Chosroes Ⅰ) 때에 60개의 수도원이 존재하고 있었다. 이렇게 네스토리안파가 선교적인 삶을 지향한 것은 초대 페르시아와 시리아 동방교회의 사도 도마와 그의 제자들의 영향 때문이었다. 제2장에서의 주된 논의 중에 하나가 바로 이 부분이다.

이미 원시 시리아 교회는 권위적이거나 조직적이 아니라 선교 지향적이었는데, 이러한 선교적인 풍토가 네스토리안파에게 영향을 주었던 것이다. 많은 증거가 이미 중앙아시아에도 복음의 접촉점을 증거하고 있다. 언급된 지역으로는 박트리아(Bactrian), 파르티아(Parthia), 부하라(Buhkara), 사마르티아(Sarmatians)와 종족으로는 스키티아인들(Scythians, 몽골인), 길라니아인(Gilanians) 등이었다. 사도 도마를 비롯하여 그의 제자 아다이, 아다이의 제자 아가이(Aggai)와 마리(Mari)를 통하여 전해졌던 복음의 씨앗이 네스토리안 교회가 더 크게 부흥하는 데 기초를 놓았던 것이다.

제3장에서는 투르키스탄제국시대에 네스토리안파의 복음 전파에 대하여 논의하였다. 당시 투르키스탄제국은 유목민족을 통하여 대제국을 형성하였는데, 국제 상인 소그인들의 중계 역할로 말미암아 중앙아시아, 몽골 초원, 당 제국, 동인도까지 네스토리안 기독교를 더 한층 확장하였다. 이미 헤프탈제국 때에 두 명의 네스토리안 선교사들로 인하여 이 지역이 기독교 영향을 받기 시작하였고, 그 복음화되었던 헤프탈과 유연(연연)의 잔중들이 서진(西進)하여 헝가리 지역에 몽골 투르크계 아바르족의 기독교 국가를 이루었다. 또한 동으로 옛 실크로드를 따라 네스토리안 선교사, 수도사, 상인들을 통하여 중앙아시아를 지나 중국까지 전파되었다. 무엇보다도 이란계 소그드인(Sogdian)들 중에 기독교로 개종한 자들이 투르키스탄제국의 경제, 정치, 외교, 첩보의 협력자로 종사하면서, 이들을 통하여 중앙아시아뿐만 아니라 더 먼 지역에까지 복음이 전파되는 계기를 마련하

268

였다. 그 결과 644년 호라산(Khurasan)의 메르브 대주교구 지역의 족장과 투르크인들이 개종하였고, 중국 당 제국에 635년 대주교 아나본 사절단이 장안에 들어간 이래 당 제국 초기 황제들의 적극적인 후원하에 전국에 교회를 세울 수 있었다.

페르시아 사산조 말기 때에 네스토리안 총대주교 마르 아바 1세와 예수얍 2세의 정치적·외교적·종교적 활동과 왕실의 기독교화로 인하여 네스토리안 기독교 공동체가 중앙아시아와 동인도까지 꾸준히 확장되었다. 사산이 멸망하고 이슬람 국가 우마야드 세습 칼리프(Umayyad, 661-750)가 기독교 지역인 다마스쿠스(Damascus)를 정치와 생활의 중심지로 두었지만, 오히려 기독교인들은 환영하였고, 칼리프들은 인두세를 부과시켜 기독교에 대하여 관용을 베풀었을 뿐만 아니라, 기독교인들을 고위직과 학문과 학교 관련 직위에 중용하였다. 아랍인들은 네스토리안 기독교인들로부터 헬라의 과학과 학문을 배웠다.

특히 투르키스탄제국시대에 중앙아시아의 옛 실크로드를 따라 곳곳에 많은 네스토리안 유물들 중 네스토리안 특유의 십자가 모양들이 발굴됨으로 인하여, 당시 기독교의 영향이 얼마나 왕성했는지 알 수 있었다. 사마르칸트 아프로시압(Афрасиаб)과 레기스탄(в Самаркандском Регистане)과 그 주변 뻰지켄트(Пенджикент)와 다쉬트 우르다콘(Дашти Урдакон), 타슈켄트 부근, 페르가나(Ферганск) 계곡의 꾸와(Кува), 칸크(Канк), 크라스나야 레치카(Красная речка), 메르브의 에르크 칼(Эрк-кал), 둔황(Tun-huang)의 천불동 등에 십자가 유물이 발굴되었다. 그리고 네스토리안 기독교인들은 옛 실크로드의 대상 무역지마다 수도원을 세워 그곳을 학교로, 교회로, 공동체

숙소로 사용하였다. 이는 6세기 페르시아제국 전역에 걸쳐 확산된 수도원 부흥에 기인하였다. 사마르칸트 지역 뺀지켄트(Panjikant)와 우르구트(Ургут)와 삽다르(Савдар)의 와즈카르드(Вазкард), 까르쉬(Карши) 지역 샤이할리(Шайхали)의 코슈테파(Коштепа)에 수도원 흔적이 발굴되었다. 이렇게 투르키스탄시대는 국가적인 종교가 없었기 때문에, 중앙아시아, 중국, 몽골 초원, 동인도까지 급속도로 네스토리안 기독교가 확장되었던 것이다.

제4장에서 다룬 위구르(Uigur, 744-1250)제국에서는 마니교와 불교 그리고 이슬람의 전진과 부흥으로 네스토리안 교회는 새로운 전략을 갖고 임해야 했는데, 그 대표적인 전략이 총대주교 디모데 1세(Timothy Ⅰ, 779-823)의 외방대주교구 설치이다. 이는 상당한 권위를 갖고 독립적으로 주교 서품식도 할 수 있어 더 역동적으로 복음을 전파하면서, 14세기에는 전 아시아를 복음의 영역권으로 들어오게 하였다.

투르크계가 아닌 유일한 이란계 사마니드 왕조가 중앙아시아를 통치하면서 이 지역은 투르크계 이슬람 세계가 시작되었다. 그럼에도 불구하고 네스토리안 기독교는 복음화된 소그드 상인들을 통하여, 투르키스탄제국 때에 이루어 놓은 네스토리안 수도원과 공동체를 통하여 신앙을 굳건히 지켰던 것이다. 9세기 중반 분열 위구르(Uighur)제국시대에, 당 제국은 왕선지의 난과 황초의 난의 발생 원인을 외래 종교로 돌리면서, 네스토리안 기독교도 907년 당 제국의 멸망과 함께 상당히 위축되었지만, 몇몇은 흩어져 복음화된 유목민족들 가운데 파고들어 신앙을 더 강화시켰다.

압바시드(Abbasid, 750-1258) 왕조 때에 수도를 바그다드(Baghdad)

로 옮기면서, 네스토리안 교회 본부도 셀류키아 크테시폰에서 바그다드(Baghdad)로 옮겼고, 네스토리안 총대주교를 전 동방 아시아 기독교계의 수장 역할을 하도록 맡겼다. 1000년에 바그다드의 네스토리안 총대주교는 아시아에서 약 250명의 주교와 20개의 대주교구와 인도와 중국까지 관할하였고, 전 세계 2억 7천만 인구와 5천만 기독교인들 중에 1200만을 주관하였다. 이 시기에 네스토리안의 수준 높은 지식과 높은 지위로 인하여, 이슬람 통치하에 심한 억압과 신분적인 제한을 받았음에도 불구하고, 여전히 풍요로운 삶을 누렸다.

위구르제국 때에도 네스토리안 기독교가 옛 실크로드를 따라 카슈가르(Kashghar), 호탄(Khotan), 미란, 야르칸(Yarkand), 우룸치(Urumch), 토크막, 블라이크, 투르판(Turfan), 둔황(Tun-huang), 사마르칸트, 꾸와 등에 수도원과 공동체가 있었다. 이처럼 위구르제국시대에서도 네스토리안 교회가 오늘보다 비교할 수 없을 정도로 많았는데, 13세기 로마 가톨릭 중심의 십자군 원정으로 이 지역의 네스토리안 교회에 큰 부담을 안겨 주었다. 십자군으로 인하여 이 지역의 네스토리안 기독교인과 무슬림 간의 적대 감정이 싹트게 하였고, 이전의 관용은 사라지고 두 배의 압박을 불러왔다.

제4장에서 살펴본 대로, 13세기 몽골제국에서의 네스토리안파는 그 당시 전 아시아를 통치했던 몽골의 혜택을 십분 활용하였다. 네스토리안 총대주교는 광대한 몽골제국의 모든 기독교를 다스릴 정도로 광범위한 영역을 관할하면서 기독교 세계의 로마 가톨릭 교황보다 더 큰 영향력을 행사하였던 것이다. 초기 몽골제국의 대칸들은 건국자 칭기즈칸을 비롯하여 대체적으로 종교 관용정책을 썼는데, 네스토리안파, 이슬람, 유교, 도교, 몽골 샤만교, 불교인을 골고루 등

용하였다. 그중에 왕실과 밀접한 네스토리안 기독교가 최고의 대우를 받았으며 전 아시아에 복음의 영향력을 최대한 발휘하였다. 그렇게 전 아시아에 복음화를 이룰 수 있었던 이유가 있었다. 첫째, 초기 몽골제국의 왕후들이 이미 복음화된 투르크 몽골계 유목민족 출신 네스토리안 기독교인이었다. 제2대 대칸 오고데이 부인 메르키트족 투레게네, 제3대 대칸 구유크의 부인 메르키트족 오굴카이미쉬, 톨루이의 부인 케레이트족 소르각타니(그녀의 아들은 제4대 대칸 몽케와 제5대 대칸이며 원조 세조인 쿠빌라이, 일칸 건국자 훌라구, 아릭부케), 제4대 대칸 몽케의 부인 쿠툭크, 일칸국 건국자 훌라구의 부인 케레이트족 도쿠즈 카툰, 일칸국 제2대 칸 아바가의 쿤쿠라트족 코타이와 황제의 딸 마리아, 일칸의 제4대 아르군의 부인 케레이트족 우룩카툰 등이다.

둘째, 네스토리안 기독교인들 중에 고관들이 많았다는 사실이다.

셋째, 훌륭한 웅구트족 야발라하 3세 총대주교와 마르 소마 같은 주교가 있었다. 이와 같이 몽골제국시대에 원 제국(중국, 한국)과 일칸국(중동), 차가타이 칸국(중앙아시아), 킵착크 칸국(러시아) 등 세계 교회 역사상 한 교단이 가장 광범위한 지역에서 신앙적인 영향력을 행사하였다는 사실은 역사상 유례를 찾아보기 힘들 정도로 획기적인 일이었다.

한편, 티무르제국시대에 네스토리안 교회에 대한 무차별적 박해와 흑사병[1]의 만연으로 그 존재 기반조차 감당하기 어려웠던 것이 사

---

[1] M. W. Dols, *The Black Death in the Middle East*(Princeton: Princeton University Press, 1977), 45-46; 당시 서아시아의 사가 이브 하티마는 1349년에 쓴 자신의 글에 흑사병이 키타이 지방에 시작된 것이라고 하였다. 이븐 알하팁도 흑사병이 잇스크 쿨(Issyk-kul) 호반 부근에서 발견된 네스토

272

실이다. 그럼에도 불구하고 네스토리안 기독교인들은 쿠르디스칸 (Kurdistan)과 아제르바이잔(Azerbaijan), 아르메니아(Armenia), 이란 북서쪽의 거친 언덕과 계곡으로 이동하였다. 총대주교는 쿠르디스탄(Kurdistan)의 고원지대인 모슬(Mosul) 산간 지방으로 들어가, 1580년까지 약 180년간 그곳을 본거지로 삼았다.[2] 시몬 2세(Mar Simon Ⅱ)가 쿠르디스탄(Kurudistan) 산악 지방 코챠네스(Kotchanes)로 피신한 이후, 1437년까지 시몬 3세가 총대주교직을 계승하였다. 그곳 이란계 무슬림 쿠르드족은 네스토리안들이 우수한 지식과 경험을 제공하자, 어느 사이에 그들에게 호의를 베풀었다. 시몬 4세(Mar Simon Ⅳ, 1437-1477)가 네스토리안 부흥을 위해 본거지를 모술로 옮기면서 주교세습제를 제정하였다. 네스토리안 교회는 오히려 주교

리안의 공동묘지와 600여 개의 비석들 중 연도가 확인되는 432개의 비석들을 시기별로 정리하면, 1336년까지만 해도 한 해에 한두 개 정도였으나 1337년부터는 급증하였다. 그리스력 1649년(1337-1338)에 사망한 사람의 비석이 32개이고, 그리스력 1650년(1338-1339)의 것은 72개이다. 이 시기의 비석들 가운데 역병으로 죽었다는 명문이 새겨진 것들도 있었다. D. Chwolson, *Syrisch-Nestorianische Grabinschriften aus Semirjetschie* (St.-Petersbourg: Commissionnaires de l'Académie Impériale des sciences, 1890, 1897), 27-28, 81; 후에 러시아 학자들은 그곳에서 발굴된 유골과 문헌자료들을 검토한 끝에, 이들이 흑사병으로 죽었다는 결론을 내렸다. R. Pollitzer, *Plague and Plague Control in the Soviet Union*(New York: Institute of Contemporary Russian Studies, 1966), 14; 따라서 흑사병은 중앙아시아 초원 지역에서 최초로 발생하여(1337년경), 킵차크 영내로 들어갔다가(1345년경), 거기에서 유럽과 서아시아(1347년경)로 퍼졌다고 보는 것이 타당할 것이다. 오아시스나 초원의 교역로를 따라서 소규모의 공동체를 이루며 살던 네스토리안들의 경우, 흑사병의 영향으로 상당히 심한 타격을 받았다. 흑사병은 중앙아시아의 경제기반까지 붕괴하였다.

2) W. A. Wigram, *The Assyrians and their Neighbours and Our Smallest Ally*(London, 1929), 145; Austin H. Layard, *Nineveh and its Remains I*(New York, 1851), 215-216.

들의 회의를 통한 선출보다 삼촌에서 조카로 이어지는 총대주교 세습제를 만들어 회복하였다. 총대주교는 혼인이 불허된 자리였기 때문에 부자계승이 아닌 숙질계승이 되었다. 빈(A. R. Vine)도 이 제도를 좋게 여겼는데, 때때로 계승에 대한 번거로운 문제에서 벗어나, 단순하게 외부로터의 관심과 주목도 덜 받게 되어 안전하였다고 하였다.3)

티무르제국 이후, 네스토리안은 총대주교가 세습되었으나 다시 분리되었다. 그것은 한 파가 로마 가톨릭으로 귀속되었기 때문이다. 1551년 시몬 8세(Mar Simon Ⅷ, 1552-1559)와 요한 수락카(John Sulaka) 사이에 총대주교 계승을 위한 투쟁이 벌어졌다. 이때 요한 수락카는 1553년 교황 줄리어스 3세(Pope Julius Ⅲ)가 준 임명장을 가지고 자기가 정당한 총대주교라고 하면서 신파가 되었다.4) 이렇게 로마교황청에 귀속한 측을 갈데아 교회(Chaldeans)라 하였고,5) 그

---

3) A. R. Vine, *The Nestorian Churches*(London: Independent Press, 1937), 123, 158.

4) Walter F. Adeny, 498; 키드(B. J. Kidd)에 의하면, 현재 갈데아 교회 신파 계통은 엘리아스(Mar Elias) 총대주교의 관할하에 티그리스 강 동쪽인 엘쿠슈(Elkoosh) 지방에 기천명의 성도를 보유하고 있다고 하였다. B. J. Kidd, *The Churches of Eastern Christendom*, 423.

5) 1445년까지 시프러스(Cyprus) 지역의 네스토리안 교회가 로마 교회와 화친을 한 사실을 근거하여 칼데아파로 불렸다고 하였다. 이에 교황 유겐니우스(Eugenius)는 네스토리안파라고 부르는 자를 파문할 것을 엄포하였다. 그래서 오직 칼데아파로만 불렸다: Camile Enlart, *L'Art gothique et la renaissance en Chypre*(Paris, 1899), 356-365. 고대 페르시아와 메소포타미아 지역의 기독교인을 동시리아 교회, 흔히 네스토리안 교회라고 알려져 왔는데, 이들이 앗시리아인(Assyrian)과 칼데아인(Chaldean)이다. 그리고 야곱파(Jacobites)로 알려진 서시리아인들은 시리아 전역에 융성하였다. 네스토리안이라는 표현은 이미 코스마스(Cosmas)가 525년에 사용하였다. John. Stewart, *Nestorian Missionary Enterprise: The Story of a*

Church on Fire(Edinburg: T. & T. Clark, 1928), 89; 1332년경 모술 (Mosul)의 슬레에와 이븐 요하난(Sleewa Ibn Yohanan)은 동방의 기독교인들이 네스토리우스를 파문하여 추방하라는 치릴루스의 요구를 거부하였던 까닭에 네스토리안파라 불렀다고 설명하고 있다. G. P. Badger, *The Nestorians and Their Rituals*, vol. I (Lodon: Joseph Masters, 1852), 127-129; 13세기 니시비시(Nisibis)의 네스토리안 총대주교 나우 압드 예수(Nau Abd Yeshu, 예수의 종)는 "네스토리안의 정통 신경"에 "축복받은 네스토리안 교회"라고 하였다. Ibid., 49; 지난 세기까지 그 공동체는 스스로를 계속해서 네스토리안파라고 일컬었다. 교황 바울 5세(Paul V: 1605-1621)는 엘리아스 주교에게 편지하기를, "동방교회의 상당수가 이 이단(네스토리우스 교리)에 오염되었다. 특히 칼데아인들이 그러하기에, 그들을 네스토리안파라고 불렀다"고 하였다. Assemani, *Bibliotheca orentalis*, IV (Rome, 1721), 75; 17세기에 네스토리안 교회의 합동파(로마 가톨릭에 귀속된 신파)가 창립되었을 때, 그 합동파의 새로운 대주교는 자신을 바빌론 총대주교(Patriarch of Babylon), 혹은 동방의 칼데아 총대주교라고 했다. Austin H. Layard, 199; 이븐 알 이브리(Ibn al-Ibri)는 네스토리안파를 칼데아인들의 후손이라고 불렀다. G. P. Badger, 153; 랏삼(Rassam)은 역사적 자료들을 끌어내어 헨노폰(Xenophon)이 오늘날의 네스토리안파을 칼데안(Haldians, Khaldians, Chaldeans)이라고 불렀다고 주장한다. M. Rostovtzeff, *A History of the Ancient World*, vol. I (Oxford, 1925), 117. 따라서 칼데아파란 네스토리안파처럼 17세기 종교분립 이전에 사용되었다. 17세기 로마 가톨릭교회는 합동파의 일원들을 이교도적 명칭인 네스토리안파를 부르지 못하게 하였다. 한편, 19세기 전반에 네스토리안들은 유럽인 여행자들과 저술가들에 의해 시리아파도 불리웠다. 또한 네스토리안파들 스스로도 그렇게 불렀다. George David Maleck, *History of the Syrian Nation and the Old Evangelical-Apostolic Church of the East*(Minneapolis, 1910)을 참조하라. 저자는 네스토리안이다. 그러나 시리아에 사는 사람이란 의미는 아니다. 아마도 그랜트(Grant)의 추측대로, 시리아어로 된 기도문을 사용한 것으로부터 기원한 것 같으며, 어쩌면 그들이 안디옥 교회의 한 지파였던 데서 기인한 것 같다. Asahel Grant, *The Nestorians: The Lost Tribes*(New York, 1845), 198. 가톨릭이 네스토리안파를 칼데아파라고 일반화시켰듯이, 영국국교회도 네스토리안파를 앗시리아파라고 하였다. 1842년과 1845년에 프랑스 영사 봇타(Botta)와 영국인 라야르드(Layard)에 의해 니느웨(Nineveh)의 유적을 발굴하면서, 고대 앗시리아 수도와 그 주변에 있는 칼데아인들은 고대 칼

대로 남은 네스토리안 교회를 마그로빈(Maghlobeen, 정복된 자란 뜻)이라 하였다. 구파가 된 정통 네스토리안 교회 총대주교 시몬 8세 측은 신파를 인정하지 않았으며, 그 다음 시몬 9세(Mar Simon IX, 1560-1600)는 1580년 본거지를 모술에서 우르미야(Urmiyah)로 옮겼다. 네스토리안파에 대한 명칭을 정리하면, 15세기 이전에 로마 가톨릭과 화친하면서, 로마 가톨릭 측에서 이단인 네스토리안파보다 칼데아파로 부르기 시작하였다. 그러다가 17세기 네스토리안파가 분열되어 완전히 로마 가톨릭 측에 귀속된 측은 칼데아파가 되었고, 남아 있는 네스토리안파는 앗시리아파라고도 불리기 시작하였다.[6]

이상에서 정리해 본 대로, 초대교회부터 15세기에 이르는 중앙아시아 역사의 진행 속에서 네스토리안 기독교는 동방교회 전체를 대

데아와 앗시리아제국의 유일한 후손이라고 하였다. Austin H. Layard, 5.; J. P. Fletcher, *Notes from Nineveh and Travels in Mesopotamis, Assyria, and Syria*(Philadelphia, 1850), 188. 프레쳐는 켄터버리 대주교가 1842년에 네스토리안들에 파송한 바져(Badger)의 평신도 동료였다; 구파와 신파에 대하여, 19세기의 유럽 저술가들은 네스토리안 칼데안과 가톨릭 칼데안으로 구분하였다. Claudius J. Rich, *Narrative of a Residence in Koordistan and on the Site of Ancient Nineveh, II*(London, 1836), 276.

6) 네스토리안파들은 19세기 말까지 칼데아파이라고 불리는 것에 반대하여 앗시리아파로 사용하였다. 그 당시까지는 칼데아파란 용어는 가톨릭이라는 용어와 동일시하였다. 19세기 후반에 네스토리안파에게로 파송된 영국 국교 선교회는 "앗시리안 기독교인들을 향한 켄터버리(Canterbury) 대주교의 선교단"이라고 하면서 네스토리안파를 특별히 앗시리안파라고 부르기 시작했다. Isabella L. Bishop, *Journeys in Persia and Kurdistan*, vol. II (London, 1891), 237; 영국국교회 선교사인 위그람은 네스토리안들을 고대 앗시리안의 후손으로 추정하였다. W. A. Wigram, *The Assyrians and their Neighbours and Our Smallest Ally*(London, 1929), 167; 프레쳐도 고대 앗시리안의 조각품을 연구하면서 현대의 니느웨(Nineveh) 평지의 거주민과 비교하면, 의관을 갖추어 입은 초기시대의 군주 및 사제와 모술 평지에 사는 기독교도 농민들 사이에 유사성을 발견할 수 있다고 하였다.

표하는 교회로 발전하였고, 로마 가톨릭교회도 경험하지 못했던 영
향력을 행사하게 됨으로 명실 공히 세계적인 교회로서 지대한 족적
을 남길 수 있었다. 그런 이유 때문에, 티무르제국하에서 받은 박해
와 핍박, 그리고 흑사병의 창궐에도 불구하고, 중앙아시아를 비롯한
세계 곳곳에 네스토리안 교회와 성도들이 남아 있는 것이고, 앞으로
그 강인한 신앙적 생명력을 견지할 것으로 사료된다.

참고문헌

1. 국문서적

권희영. *세계의 한민족: 독립국가연합*. 서울: 통일원, 1996.

권희영·한 발레리(Han Valery)·반병률 공저, *우즈베키스탄 한인의 정체성 연구*. 성남: 한국정신문화연구원, 2001.

김광수. *아시아기독교확장사*. 서울: 기독교문사, 1973.

김광식. *기독교 사상*. 서울: 종로서적, 1988.

김광채. *근세·현대교회사*. 서울: 기독교문서선교회, 1996.

김종래. *유목민 이야기*. 서울: 자우출판사, 2002.

김호동. *동방 기독교와 동서문명*. 서울: 까치글방, 2002.

남경태, *종횡무진 동양사*. 서울: 도서출판 그린비, 2002.

박한제, 김호동, 한정숙, 최갑수. *유라시아 천년을 가다*. 서울: 사계절, 2003.

박원길. *몽골 고대사 연구*. 서울: 도서출판 혜안, 1994.

사재동 편. *실크로드와 한국문화의 탐구*. 대전: 중앙인문사, 2001.

안 천. *만주는 우리 땅이다*. 서울: 도서출판 인간사랑, 1994.

오호택. *신학사상사*. 서울: 도서출판 보성사, 1984.

윤내현. *중국사 1*. 서울: (주)민음사, 1996.

윤내현. *중국사 2*. 서울: (주)민음사, 1992.

이장식. *아시아고대기독교사(1-16세기)*. 서울: 기독교문사, 1990.

이정희. *동유럽사*. 서울: 대한교과서주식회사, 1999.

장동익. *고려후기외교사연구*. 서울: 일조각, 1994.

조정남. *러시아 민족주의 연구*. 서울: 고려대학교출판부, 1996.

조찬선. *기독교죄악사 상, 하*. 서울: 평단문화사, 2000.

전춘원. *한민족이 동북아역사에 끼친 영향*. 서울: 집문당, 1998.

지배선. *고선지 평전* 서울: 청아출판사. 2003.

정병조. *인도사*. 서울: 대한교과서주식회사, 1997.

정수일. *고대문명교류사*. 서울: 사계절, 2001.

최영길. *16억 이슬람인의 역사와 문화*. 서울: 송산출판사, 1996.

최하영, 김순희. *선교지 연구보고(우즈베키스탄)*. 서울: 총회세계선
　　교회. 1996.

세계를 간다·러시아와 구소련 서울: 중앙 M & B, 1997.

우즈베키스탄공화국개황. 외무부, 1995.

우즈베키스탄 편람. 서울: 대외경제정책연구원 지역정보센터, 1994.

"景敎는 어느 때 들어왔나." 동아일보. 1419호. 1967.

2. 번역서적

Broadbent, E. H. *순례하는 교회*(The Pilgrim Church). 전도출판사 역. 경기: 전도출판사, 1999.

Banks, Robert. *바울의 그리스도인 공동체 사상*. 김동수 역. 서울: 여수룬, 1999.

Chadwick, Henry. *초대교회사*. 서영일 역. 서울: 기독교문서선교회, 1983.

Charques, R. D. *러시아사*. 박태성 역. 서울: 역민사, 1996.

Cragg, Gerald R. & Vidler, Alec R. *근·현대교회사*. 송인설 역. 서울: 크리스챤 다이제스트, 1999.

Fretni, Winky. *기독교 부흥운동사*. 권혁재 역. 서울: 나침반사, 1997.

Foster, John. *초대교회의 역사*. 심창섭, 최은수 공역. 서울: 웨스터민스터출판부, 1998.

Gibbs, Eddie. *현대 교회 성장학*. 최정술 역. 서울: 요나출판사, 1994.

Grousset, René. *유라시아유목제국사*. 김호동, 유원수, 정재훈 역. 서울: 사계절출판사, 2002.

Holdcroft, J. Gordon. *Into All the World*. 홍치모 역. 서울: 바른신앙, 1991.

Hopkirk, Peter. *실크로드의 악마들*. 김영종 역. 서울: 사계절, 2002.

Ibn Batūtah. *이븐 바투타 여행기 2*. 정수일 역. 서울: 창작과 비평사, 2002.

Jean-Pierre Drege. *실크로드.* 이은국 역. 서울: (주)시공사, 1996.

Junko Miyawaki(宮脇 淳子), *최후의 유목제국.* 조병학 역, 서울: 백
산출판사, 2000.

Kane, H. J. *세계선교 역사.* 신서균, 이영주 공역. 서울: 기독교문서
선교회, 1993.

Kwanten, Luc. *유목민족제국사.* 송기중 역, 서울: 민음사, 1984.

Marco Polo. *동방견문록.* 최 호 역. 서울: 홍신문화사, 1999.

Mazmaru Mizio 외 4명 공저. *중국사개설.* 조성을 역, 서울: 도서출
판 한울, 2000.

McGavran, Donald A. *교회 성장학.* 고원용역. 대구: 보문출판사,
1993.

Nehru, Jawaharlal, *세계사 편력 1.* 곽복희, 남궁원 공역, 서울: 도서
출판 일빛, 2002.

Neighbour, Jr., Ralph W. *셀교회 지침서.* 정진우 역, 서울: 도서출판
NCD, 2001.

Neil, Stephen. *기독교 선교사.* 홍치모, 오만규 역. 서울: 성광문화사,
2001.

Norwich, John Julius, *동로마사.* 남경태, 이동진 역, 서울: 도서출판
그린비, 2000.

Riasanovsky, Nicholas V. *러시아의 역사 I.* 이길주 역. 서울: 도서
출판 까치, 1994.

Ryotaro Shiba(司馬遼太郎), *몽골의 초원.* 양억관 역. 서울: (주)고

려원, 1993.

Snyder, Howard. *그리스도의 공동체*. 김영국 역, 서울: 생명의 말씀사, 1987.

Sugiyama Masaaki(杉山 正明), *유목민이 본 세계사*. 이진복 역, 서울: 학민사, 2000.

Susan Whitfield, *실크로드 이야기*. 김석희 역. 서울: 도서출판 이산, 2001.

Tucker, Ruth A. *선교사 열전*. 박해근 역, 서울: 크리스챤 다이제스트, 1999.

Walker, Williston. *기독교회사*. 송인설 역. 서울: 크리스챤 다이제스트, 2000.

3. 영문서적

Abbeloos, J. B. ed., "Acts Sancta Maris, Assyriae, Babyloniae ac Persidis seculo I Apostoli", in *Analecta Bollandiana*, 55. Brussels, 1885.

Abbott, J. *Genghis Khan*, New York and London: Harper & Brothers, 1904.

Abramowski, L. and A. E. Goodman. *A Nestorian Collection of Christological Texts*. vols. 2. Cambridge: Cambridge Univ. Press, 1972.

Adeny, Walter F. *The Greek and Eastern Churches.* New York: Charles Scribner's sons, 1923.

al-Baladhuri. *The Origins of the Islamic State(Kitab Futuh al Buldan).* trans. P. K. Hitti. New York: Columbia Univ. Press, 1916.

Allsen, Thomas T. *Mongol Imperialism. The Policies of The Grand Qan Möngke in China, Russia, and The Islamic Lands, 1251-1259.* Berkeley, Los Angeles, London: Univ. of California Press, 1987.

Assemani, J. A. *De Catholicis seu Patriarchis Chaldaeorum et Nestorianorum. Commentarius Historico-Chronologicus.* Rome, 1775. Reprint. Farnborough, England: Gregg International, 1969.

__________ *Bibliotheca iuris orentalis canonici et civilis.* ed. Josephus Simonius. Rome: Neudruck der Ausg, 1762-66; Aalen: Scientia Verlag, 1969.

Atiya, Aziz Suryal. *Crusade, Commerce and Culture.* Bloominton: Indiana Univ. Press, 1962.

____ *A History of Eastern Christianity.* London: Methuen, 1968.

Ayer, J. C. *Source-book for Ancient Church History.* New York: Scribner, 1913.

Badger, George Percy. *The Nestorians and Their Rituals Microform.* vol. I., II. London: Joseph Masters, 1852.

Bar Hebraeus. *Chronicon Ecclesiasticum*, ed. and trans. J. B. Abbeloos and T. J. Lamy. Paris and Louvain: Maisonneuve, Peeters, 1872-1877.

_______________ *The Chronography of Gregory Abû'l Faraj*, ed. and trans. Ernest Alfred Wallis Budge. vol.2. London: Oxford Univ. Press, 1932.

Barthold, W. *Four Studies on the History of Central Asia*, 3 vols. Leiden: Brill, 1952-1956.

Bedjan, P. *Acta Martyrum et Sanctrum*, vol.2. *Martyres Chaldaei et Persae*. Paris: Dragulin, 1891.

Bell, R. *The Origin of Islam in Its Christian Environment*. London: Cass, 1926, Reprint, 1968.

Bethune-Bahlker, J. Franklin. *Nestorius and His Teaching: A Fresh Examination of the Evidence*. Cambridge: Cambridge University Press, 1908.

_______________ *An Introduction to the Early History of Christian Doctrine to the Time of Chalcedon*, 3d. ed. London: Methuen, 1933.

Bettenson, Henry Scowcroft. *Documents of the Christian Church*. Oxford University Press, 1947.

Bindley, T. Herbert. and Frederick Wastie Green. *The Oecumenical Documents of the Faith: the Creed of Nicaea, Three epistles of Ciril, the tome of Leo, The Chalcedonian definition.* London: Methuen, 1950.

Boyle, J. A. *The Cambridge History of Iran.* Cambridge: Cambridge Univ. Press, 1968.

_______________"The Seasonal Residences of the Great Khan Ögedei", *Sprache, Geschichte und Kultur der altaischen Völker: The Mongol World Empire 1206-1307.* Berlin, 1974; London: Variorum Reprint, 1977.

Bressan, L. C. Rock-Carved Crosses from the 7th Century in Northern Areas of Pakistan. Islamabad, 1993.

Brière, M. *La Légende syriaque de Nestorius. Revue de L'Orient chrétien,* 1910.

Brock, S. P. "The 'Nestorian' Church: A Lamentable Misnomer", *The Church of The East: Life and Thought,* ed. J. F. Coakley and K. Parry, Bulletin of the John Rylands Library vol.78, no.3. Autumn 1996. Manchester Metropolitan University.

Browne, L. E. *The Eclipse of Christianity in Asia from the time of Muhammand till the Fourteenth Century.* Cambridge: Cambridge Univ. Press, 1933.

Budge, E. A. W. *The Discourses of Philoxenus, Bishop of Mabbogh, A.D. 485-519,* 2 vols. London: Asher, 1894.

_____________ trans. *The Monks of Kûâblâi Khân, Emperor of China.* London: The Religious Tract Society, 1928.

Buell, P. D. "Čingqai", *In the Service of the Khan.* Wiesbaden: Harrassowitz, 1993.

Burkitt, Francis Crawford. *Early Eastern Christianity Outside the Roman Empire.* London: Murray, 1904.

Bury, J. B. ed. *Cambridge Medieval History,* vol.5. Cambridge: Cambridge Univ. Press, 1957.

Bussagli, Maroi. *Treasures of Central Asian Painting.* trans. Lothian Small. Geneva: Skira, 1979.

Chabot, J. B. *Histoire de Mar Jabalha III et du Moine Rabban Cauma.* extracted from the *Revue de l'Orient Latin,* t. 1 and 2, Paris, 1895.

__________ ed. and trans. *Synodicon Orientale ou Recuil de Synodes Nestoriens.* Paris: C. Klincksieck, 1902.

__________ *Litte'rature Syriaque.* Paris: Blond et Gay, 1934.

Chadwick, H. *Eucharist and Christology in the Nestorian Controversy.* JTHS: N. S., 1951.

__________ *The Early Church.* New York: Penguin Books, 1967.

__________ "Preface" in *Actes du Concile de Chalcedoine.* Sessions III-VI. trans. Andre-Jean Festugiere. Geneve: Patrick Grarner, 1983.

Ch'en Yuan. *Western and Central Asians in China under the*

Mongols. Los Angeles: Univ. of California, 1966.

Christensen, A. *L'Iran sous les Sassanides.* Copenhagen: Levin and Munksgaard, 1936.

Chwolson, D. *Syrisch-Nestorianische Grabinschriften aus Semirjetschie.* St.-Petersbourg: Commissionnaires de l'Académie Impériale des sciences, 1890, 1897.

Connolly, R. H. *Didascalia Apostolorum: The Syriac Version Translated and Accompanied by the Verona Latin Fragments.* Oxford: Clarendon, 1929.

Cross, Frank Leslie. *The Oxford Dictionary of The Christian Church.* London: Oxford University Press, 1963.

Cureton, W. *Ancient Syriac Documents.* London: 1864; reprint, Amsterdam: Oriental Press, 1967.

Dawson, Christopher. ed. *The Mission to Asia: Narratives and Letters of the Franciscan Missionaries in Mongolia and China in the Thirteenth and Fourteenth Centuries.* London: Sheed and Ward, 1955; Repinted New York: Harper Torchbook, 1966.

Dols, M. W. *The Black Death in the Middle East.* Princeton: Princeton University Press, 1977.

Drijvers, H. J. W. ed., *The Book of the Law of Countries: Dialogue on Fate of Bardaisan of Eddessa.* Assen: Van Gorcum, 1965.

______________________ *Bardaisan of Edessa.* trans G. E. van Baaren-Pape. Assen: Van Gorcum, 1966.

Drury, Clifford Merrill. *A Historical Study of Christian Mission and Foreign Relation in China.*

Emhardt, William Chauncey and George M. Lamsa. *The Oldest Christian People.* New York: The Macmillan Company, 1926.

Eusebius Pamphilius of Caesarea. *The Ecclesiastical History.* 3 vols. trans. Kirsopp Lake. London and New York: Loeb Classical Library, 1926-1932.

Fiey, J. M. "Chrétiens Syrianques sous les Mongols(Il-Khanat de Perse XIIIe-XIVe s.)", *CSCO(Corpus Scriptorum Christianorum Orientalium)*, vol.362, Sub. 44. Louvain, 1975.

Fletcher, J. P. *Notes from Nineveh and Travels in Mesopotamis, Assyria, and Syria.* Philadelphia, 1850.

Fortescue, A. *The Lesser Eastern Churches.* London: Catholic Truth Society, 1913.

Foster, John. *The Church of the Tan'g Dynasty.* London: SPCK, 1939; Cardinal, 1976.

Frye. R. N. Trans. *The History of Bukhara.* Cambridge: The Medieval Academy of America, 1954.

______________________ *The Heritage of Persia.* 2d ed. London:

Cardinal, 1976.

Gelston, A. "The Origin of the Anaphora of Nestorius Greek or Syriac?" *The Church of The East: Life and Thought*, ed. J. F. Coakley and K. Parry, Bulletin of the John Rylands Library vol.78, no.3. Autumn 1996. Manchester Metropolitan University.

Gibb, H. A. R. trans. *Ibn Battûta travels in Asia and Africa, 1325-1354*. London: George Routledge & Sons, Ltd, 1929.

Gillman, Ian. & Hans-Joachim Klimkeit. *Christians in Asia before 1500*. Ann Arbor: University of Michigan Press, 1999.

Grant, Asahel M. D. *The Nestorians; or, The Lost Tribes*. New York: Harper & Brothers, 82 Cliff-ST, 1841.

Grillmeier, A. S. J. *Christ in Christian Tradition*. vol.1 trans. J. S. Bowden. Atlanta: John Knox Press, 1965. reprint, 1975.

_______________ *Christ in Christian Tradition*. vol.2. trans. J. Cawte and P. Allen. Mowbray: John Knox Press, 1995.

Grousset, Rene. *Conqueror of the World*. trans. Marian McKellar and Denis Sinor. New York: The Orion Press, 1966.

_______________ *The Empire of the Steppes: A History of Central Asia*, trans. N. Walford. New Brunswick, NJ: Rutgers Univ. Press, 1970.

Guillaume, A. trans. Ibn-Ishaq's *The Life of Muhammed*. Oxford:

Oxford Univ. Press, 1955.

Hallier, L. *Untersuchungen über die Edessenische Chronik mit dem Syrischen text und einer Übersetzung.* Leipzig: Hinrichs'sche, 1892.

Hamilton, B. "Continenental Drifts: Prester John's Progress through the Indies", *Prester John: The Mongols and the Ten Lost Tribes.*

Harnack, Adolf von. *Outlinges of The History of Dogma.* trans. Edwin Knox Mitchell. New York: Dorver, 1961.

Haward, S. Levy. *Biograph of Huang Chao, Chinese Dynastic Histories Translations.* No.5. Berkeley, 1961.

Hennecke, E. *New Testment Apocrypha,* vol.1, ed. W. Schneemelcher, trans. R. M. Wilson. London: Lutterworth, 1963.

Herzfeld, E. *Archaeological History of Iran.* London, 1935.

Higgins, M. J. "Chronology of the Fourth-Century Metropolitans of Seleucia-Ctesiphon", *Traditio 9.* New York, 1953.

Hitti, P. K. *History of the Arabs from Earliest Times to the Present.* 5th ed. New York: Macmillan, 1953.

Hodgson, M. G. S. *The Venture of Islam.* vol.2. Chicago: Chicago University Press, 1974.

Holm, Frits. *My Nestorian Adventure in China, A Populer*

290

Account of the Holm-Nestorian Expedition to Sian-Fu and It's Results. Fleming H. Revell Company, 1923.

Hookham, H. *Tamburlaine the Conqueror.* London: Hodder & Stoughton, 1962.

Howorth, H. H. *History of the Mongols from the Ninth to the Nineteenth Century.* 5 vols. 1876. reprint. Taiwan: Ch'eng Wen, 1970.

Hunter, E. C. D. "The Church of The East in Central Asia, Faculty of Oriental Studies, Univ. of Cambridge", *The Church of The East: Life and Thought.* ed. J. F. Coakley and K. Parry, Bulletin of the John Rylands Library vol.78, no.3. Autumn 1996. Manchester Metropolitan University, 129-142.

Ibrahim, Mar Gregorios Yohanna. "Nestorius in Syrian Orthodox Tradiction: A Plea For Revision in The Light of Recent Research", *Syriac Dialogue.* Vienna, 1998.

Jackson, P. trans. *The Mission of Friar William Rubruck: His Journey to the Court of the Great Khan Möngke 1253-1255.* London: The Hakluyt Society, 1990.

Joinville, Jean, Sire De. *The Life of Saint Louis.* Trans. M. R. B. Shaw. London: Penguin Books, 1963.

Joseph, John. *The Nestorians and their Muslim Neighbors, A Study of Western Influence on their Relations.* Princeton

University Press, 1961(Princeton Oriental Studies 20).

Juvaini. *The History of the World-Conqueror*(The Ta'rikh-i-Jahan-gusha), trans. J. A. Boyle. vol.1. Leyden: E. J. Brill, 1912.

Juzjani. *A General History of the Muḥammadan Dynasties of Asia, including Hindūstān, from A. H. 194(810 A.D.), to A. H. 658(1260 A.D.), and the Irruption of the Infidel Mughals into Islām*(Ṭabaḳāt-i-Nāṣirī). trans. H. G. Raverty. vol.1-Ⅱ. London, 1873-1881.

Keay, F. E. *A History of the Syrian Church in India*. London: S. P. C. K, 1938.

Kidd, B. J. *History of the Church to A.D. 461*. 3 vols. Oxford: Clarendon, 1922.

__________ *The Churches of Eastern Christendom from A.D. 451 to the Present*. London: Faith Press, 1927.

Kim, Kwang Soo. *A Historical Study of the Spread of Tae Chin Nestorianism in China*. San Francisco Theological Seminary, 1962.

Kim, Yang-Sun. *History of the Korean Church in the Ten Years since Liberation(1945-1955)*. trans. A.D. Clark. Seoul, Korea: privately published, 1956; and *Catalogue of the Soongsil University Museum*. Seoul Soongsil University, 1988.

Kraemer, Hendrik. *World Cultures and World Religions*. The

Westminster Press, 1960.

Labourt, J. *Le Christianisme dans l'empire Perse sous le dynastie Sassanide. 224-632.* Paris: Lecoffre, 1904.

Lattimore, O. "A Ruined Nestorian City in Inner Mongolia", *The Geographical Journal,* vol.84, no.6, December, 1934; Studies in Frontier History: Collected Papers 1928-1958, London: Oxford University Press, 1962, 221-240.

Latourette, Kenneth Scott. *A History of Christian Missions in China.* New York: The Macmillan Company, 1929.

Laurie, Thomas. *Dr. Grant and The Mountain Nestorians.* Boston: Ground and Lincoln, 1853.

L'Huillier, P. *The Church of the Ancient Councils.* trans. Crestwood. New York: St. Vladimir's Seminary Press, 1996.

Litvinsky, B. A. The Rise of Sasannian Iran. *History of Civilization of Central Asia.* vol.2. ed. J. Harmatta. Paris: UNESCO, 1994.

Loofs, F. *Nestorius and His Place in the History of Christian Doctrine.* London: Cambridge, 1914.

Layard, Austin H. *Nineveh and its Remains Ⅰ.* New York, 1851.

Kwanten, Luc, *A History of Central Asia, 500-1500,* Univ. of Pennsylvanis Press, 1979.

Maenchen-Helfen, O. J. *The World of the Huns.* Barkeley: Univ.

of California Press, 1973.

Mackerras, C. *The Uighur Empire.* Canberra: Australian National University, 1988.

Malech, G. D. *History of the Syrian Nation and the Old Evangelical-Apostolic Church of the East.* Minneapolis, 1910.

Manschreck, Clyde L. *A History of Christianity in the World,* New Jersey: Prentice-Hall, Inc. 1974.

Mansi, J. P. ed. *Sacrorum Conciliorum Nova et Amplissima Collectio.* 31 vols. Florence, 1757-98; reprint and continuation by L. Petet and J. B. Matin. 53 vols. Paris and Leipzig, 1901-27; New edition. E. Schwartz. ed. *Acta Conciliorum Oecumenicorum.* Berlin, 1914-40.

Manz, Beatrice Forbes. *The rise and rule of Tamerlane,* New York: Cambridge Univ. Press.

McGuckin, J. A. "Nestorius and political factions of fifth-century Byzantium: Factors in his personal downfall", *The Church of The East: Life and Thought,* ed. J. F. Coakley and K. Parry, *Bulletin of the John Rylands Library* vol.78, no.3. Autumn 1996. Manchester Metropolitan University.

Mead, Frank S. *Handbook of Denominations in the United States.* revised by Samuel S. Hill, Nashville: Abingdon Press.

Mingana, A. ed. and trans. *Sources Syriaques.* vol.1. Mshiha-zkha, Texte et Traduction. Leipzig: Harrasowitz, 1907.

294

_________ *The Early Spread of Christianity in Central Asia and the Far East: A New Document.* Manchester: Manchester University Press, 1925.

_________ *The Early Spread of Christianity in India.* Manchester: Manchester University Press, 1926.

_________ "The Early Spread of Christianity in Central Asia and the Far East", *Bulletin of the John Rylands Library* vol.9, no.2. July 1925. 297-371.

Migne, J. P. *Patrologiae cursus completus. Series Graeca.* 161 vols. Paris, 1857-66. Index to the Graeca by T. Hopfner, 2 vols., Paris, 1928-36.

Mirza Haydar. *Tarikj-i-Radhidi,* trans. D. Ross. 1895; Delhi, India: Renaissance Publishing House, 1986.

Moffett, Samuel H. *The Church of the East,* Seoul: Presbyterian Theological Seminary, 1970.

_________ *A History of Christianity in Asia* vol.1: Beginnings to 1500. SanFrancisco: HarperCollins, 1992.

Montgomery, J. A. *The History of Yaballaha Ⅲ Nestorius Patriarch and His Vicar Bar Sauma.* New York: Columbia University, 1927.

Moraes, G. M. *A History of Christianity in India.* vol.1. Bombay: Manaktalas, 1964.

Morgan, D. *The Mongols.* Oxford: Basil Blackwell, 1986.

Mostaert, A. & F. W. Cleaves. "Trois documents Mongols des Archives secrètes vaticanes", *Harvard Journal of Asiatic Studies.* vol.15. no.3-4. 1952.

Mostaert, A. Les Lettres de 1289 et 1305 des ilkhan Arγun et Öljeitü à Philippe le Bel. Cambridge, Mass.: Harvard University Press, 1962.

Moule, A. C. *Christians in China before the Year 1500.* London: Society for Promoting Christian Knowledge, 1930.

Moule, A. C. and P. Pelliot. eds. *Marco Polo: The Description of the World.* 2 vols. London: Routledge & Sons, 1938.

Murray, R. *Symbols of Church and Kingdom: A Study in Early Syriac Tradition.* Cambridge: Cambridge Univ. Press, 1975.

Naduthadam, S. ʿL'Anaphore de Mar Nestorius. Institut Catholique de Paris, doctoral thesis, 1992.

Nestoriana. *Die Fragmente des Nestorius, gesammelt, untersucht und herausgegeben* von F. Loots. Mit Beiträgen von Stanley A. Cook und G. Kampffmeyer. Halle, 1905.

Nestorius. *Le Livre d'Héraclide de Damas.* ed. P. Bedjan, Paris, 1910; traduit en Fraçais par F. Nau. Paris, 1910.

__________ *The Bazaar of Heraclides.* ed. and trans. G. R. Driver and L. Hodgson. Oxford and New York, 1925.

Okada, H. *The Chakhar Shrine of Eshi Khatun. Aspects of Altaic Civilization* Ⅲ. ed. D. Sinor. Bloomington: Indiana University, 1990.

Parry, K. "Images in The Church of the East: The Evidence from Central Asia and China", *The Church of The East: Life and Thought,* ed. J. F. Coakley and K. Parry, Bulletin of the John Rylands Library vol.78, no.3. Autumn 1996. Manchester Metropolitan University.

Paykova, A. V. "The Syrian Ostracon from Panjikant", Le Muséon: Revue d'Études orientales. tome 92. fasc. 1-2. Louvain, 1979.

Pelikan, J. *The Christian Tradition: A History of the Development of Doctrine.* vol.1: The Emergence of the Catholic Tradition(100-600). Chicago: University of Chicago Press, 1971.

Pelliot, P. *Recherches sur les chrétiens d'Asie Centrale et d'extrême-Orient. Ⅱ. 1: La Stéle de Si-gnan-fou.* Paris: Éditions de la fondations Singer-Polignac, 1984.

__________ *L'Inscription nestorienne de Si-ngan-fou.* ed. A. Forte. Paris: Collège de France, 1996.

Perker, E. H. *A Thousand Years of the Tartars.* London: Kegan Paul, Trench and Trubner, 1895; reprint by Dawsons of Pall Mall, 1969.

Perkins, Justin. A Residence of Eight Years in Persia among the Nestorian Christians, New York, 1843.

Phillips, E. D. *The Royal Hordes, Nomad Peoples of the Steppes.* London: Thames and Hudson, 1965.

Prawdin, M. *The Mongol Empire, Its Rise and Legacy,* trans. Eden and Cedar Paul. London: George Allen and Unwin, 1940.

Pollitzer, R. *Plague and Plague Control in the Soviet Union.* New York: Institute of Contemporary Russian Studies, 1966.

Pusey. P. E. ed. *St. Cyrilli Alexandrini Epistolae Tres Oecumenicae.* Oxford, 1875, *St. Cyrilli Alexandrini De Recta Fide.* Oxford, 1877.

Rashid ad-Din. *The Successors of Genghis Khan*(Jami' al-Tawarikh). Trans. J. A. Boyle. New York: Columbia University Press, 1971.

Rich, Claudius J. *Narrative of a Residence in Koordistan and on the Site of Ancient Nineveh. II.* London, 1836.

Rawlinson, G. *The Seventh Great Oriental Monarchy.* vol.1. New York: Dodd, Mead, 1882.

Rockhill, W. W. trans. and ed. *The Journey of William of Rubruck to the Eastern Parts, 1253-55, as Narrated by Himself, with Two Accounts of the Earlier Journey of John of Pian de Carpine.* London: Hakluyt Society, 1900.

Rossabi, Morris. *Khubilai Khan: His Life and Times*. Berkeley: Univ. of California Press, 1988.

Saeki, P. Y. *The Nestorian Monument in China*. London: Society for Promoting Christian Knowledge, 1916.

__________ *The Nestorian Documents and Relics in China*. 2d ed. Tokyo: Maruzen, 1937, 1951.

Sahas, D. J. *John of Damascus on Islam: The "Hersey of the Ishmaelites"*. Leiden: Brill, 1972.

Saunders, J. J. *The History of the Mongol Conquest*. London: Routledge & Kegan Paul, 1971.

Segal, J. B. *Edessa, the Blessed City*. Oxford: Clarendon, 1970.

Sellers, Robert V. *The Council of Chalcedon: A Historical and Doctirnal Survey*. London: SPCK, 1953, 1961.

Sims-Willimas, N. "Sogdian and Turkish Christians in the Turfan and Tun-huang Manuscripts", *Turfan and Tun-huang Texts: Encounter of Civilizations on the Silk Route*. ed. A. Cadonna. Fiernze: Leo S. Olschki Editore, 1992.

Soro, Mar Bawai. "The Person and Teachings of Nestorius of Constantinople with a Special Reference to His Condemnation at the Council of Ephesus", *Syriac Dialogue*. Vienna, 1998.

Spuler, B. *The Muslim World, Part II. The Mongol Period*, trans. F. R. C. Bagley. Leiden: Brill, 1960.

________ *History of the Mongols.* London: Routledge and Kegan Paul, 1972.

Stewart, John. *Nestorian Missionary Enterprise. The Story of A Church on Fire.* Edinburgh: T. & T. Clark, 1928.

Sykes, P. M. *A History of Persia.* 3d ed. 2 vols. London: Macmillan, 1951.

Thackston, W. M. trans., *Jami'u't-tawarikh. Compendium of Chronicles.* pt. 2. Harvard University, 1999.

Thomas of Marga. *The Book of Governors.* 2 vols. ed. E. A. W. Budge. London: Kegan Paul, Trench and Trubner, 1893.

Timothy I. *The Apology of Timothy the Patriarch before the Caliph Mahdi.* ed. and tran. A. Mingana. "Woodbrooke Studies", no.3. in *Bulletin of the John Rylands Library. Manchester 12.* no.1. January 1928.

Tritton, A. S. *The Caliphs and Their Non-Muslim Subjects.* London: F. Cass, 1970.

Uray, G. "Tibet's Connections with Nestorianism and Manichaeism in the 8th-10th Centuries", *Conributions on Tibetan Language. History and Culture.* eds. E. Steinkellner & H. Tauscher. Wien, 1983. 399-429.

Vadakkel, J. "The East Syrian Anaphora of Theodore: reflections upon its sources and theology", *Ephemerides Liturgicae,* 103. 1989.

Vine, A. R. *The Nestorian Churches. A Concise History of Nestorian Christianity in Asia From the Pesrian Schism to the Modern Assyrians.* London: Independent Press, 1937.

Voobus, A. *Studies in the History of the Gospel Text in Syriac CSCO* vol.128, Subsidia t. 3. Louvain, 1951.

___________ *History of Asceticism in the Syrian Orient. A Contribution to the History of Culture in the Near East,* 2 vols., CSCO, Sub. 14 & 17. Louvain, 1958.

___________ *History of the School of Nisibis CSCO.* vol.266. Subsidia 26. Louvain, 1965.

Wigram, W. A. *A History of the Assyrian Church A.D. 100-640.* London: SPCK, 1910.

Wigram, W. A. *The Assyrians and their Neighbours and Our Smallest Ally.* London, 1929.

Woodcock, G. *The Greeks in India.* London: Faber and Faber, 1966.

Wright, W. *A Short History of Syriac Literature.* London: Black, 1894.

Yarshater, Ehsan. ed. *The Cambridge History of Iran.* Vol.3(1). Cambridge: Cambridge University Press.

Young, W. G. *Patriarch, Shah and Caliph. A Study of the Relationship of the Church of the East with the Sassanid*

Empire and the Early Caliphates with Special Reference to Available Translated Syriac Sources, Rawalpindi, India: Christian Study Center, 1974.

Yule, H. trans. *The Travels of Fariar Odoric.* Michigan: William B. Eerdmans Publishing Company. 2002.

Yule, Henry and Henri. Cordier. *Cathay and the Way Thither.* 4 vols: Odoric of Pordenone. London: Hakluyt Society, 1913-1916.

_____ *The Book of Ser Marco Polo. The Venetian Concerning The Kingdoms and Marvels of The East.* London: John Murray, 1921.

4. 러시아어 서적

Абдулгазиева, Б. *Крышка сосуда из Андижана.* Ташкент: Из истории культов Средней Азии, Христианство, 1995.

Альбаум, Л. И. *Христианскийхрам в Старом Термезе.* Ташкент: Из истории древних культов Средней Азии, 1994.

Байпаков, К. М., Горячева В. Д. *К вопросу о локализации Навекета.* Ленинград: Культура и искусство Киргизии. Тезисы докладов Всесоюзнконферен. Эрмитаже. 1983.

Байпаков, К. М. *Среднековые города Казахстана на Великом Шелк овом пути*. Алмата: пылым, 1998.

Бартольд В. В. *О христианстве в Туркестане в домонгольский пер
иод*. Сочинения т. 2. ч. 2. Москва: Издательство Наука,,
1964.

Беленцкий, А. М., Маршк Б. И., Распопова В. И., Исаков А., *Новы
е раскопки в Пенджикенте*. Москва, 1977.

Беттер, К. Извлечение из книги "Пути и страны" *Абул-Касыма и
бн Хаукаля*. IV. Ташкент: Труды САГУ, Археолгия Средне
йАзии, 1957.

Богомолов, Г. И., Ю. Ф. Буряков, Л. И. Жукова, А. А. Мусакаева,
Г. В. Шишкина, "Христианство В Средней Азии", *Из Исто
рии Древних Культов Средней Азии Христианство*. Ташкен
т: Таш. полиграф. к-т Гос. ком. Р. Уз., 1994.

Булатова, В. Н. *Древняя Кува*. Ташкент, 1972.

Бурякова, Э. Ю., Буряков Ю. Ф. *Новые Археологические Материал
ы к Стратиграфии Средневекового Самарканда, по раскопка
м площади Регистан в 1969-1971 гг. вып. 2. Ташкент: "Аф
расиаб", 1973.

Владимиртсов, Б. ла. *Obshchestvennyi stori Mongolov: Mongol'skii
kochevoifeodalizm*. Leningrad: Издательство AN SSSR,
1934.

Гафуров Б. Г. *Таджики*. Кн. 1, 2. Душанбе: Издательство Ирфон,
1989.

Горячева, В. Д., Перегудова С. Я. *Памятники христианства на тер
ритории Кыргызстана.* Ташкент: Из истории древних культ
ов Средней Азии. 1994.

Залесская, В. Н. *Сирийское бронзовое кадило из Ургута.* Средняя
Азия и Иран. М., 1972.

Киселев, С. В. ет ал. *Древнемонгольские города.* Москва: Издател
ьство Наука, 1965.

Кызласов, Л. Р. *Археологические иследования на городище Ак-Бе
шим в 1953-1954 гг.* Труды КАЭЭ, т. 2, М., 1959.

Никитин, А. Б. "Христианство в Центральной Азии(древность и с
редневековье)", *Восточный Туркестан и Средняя Азия,* м.,
1984.

Логинов, С. Симпсон О. Дж., *Раскопки в Мерве на городище Эркк
ала в 1992-1993 гг.* Мары: Тезисы доклодов научнойконфер
енции, 1994.

Раимкулов, А. А. "Своеобразный КультовыйКомплекс Южного Сог
да", *Õzbekiston Moddiy Madaniyati Tarixi. 28-Nashri.*
Samarqand: "Сугдиён" нашриёти, 1997.

___________ "Христианские Погревальные Цилиндры Из Кош
тепа Нахшабского", *Õzbekiston Moddiy Madaniyati Tarixi.
32-Nashri.* Ташкент Издательст-во "ФАН" АН Республики
Узбекистан, 2001.

Раимкулов, А. А. и Иванов Г. П. "Нательный Крест с Городища

Кува", *Ōzbekiston Moddiy Madaniyati Tarixi. 31-Nashri.* Samarqand: Типография института археологии АН РУз, 2000.

Ртвеладзе, Э. В., Ташходжаев Ш. С., Федоров М. Н., *Нумизматичес кие этю-ды,* вып. 3. Ташкент: "Афрасиаб", 1974.

Смирнова, Е. Т. "Средняя Азия. Научно-литературный сборник ста тей по Средней Азии." *Древности в окрестностях г. Ташке нта,* под ред. Е. Т. Смирнова. 111-136. Ташкент, 1896.

Ташходжаев, Ш. С. *Археологические исследования древнего Самар канда,* вып. 3. Ташкент: "Афрасиаб", 1974.

Фигулвская, Н. В. "Сирииские и Сиро-тиуркскийфрагментры из Khara-Khoto и Turfana", *Советское востоковедние.* vol.1. 1940.

Шишкина, Г. В. *Христианство в Средней Азии.* Ташкент: Из Исто рии Древних Культов Средней Азии Христианство, 1994.

ГосударственныйЭрмитаж. *Христиане На Востоке.* Санкт-Петербур г: АГАТ, 1998.

Материали по историй Киргизов И Киргизий, vol. I. Москва: Изд ательст-во Наука, 1973.

5. 일본어와 중국어 서적

石田幹之助. *唐時代の耶蘇敎*. 世界文化史大系, 第七卷.

佐伯好郞. *景敎碑文硏究*. 東京: 侍漏書院, 1911; 東京文化學院 東京
　　硏究所, 1935.

佐伯好郞. *景敎の硏究*. 東京文化學院 東京硏究所, 1935.

魯德照(Semedo). *中國史*

馬祖祥. "禮部尙書馬公神道碑". 元文類 卷67.

徐光啓. "景敎堂碑記". 徐光啓集. 卷12.

嶺仲勉. *中外史地考證*. 上冊. 朱祿國興末祿國, 苫國. 中華書局, 1962.

劉偉民. *唐大景敎之傳入及其思想硏究*. 第一期. 香港: 聯合書院學報,
　　1962.

韓儒林. *元朝史*. 上冊. 北京: 人民出版社, 1986.

舊唐書 卷18上, 武宗本紀. 中華書局本, 1965.

唐會要. 卷49. 上海: 古籍出版社, 印行, 1991.

至順鎭江志. 卷9, 9a. 臺北: 華文書籍 印行.

資治通鑑. 卷248. 唐紀六十四.

中國大百科全書(宗敎篇). 北京: 中國大百科出版刊, 1988.

册俯元龜. 卷9719. 北京: 中華書局, 印行, 1960.

遼史 卷16. "天祚紀·四".

元史 卷89. "百官·五".

元史. 卷120. "鎭海傳".

元史. 卷134. "愛薛傳".

元史. 卷143. "馬祖常傳".

• 저자 •

최하영   **• 약 력 •**

한양대학교 공과대학 졸업(B.E)
총신대학교 신학대학원 졸업(M. Div.)
웨스트민스트 신학대학원 졸업(Th. M., Ph. D)
명지학원 선교실 근무
서울남교회 부목사
신림소망교회 개척 담임
현재, 반야월교회 파송(GMS 파송, KFH와 CCC 협력파송)으로
우즈베키스탄 선교사(사마르칸트 병원장, 찰힌교회 담임, 신학교 사역)

• 주요논저 •

「연구논문」
「셀그룹 운동의 역사와 선교적 적용(Th. M.)」
「중앙아시아에 있어서 네스토리안 교회의 선교활동에 관한 研究(Ph. D.)」
외 다수

실크로드를 따라
유목민에게 나타난 천년의 교회 역사
중앙아시아 네스토리안 교회 중심

• 초판 인쇄	2007년 9월 27일
• 초판 발행	2007년 9월 27일
• 지 은 이	최하영
• 펴 낸 이	채종준
• 펴 낸 곳	한국학술정보㈜
	경기도 파주시 교하읍 문발리 526-2
	파주출판문화정보산업단지
	전화 031) 908-3181(대표) · 팩스 031) 908-3189
	홈페이지 http://www.kstudy.com
	e-mail(출판사업부) publish@kstudy.com
• 등 록	제일산 115호(2000. 6. 19)
• 가 격	30,000원

ISBN   978-89-534-7463-5 93230 (Paper Book)
        978-89-534-7464-2 98230 (e-Book)